— 中国艺术研究院基本科研业务费项目资助 —

王巨川 著

# 汉译的风景

1937—1945 年外国戏剧初版本考录

A View of Chinese Translations
1937-1945 First Chinese Editions of Foreign Plays

文化艺术出版社
Culture and Art Publishing House

图书在版编目（CIP）数据

汉译的风景：1937—1945年外国戏剧初版本考录 / 王巨川著. —北京：文化艺术出版社，2019.7

ISBN 978-7-5039-6716-0

Ⅰ.①汉… Ⅱ.①王… Ⅲ.①话剧剧本—译本—单行本—出版物—编年史—研究—中国—1937-1945 Ⅳ.①G239.296

中国版本图书馆CIP数据核字（2019）第114380号

## 汉译的风景：1937—1945年外国戏剧初版本考录

| | |
|---|---|
| 著　　者 | 王巨川 |
| 责任编辑 | 原子婷　齐大任 |
| 书籍设计 | 姚雪媛 |
| 出版发行 | 文化藝術出版社 |
| 地　　址 | 北京市东城区东四八条52号　（100700） |
| 网　　址 | www.caaph.com |
| 电子邮箱 | s@caaph.com |
| 电　　话 | （010）84057666（总编室）　84057667（办公室）<br>（010）84057696—84057699（发行部） |
| 传　　真 | （010）84057660（总编室）　84057670（办公室）<br>（010）84057690（发行部） |
| 经　　销 | 新华书店 |
| 印　　刷 | 国英印务有限公司 |
| 版　　次 | 2019年8月第1版 |
| 印　　次 | 2019年8月第1次印刷 |
| 印　　张 | 29.75 |
| 字　　数 | 380千字 |
| 开　　本 | 787毫米×1092毫米　1/16 |
| 书　　号 | ISBN 978-7-5039-6716-0 |
| 定　　价 | 78.00元 |

版权所有，侵权必究。如有印装错误，随时调换。

# 目 录

自　序　　　　　　　　　　1

**1937 年**

一　月　《复活》　　　　　　3
　　　　《深渊》　　　　　　7
　　　　《沙乐美》　　　　　10
　　　　《发问者》　　　　　13

二　月　《缓期还债》　　　　15
　　　　《逃亡》　　　　　　17
　　　　《茶花女》　　　　　20
　　　　《牛大王》　　　　　23

三　月　《夜未央》　　　　　27
　　　　《希腊三大悲剧》（二册）　30

四　月　《娜拉》　　　　　　33
　　　　《爱与死之角逐》　　36
　　　　《沉钟》　　　　　　39

| | | | |
|---|---|---|---|
| | 五　月 | 《争斗》 | 42 |
| | | 《暴风雨》 | 45 |
| | | 《法国中古短笑剧》 | 48 |
| | | 《巡按》 | 49 |
| | | 《翻译独幕剧选》 | 52 |
| | | | |
| | 六　月 | 《人与超人》 | 55 |
| | | 《雷雨》 | 57 |
| | | 《铁甲列车》 | 60 |
| | | 《月明之夜》 | 62 |
| | | | |
| | 八　月 | 《西班牙万岁》 | 65 |
| | | | |
| | 十一月 | 《青鸟》 | 67 |
| | | | |
| | 十二月 | 《炸药》 | 70 |
| | | 《爱尔兰名剧选》 | 71 |
| | | | |
| **1938 年** | 三　月 | 《特洛国的妇人》 | 75 |
| | | | |
| | 四　月 | 《社会栋梁》 | 78 |
| | | | |
| | 五　月 | 《云》 | 80 |
| | | | |
| | 七　月 | 《交际花》 | 82 |
| | | 《野鸭》 | 84 |

|  |  |  |
|---|---|---|
| 八　月 | 《哈梦雷特》 | 87 |
|  | 《该撒大将》 | 89 |
|  | 《马克白》 | 91 |
|  | 《暴风雨》 | 94 |
| 十　月 | 《早点前》 | 96 |
| 十一月 | 《铸情》 | 99 |
|  | 《父亲》 | 101 |
| 十二月 | 《丈夫与情人》 | 104 |

## 1939 年

|  |  |  |
|---|---|---|
| 二　月 | 《天边外》 | 107 |
| 三　月 | 《红袍》 | 110 |
| 四　月 | 《海妲》 | 113 |
| 八　月 | 《放弃》 | 115 |
|  | 《理想夫人》 | 117 |
|  | 《希特勒的"杰作"》 | 119 |
|  | 《樱桃园》 | 122 |
|  | 《破旧的别墅》 | 124 |
| 九　月 | 《英嘉姑娘》 | 126 |
|  | 《爱与死的搏斗》 | 128 |
|  | 《第十二夜》 | 131 |
|  | 《速度》 | 133 |

|  |  | 《私生活》 | 134 |
| --- | --- | --- | --- |
|  | 十一月 | 《结婚》 | 136 |
|  | 十二月 | 《闺怨》 | 138 |
|  |  | 《祖国》 | 140 |
|  |  | 《世界名剧精选》（第一集） | 142 |

## 1940 年

| 一 月 | 《骨肉之间》 | 147 |
| --- | --- | --- |
|  | 《纯洁的夜宴》 | 148 |
|  | 《红色的新婚曲》 | 150 |
|  | 《李力昂》 | 152 |
| 二 月 | 《鲍志远》 | 154 |
| 三 月 | 《美狄亚》 | 156 |
|  | 《日内瓦》 | 157 |
|  | 《贵族之家》 | 160 |
| 四 月 | 《两个伊凡的吵架》 | 163 |
|  | 《海鸥》 | 165 |
|  | 《恐惧》 | 167 |
|  | 《儿女风云》 | 169 |
| 五 月 | 《自由万岁》 | 172 |
|  | 《理想丈夫》 | 175 |
|  | 《旅行》 | 176 |

六　月　《农民故事》　　　　　　179
　　　　《傀儡家庭》　　　　　　180

七　月　《樱桃园》　　　　　　　182
　　　　《三兄弟》　　　　　　　184
　　　　《费迦罗的结婚》　　　　187
　　　　《万尼亚舅舅》　　　　　189
　　　　《马关和议》　　　　　　191

八　月　《约翰曼利》　　　　　　193

九　月　《诡辩家》　　　　　　　195
　　　　《过客之花》　　　　　　197

十　月　《生路》　　　　　　　　200

十二月　《浮云流水》　　　　　　202
　　　　《大雷雨》　　　　　　　204

## 1941年

二　月　《世界名剧精选》(第二集)　209

三　月　《马格大》　　　　　　　211
　　　　《斗争的插曲》　　　　　212

六　月　《钦差大臣》　　　　　　214
　　　　《孩子们底智慧》　　　　216

八　月　《鹰革尔夫人》　　　　　217

　　　　　　《费嘉乐的结婚》　　219
　　　　　　《生命在呼喊》　　221

　　九　月　《沙杜南》　　223

　　十　月　《卐字旗下》　　225

　　十一月　《魔鞋》　　228
　　　　　　《幸运鱼》　　230

　　十二月　《如此社会》　　231
　　　　　　《巡按使及其他》　　232
　　　　　　《仇敌》　　235

# 1942 年

　　一　月　《吉祥天女》　　239
　　　　　　《钦差大臣》　　241

　　二　月　《仲夏夜之梦》　　242

　　三　月　《中国孤儿》　　244

　　四　月　《马门教授》　　247
　　　　　　《天上人间》　　249

　　五　月　《第十二夜》　　251

　　六　月　《微尼斯商人》　　253
　　　　　　《浮士德》　　254

| | | |
|---|---|---|
| 七　月 | 《暴风雨》 | 256 |
| | 《新木马计》 | 257 |
| 八　月 | 《莫扎特》 | 259 |
| | 《第五纵队》 | 260 |
| 九　月 | 《凡隆娜二绅士》 | 263 |
| | 《三姊妹》 | 264 |
| | 《苏伏罗夫元帅》 | 267 |
| | 《苏伏洛夫元帅》 | 269 |
| | 《苏瓦洛夫元帅》 | 270 |
| 十一月 | 《光荣》 | 272 |

## 1943 年

| | | |
|---|---|---|
| 一　月 | 《造谣的社会》 | 277 |
| 二　月 | 《如愿》 | 278 |
| 三　月 | 《解放了的董·吉诃德》 | 280 |
| | 《人鼠之间》 | 282 |
| 五　月 | 《总建筑师》 | 285 |
| | 《苏渥洛夫大元帅》 | 287 |
| | 《弥撒奥义》 | 288 |
| | 《安魂曲》 | 289 |
| 六　月 | 《阿尔刻提斯》 | 292 |
| | 《亨利第四》 | 293 |

| | | |
|---|---|---|
| 七　月 | 《审判日》 | 296 |
| 九　月 | 《安娜·卡列尼娜》 | 298 |
| 十　月 | 《男子之悲剧》 | 300 |
| 十一月 | 《樱桃园》 | 303 |
| | 《前线》 | 305 |
| 十二月 | 《康蒂妲》 | 307 |
| | 《风雨满城》 | 309 |

## 1944 年

| | | |
|---|---|---|
| | 《解放了的普罗米修斯》 | 313 |
| 一　月 | 《千金之子》 | 315 |
| | 《良辰》 | 317 |
| 二　月 | 《康第达》 | 318 |
| | 《名门街》 | 319 |
| | 《下层》 | 321 |
| | 《海鸥》 | 323 |
| 三　月 | 《马克白斯》 | 325 |
| | 《好望号》 | 326 |
| 四　月 | 《乔婉娜》 | 328 |
| | 《沈茜》 | 330 |
| | 《爱与死之赌》 | 332 |

|        |              |     |
|--------|--------------|-----|
|        | 《群狼》      | 335 |
|        | 《丹东》      | 336 |
| 五　月 | 《希德》      | 337 |
|        | 《萋洽》      | 338 |
|        | 《错中错》    | 339 |
|        | 《撒旦的悲哀》| 340 |
| 六　月 | 《黑暗之势力》| 342 |
|        | 《大学教授》  | 344 |
|        | 《前线》      | 345 |
|        | 《为国增光》  | 347 |
| 七　月 | 《墨索里尼的审判》| 349 |
|        | 《烟草路》    | 351 |
| 八　月 | 《侵略》      | 353 |
| 九　月 | 《万尼亚舅舅》| 356 |
|        | 《汉姆莱特》  | 357 |
| 十　月 | 《特罗亚妇女》| 358 |
|        | 《雅典人台满》| 359 |
|        | 《知法犯法》  | 361 |
|        | 《望穿秋水》  | 362 |
| 十一月 | 《圣路易》    | 365 |
|        | 《哀尔帝》    | 366 |

|  |  | 《理智之胜利》 | 367 |
|---|---|---|---|
|  |  | 《李柳丽》 | 368 |
|  |  | 《樱桃园》 | 369 |
|  |  | 《前线》 | 371 |
|  |  | 《少校夫人》 | 373 |
|  | 十二月 | 《母爱与妻爱》 | 375 |

## 1945 年

|  |  | 《俄罗斯人》 | 379 |
|---|---|---|---|
|  |  | 《侵略》 | 382 |
|  |  | 《赴苏使命》 | 384 |
|  |  | 《战线》 | 386 |
|  | 一　月 | 《茶花女》 | 388 |
|  | 五　月 | 《守望莱茵河》 | 391 |
|  |  | 《钦差大臣》 | 393 |
|  | 六　月 | 《风流寡妇》 | 394 |
|  | 七　月 | 《水落石出》 | 396 |
|  | 八　月 | 《亚尔维的秘密》 | 398 |
|  | 十　月 | 《孔雀女》 | 401 |
|  |  | 《红粉飘零》 | 402 |
|  | 十一月 | 《玛婷》 | 405 |

| | 《龟兔竞走》 | 407 |
| | 十二月 《蜜月旅行》 | 408 |
| 附录 | 部分译者及译作考 | 413 |

# 自 序

众所周知，中国现代文学自"五四"新文化运动发轫肇始，不论是弃古开新的白话诗，抑或小说、散文、戏剧等新文学范式，都是在如火如荼的"西学东渐"影响中展开其郁郁葱葱的成长空间。其中，中国现代戏剧的发生、发展与成熟更是如此，是在那些有志于更新中国思想的知识者们对外国戏剧文本的翻译工作中开始的，这些翻译文本推动着中国现代戏剧从"稚嫩"走向成熟。胡适在1916年指出："今日欲为祖国造新文学，宜从输入欧西名著入手，使国中人士有所取法，有所观摩，然后乃有自己创造之新文学可言也。"他的学生傅斯年和欧阳予倩纷纷响应，傅斯年认为"中国现在尚没独立的新文学发生，编制剧本，恐怕办不好，爽性把西洋剧本翻译出来，用到剧台上，文笔思想，都极妥当"；欧阳予倩也认为"剧本文学为中国从来所无，故须为根本的创设，其事宜多翻译外国剧本以为模范"。茅盾更是"觉得在现在文坛上活跃的而且最关系前途盛衰的事，还是翻译一件事"。据田禽在《中国戏剧运动》一书中的统计，自1908年至1938年止，中国一共出版了387种翻译剧本，虽然这些"戏剧翻译大多没有注意到上演方面"，翻译者大都"只抱着介绍文艺作品的心理"，但其中并不难看出，外国戏剧翻译工作在中国现代文学的发展中之繁盛面貌。

可见，不论是早期从日本"搬运"过来并对中国戏剧产生重大影响的

《热血》(又名《热泪》《杜司克》)、《祖国》、《复活》、《娜拉》、《奥瑟罗》,抑或是后来洪深、顾仲彝、潘家洵、欧阳予倩等剧作家们在20世纪三四十年代对王尔德、奥尼尔等欧美戏剧文本的翻译与改译,等等,这些西方戏剧的翻译文本都是中国现代戏剧产生、发展和走向成熟的重要基石。特别是在抗日战争这一特殊的历史时期,汉译文学自然不会远离特殊时代的历史要求。随着抗战的全面爆发和民族主义情绪日渐高涨,这一时段的汉译文学更加凸显出独特的时代特征。戏剧利用其强烈的现场感染力量,也在全民抗战的浴血奋战中有了长足的生长空间,在表现戏剧艺术的审美维度的同时更兼具革命和抗战的双重使命。大量的苏俄、英、法、美优秀戏剧以及大量具有抗战精神的优秀戏剧被译介成中文,这种"借他人酒杯,浇自己块垒"的做法不仅解决了当时国内抗战戏剧"剧本荒"问题,同时也为抗战戏剧提供了创作资源和艺术借鉴,实现了外国戏剧"中国化""民族化"的文本转换。一大批已经走向成熟的剧作家,如欧阳予倩、李健吾、师陀、柯灵、顾仲彝等人积极参与到剧本"创造性模仿"(周作人语)的改译中。比如,参与抗战宣传的日本反战人士鹿地亘的作品《三兄弟》,不仅创作于抗战现场,而且经由夏衍等人的汉译,对中国的抗战宣传和日本人民反战情绪的调动都产生了积极的深远影响。另外,欧阳予倩据托尔斯泰的《黑暗之力量》改编的《欲魔》、刘念渠依据美国杰克·伦敦原著改编的《杀人》、王思曾依据英国戴恩的 Shivering Shocks 改译的《炸药》、王石城对比利时梅特林克《水落石出》的编译、宋之的与陈白尘依据席勒的《威廉·退尔》改译的《民族万岁》等大批改编剧本,以文化的力量直接参与了中国的抗战全过程。据统计,从1937年至1945年共出版改译戏剧单行本79种,占现代文学历史同类作品(110种)72%,另有50种收录在各种戏剧集中,这些"中国化""民族化"的编译、改译无一不是在对西方戏剧文本的借鉴和其影响中创造出来的。

贾植芳先生曾在《中国现代文学总书目·序》中明确指出,"我们认为中国现代文学的历史,除理论批评外,就作家作品而言,应由诗歌、散文、小说、戏剧和翻译文学五个单元组成","外国文学作品是由中国翻译家用汉语译出,以汉文形式存在的;它在创造和丰富中国现代文学方面的贡献,确与创作具有同等重要的意义和价值"。因此,我们今天所看到的这些浸染着历史斑驳印记的外国戏剧翻译图书文本,不仅是伴随着中国现代文学共同成长演进的重要组成部分,同时也是中国现代戏剧历史中的一个自成体系的生命存在,这也尤其凸显出它们对中国现代话剧研究的重要价值。

本书正是在上述的理解中获得它特殊的存在价值和生命意义,正如杰姆逊"永远历史化"的著名观点一样,当人类踏入了时间的河流,历史便重新被赋予了生命。严格来说,《汉译的风景——1937—1945年外国戏剧初版本考录》并非一部宏观的理论研究性著作,它更像是一本呈现出关于"书"的历史现场的书,也是中国现代文学历史中一道亮丽的风景。这是因为在本书中囊括了187部20世纪三四十年代翻译出版的外国戏剧图书的初版本,每部翻译图书同时附有封面页、版权页的图片,以及这些书的出版机构、原著者、翻译者等图书信息。在此基础上,本书围绕图书周边的史料和史实,采用编年史的结构方式对1937年至1945年间翻译并出版的外国戏剧展开客观的考录和历史的辨析,并通过译者翻译的价值取向、出版机构的背后诉求、出版方式的变化等揭示戏剧发展的时代差异,目的是希望给读者呈现出一个原生态的翻译现场和历史性的图书面貌。如此,一方面为翻译文学史的"完整性"贡献一份"形象的力量",另一方面也为研究者提供一种思想生发的路径和研究视角的拓展。

本书在对1937年至1945年间外国戏剧汉译初版本考录过程中,对于1937年前出版及之后再版的戏剧翻译图书并未收录,但在每一部初版本的考录中,笔者对于该书在此之前或之后的不同翻译者与翻译版本一一做了说明，以便于读者能够按图索骥，可以看到该戏剧的不同翻译版本的面貌。有少量初版本已无法看到原本或版权页缺失，只能根据现有资料录入。部分图考虑到清晰度的问题，进行了修图，裁去了空白处，将图做了放大处理。书中所考录戏剧文本的引文除注明出处外的，均引自该书中的序跋，不再另外标注。本书作为戏剧文学史研究中的资料性质的著录，理应保持历史资料的真实性、客观性和完整性，限于笔者学识浅陋及资料搜集的难度，难免有漏失、错误和以偏概全等不足之处，也请阅读本书的研究者们在检验中提出批评与指正。

本书在资料搜集和考录过程中，参阅了大量前人学者们的资料和著录，如北京图书馆编《民国时期总书目 1911—1949·外国文学》，贾植芳编《中国现代文学总书目·翻译文学卷》，陈建功、吴义勤主编《中国现代翻译文学初版本图典》等，在此一并致谢。

最后，在本书即将付梓之际，感谢那些在本书的资料搜集和著录中提供帮助的学界前辈和学术同人，并特别感忱中国艺术研究院为本书提供的出版资助以及文化艺术出版社的编辑们为此书出版所付出的辛苦！

是为序！

2019 年 5 月 6 日于釜山大学雄飞馆

# 1937年

《复活》　《沉钟》　《炸药》
《深渊》　《争斗》　《爱尔兰名
《沙乐美》　《暴风雨》　剧选》
《发问者》　《法国中古短
《缓期还债》　笑剧》
《逃亡》　《巡按》
《茶花女》　《翻译独幕
《牛大王》　剧选》
《夜未央》　《人与超人》
《希腊三大悲　《雷雨》
剧》（二册）　《铁甲列车》
《娜拉》　《月明之夜》
《爱与死之角　《西班牙万岁》
逐》　《青鸟》

# 一月

## 《复活》

[法国] 昂里·巴大叶（Henry Bataille）著，陈绵译。
编辑者：中华教育文化基金董事会编译委员会；
发行人：王云五（上海河南路）；
发行所：商务印书馆。民国二十六年（1937）一月初版。126页。

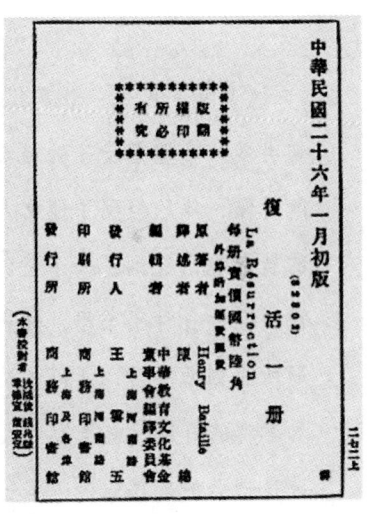

《复活》（La Resurrection，1900，五幕剧）是由法国剧作家昂里·巴大叶（Henry Bataille）根据列大·托尔斯泰的同名小说创作改编而成。

托尔斯泰很早就被介绍到中国，他的小说《复活》在中国也早有译本，最早的译本是张默池翻译的，在《新湖北》1920年第1卷第3期开始连载。

1922年3月，商务印书馆出版了耿济之翻译的《复活》（上、中、下三卷，1923年至1926年发行三版，1935年再版）。根据小说改编的电影于1928年在中国上演。随着小说的翻译出版和电影的上映，关于这部小说的评论也相应地出现。1929年，《文学周报》第7卷刊发"托尔斯泰百年专号"，分"论文""介绍""感想"三部分计12篇文章（第326至350期合刊），其中有一篇署名"司君"的《读托尔斯泰的复活》。在这篇评论中，论者首先详细介绍了小说的故事内容，随后针对小说中所表达的社会普遍存在的"土地"、"法律"以及"青年思想"等诸多问题进行了深入讨论。另外，1936年《申报周刊》第1卷第1期刊载了许钦文的《托尔斯泰的复活》等评论。

陈绵在这部由小说改编而成的戏剧单行本《序》（1936年7月写于北京）中介绍道：

> 《复活》更是一个著名的杰作，很少的人不知道尼克吕多夫牺牲一切去救一个堕落女子的灵魂使它复活的故事。当托尔斯泰写这部小说的时候，他已经到了他文人生活中最锋芒的一个时代；在那时他思想的转变也已经到了一个坚绝（决）的阶段。……托尔斯泰那个时候是被社会的种种不公平，被人类所受过的苦痛，被世界上一切刺心的问题所深刻地感动，所以他决不肯再描写或研究任何生活，去专为作一种客观的好奇，或是为个人的名气。他那个时候，是抱定了改善人心，改良社会的宏愿。……当他在写《复活》的时候，他已经变成一个社会的改良者，人类的恩人。《复活》的发表，曾惊动了全世界的文坛，使人看出托尔斯泰的思想转变。……《复活》好像一道深沟，把他以前纯艺术的大小说家的生活，同为社会谋福利为人类求真理的哲学家的生活分开了。在这个《复活》的小说里，包含着人类所有的苦痛，社会所有的矛盾。那里面，可以说把人群中所有的角色，都使他们活

动起来，各自象征着他们的弱点，他们的丑态。

从上述文字中可见，陈绵对托尔斯泰及其作品有着深刻的理解和独特的观点。

可以说，把文豪托尔斯泰的小说作品改编成戏剧并搬上舞台演出是许多戏剧家无限向往的事情，就像陈绵在《序》中介绍的那样：

> 这个小说在出版以后，曾有许多的文人想要把它移到舞台上来，可惜这个书里面的材料太丰富，使人无法入手，所以一般剧作家都有望洋兴叹之慨。
>
> 一千九百年（注：1900年），就是在这我们二十世纪开端的头一年，一个法国的青年剧作家昂里·巴大叶氏（Henry Bataille）居然有这种勇气，把它编成了剧本。当时先得到的便是托尔斯泰的惊异，也可以说是一般剧作家的惊异。因为这种工程，无论是原著者，或是戏剧专家，都以为不可能的。等到一九〇二年九月十四日在巴黎欧戴昂（Odéon）国家话剧院首次公演的时候，得到了一切批评家的赞许，托尔斯泰也极力称赞这个青年剧作家的天才。

这部改编戏剧首次公演的成功正是在于改编者"很忠诚的守着原著中述事的次序"。为了说明这部戏剧的成功所在，陈绵在《序》中又详细地介绍了剧本六段五幕的内容，最后认为"这个剧本，既然能够把故事很有力的述说出来，同时又把原著中对于各种社会的描写，很详细的演出，使我们感觉到这不是一本像平常有一两主人翁的戏，而是一出我们全人类的戏"。

剧本《复活》被翻译成汉语之后，戏剧家、导演及演员们便开始进行排演。1936年3月5日,《复活》由中国旅行剧团在天津新新戏院首次公演,这次公演的"演员在每幕担任角色表"和"剧情"被附在这本出版的单行本正文之前。同年,由中国舞台协会改编的同名五幕剧在南京上演。

这部戏剧的演出虽然获得了大多数观众的认可,但也有人在观看后提出了批评意见,比如《黄钟》(第8卷第8期)上刊登的署名"博泉"的《"复活"观后感》,这篇文章从观众的角度对演出的剧本、服饰及演员等不足之处进行批评,但这篇文章其实醉翁之意不在酒,是要通过批评这部戏剧的演出情形对当时的整个剧坛进行批评。作者在文章中指出,当时的剧坛是"普遍地都感受到'剧本荒'的苦闷"时期,认为"我们既有工夫有精神去转运托尔斯太(泰)的作品来改造,又何尝不可以把这工夫和精神用来改造我们祖先遗留下所有慷慨壮烈的史迹,而求适应中国今日救亡图存的急需呢?……我们又何不把'复活'这有力的名词,运用到象征中国已失去的国魂的'复活',象征被敌人蹂躏下的四千万同胞灵魂的'复活'"。

文章中所提出的问题和论者所希望的方向似乎有一定的道理,但如果结合中国近现代社会文化变革历史来看,这无疑又是一个中学与西学、传统与现代二元相对的老问题。

该剧本另有田汉(上海杂志公司1936年版)、夏衍(改译,美学出版社1943年版)、高植(文化生活出版社1943年版)、任苍厂(自力出版社1946年版)等人的译本。

## 《深渊》

[苏联]高尔基（M. Gorky）著，谢炳文译述。
发行者：朱炎（启明书局代表人）；
发行所：启明书局（上海福州路四百号）。民国二十六年（1937）一月初版。83页。编入《世界戏剧名著》丛书。

《深渊》(На Дне, 1902, 四幕剧)，另有《夜店》《下层》等译名，现在译为《底层》。这部剧是译者根据英译本转译而来，在这本书的版权页上题有英文名"Lower Deprths"，扉页有"著作者高尔基"的头像与剧中六个主要人物的插图画。在正文前有译者写于1936年7月18日（高尔基逝世周月纪念日）的《译者小引》，书后附启明书局《中国新文学丛刊》与《世界文学名著》推介广告两则。

高尔基及其作品对于中国人来说并不陌生，这部作品也早有人介绍。1930年在《艺术》第1期刊载的《高尔基的"夜店"》（祝秀侠）中介绍说："在高尔基的很多的戏曲中，'深渊'（Lower Depths）的确是最杰出的一出了！伏洛夫斯基，称这剧是高尔基第一期作品的结算，而是第二期的基石，这出剧即在他的思想演进上，也会有重大的意味的。"或许基于这部作品在高尔基的全部作品中所占有的特殊地位，谢炳文在《译者小引》中给予了高度的评价，认为"《深渊》是高尔基纪念碑性的代表戏剧，在他的文学生涯上曾经是划了新时期的一部杰作"。接着他介绍道，高尔基在创作这部作品前因彼得堡学生暴动案牵连而被当局逐出尼士尼，在亚尔萨马斯过着受监视的流放生活，其间于1902年完成了他的第二个剧本。剧本写完后，他将原稿寄给一直鼓励他的契诃夫，契诃夫读后便于当年7月29日回信说："这是一部崭新的显然很好的作品。第二幕写得很好，这是最好的最有力的一幕。当我读着的时候，尤其是读到了末尾，我几乎喜欢得舞蹈起来。"这部作品是以19世纪俄罗斯下层社会的阴惨的生活为背景，运用写实的手法，"把陷入深渊中的人们的怨嗟，痛恨，愤激与苦恼，都赤裸裸地暴露了出来，丝毫没有加以粉饰或理想化。无疑的，作者是同情于他们的悲惨的命运，同情于他们对现存社会制度的敌意，以及他们的反抗的意志的"。

谢炳文在《译者小引》中分别对《深渊》的人物及形式做了细致的分析。他在分析剧中人物时指出，"就剧中的人物而言，固然全是被深渊吞噬了的一群，但实际上他们却并未绝对地消失了探究人生的勇气。在这里，我们也还可以见到两种社会的乃至哲学的人生观底争斗"，即"个人主义与社会道德的冲突，尼采主义与基督教主义的论争"。而《深渊》的形式则"是属于挪威剧或西欧写实剧"。"它特别近似于德国霍普特曼织工"，因为剧中"所描写的全是群众，却寻不出一个主人翁"。该剧"自一九〇二年发表以后，仅仅数年间，单在莫斯科艺术剧院就公演了几百次；往后德法英美日本都曾相继上演，最近苏联和美国已把它编成了电影在银幕上出现了。从这些事实，就充分地说明了《深渊》的艺术价值和社会价值"。

书前所附《深渊》歌曲的五线谱实际上是《太阳上山又落山》。谢炳文介绍说，它们"是伏尔加流域的民谣，经作者把新的歌词配上了原谱"，翻译时"照录了歌谱，以便读者照谱填词，在悲愤的时候可以放声歌唱一下"。据说高尔基在1932年将《深渊》这部剧作重加修改，但因这个译本是1931年译出的，所以谢炳文在引文最后也说"改得怎样，暂时可不知道，容后当专文介绍"。

该剧本译名为《夜店》的有李谊（上海湖风书店1931年版）、许德佑（上海大东书局1947年版）、胡明（上海光华出版社1946年版）等人的译本。另有芳信（世界书局1944年版）和塞克（成都跋涉书店1938年版）的译本，译名为《下层》。谢炳文在《译者小引》中说，"有人译做《夜店》大概是取名于它的背景的原因"，而他在翻译时取名为《深渊》，则是因为"在俄文上原作'Na Dnye'（编者注：以英文音标转译的俄文）意思是'沉在底下'，日本升曙梦译做《下ン底》甚为恰当。我根据的是莫斯科艺术剧院脚本的英译本，题名'Lower Deprths'（编者注：原文中Deprths疑为误写，应为Depths）。英译者是美国著名的俄国文学研究者Jennie Covan女士。除了以英译本为蓝本外，我曾经参照了原久一郎和升曙梦的两种日译本。关于剧本的对白，尽量地采用了中国下层社会中的土话，这一点算是比较的能传达原文的神情"。

这部剧作后来被朱梵（柯灵）、师陀以《夜店》为名共同改编成以中国社会为背景的四幕剧，并于1944年在《万象》第四卷第3、4、5、6期连载，改编剧本上演后得到普遍好评。1945年第11期的《周报》特别刊载了《特辑：关于"夜店"》，师陀在"献词"中解释了改编的目的并不是因为"剧本曾在演出上得到成功，也不是因为它是高尔基的作品"，"我们的任务是把他们打扮成中国的，假使相去太远，我们按照己意另写"。因此，改编后"表现在舞台上的不是故事，而是一个社会，我们生活着的这个世界的一角"。在这期特辑中，另外还有景宋、巴金、郑振铎、夏衍、索非、李健吾、唐弢等人分别撰写的八篇剧评文章。葛一虹在《关于"夜店"》（《文联》1946年第1卷第1期）中说："这一个改编，明显地标记着改编者的非凡的功力。十九世纪末叶俄罗斯下层社会的场景，生活和人物，现在变为现代中国下层社会的一切的了，这一多么巨大的改动，不仅做得十分自然，几乎是出于创造的一样。"

## 《沙乐美》

［爱尔兰］王尔德（O. Wilde）著，汪宏声译。
发行者：朱炎（启明书局代表人）；
发行所：启明书局（上海福州路四百号）。民国二十六年（1937）一月初版。55页。编入《世界戏剧名著》丛书。

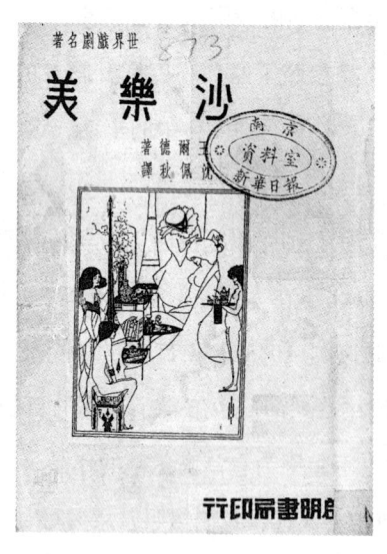

《沙乐美》（Salome，1893，独幕剧）是爱尔兰剧作家王尔德的重要作品，也是唯美主义戏剧的代表作之一。关于唯美主义，译者在《小引》中

介绍了其发端："十九世纪中叶以后，英国文坛产生了唯美主义一派。创始于约翰·罗斯金（John Ruskin），继之以华尔脱·彼得（Walter Peter）至本书原作者奥斯卡·王尔德（Oscar Wilde）而登峰造极。""王尔德对于唯美主义，不但高揭了口号而已，并且还见之于日常行为。在牛津为学生时，即蓄长发，佩红花，招摇过市，造成一时风尚。后来行为更为不拘，大为正人君子所不满。卒以获罪被判徒刑，一九〇〇年卒于巴黎。"译者认为："《莎乐美》一剧为其最伟大之作品，唯因不与英国绅士之传统道德观念相应和，政府下令禁止出版。一八九三年在巴黎印行，一八九四年在巴黎作第一次之演出，获得惊人的成功。"同时他指出，现在的中国也是"正人君子得势的时候，不过译者相信一切伟大的作品，都是超越时代性的；所以《莎乐美》之伟大，不会因了正人君子之传统道德而有所损益也"。

据徐调孚发表在《小说月报》（1927 年第 18 卷第 10 期）的文章介绍，这部独幕悲剧是作者于 1893 年用法文写成的，因描写违反自然的爱情而在伦敦禁止出版，故在巴黎出版。对于用法文写作，王尔德曾说："我一种工具，自己知道颇能应用，这就是英国的文字。但是另有一国文字，我听了一世了，现在要试试这新工具，看我究竟能不能造出一些华美的东西来……当然的，其中要含有许多法国文人所不用的风格，但是我的剧本转而可以得到一种异样的色彩。"徐调孚认为这部剧"是描写灵与肉的冲突的，而结果是肉的悲惨的运命"。正如德国一位批评家所说："爱而死，被爱而死，是这戏剧的主眼。"

该译本的封面著作者与译者分别题为王尔德和沈佩秋，而版权页中则分别题为 O. Wilde 和汪宏声（沈佩秋为笔名）。陈雁著《性别与战争——上海 1932  1945》一书第 155 页脚注中说："汪宏声也是一位翻译家……还以妻子沈佩秋的名字作为笔名译有王尔德的《莎乐美》（1937 年）、易卜生的《娜拉》（1937 年）和果戈里的《巡按》（1937 年）等。"扉页印有"著作者王尔德肖像"及《沙乐美》插画。卷首有译者写的《小引》。

《莎乐美》的最早译本为陆思安与裘配岳合译，名为《萨洛姆》，载于1920年4月《民国日报》副刊《觉悟》。另有田汉（《少年中国》1921年第2卷第9期）、徐葆炎（上海光华书局1927年）、徐培仁（光华书局1927年）、胡双歌（上海星群出版公司1946年）等。另有英汉对照版《莎乐美》，由桂裕、徐名骥合译，商务印书馆1924年出版；《英文文学基础丛刊：莎乐美》，世界书局1929年出版；世界语汉文对照版《莎乐美》，钟霖译，中华绿星社1934年出版。其中，徐葆炎的译本发行后读者褒贬不一，有人著文加以批判，如胡洛1933年在《〈莎乐美〉研究》中对英国唯美主义思潮缘起及其发展进行了研究，并以《莎乐美》作为例文进行分析，最后说："从莎乐美的分析中，便是给唯美主义举了个例子。唯美主义的本质便在莎乐美中显露出来了。唯美主义的作品是如此的，但唯美主义的时代已过去了。然而，这世上，还有人企图回到唯美主义去，他们写出唯美派或象征派的诗文。自然，这是绝对的梦想。"

在中国，《莎乐美》的排演大都以田汉译本为主。比如1929年7月7日至12日在南京民众教育馆公演的六场（后于7月29日至8月5日到上海宁波同乡会礼堂公演）。田汉认为《莎乐美》公演的目的是要给当时这"过于荒凉的"中国剧坛"栽上一朵""这样美丽的花"，让观众"以新的眼光来看此剧"，从剧中人物身上学习"专一的大无畏的精神"。

## 《发问者》

[美国]党美瑞编，潘玉梁译。
出版兼发行者：广学会（上海博物院路一二八号）。
民国二十六年（1937）一月初版。30页。

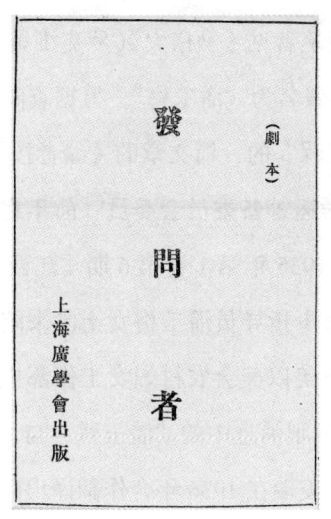

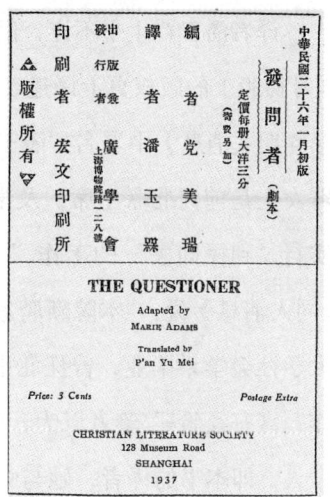

《发问者》(The Questioner) 无序跋。剧本原是美国传教士 Marie Adams 为宣扬基督教教义所编。根据剧本内容来看，其中的人物均为虚构，有"发问者""娱乐""智慧""历史""宗教"等，剧情的场景地点为虚构的"生命店的庭院中"。书末附《唱诗》一首。

本书是一本传播基督教内容的戏剧，其出版机构为"广学会"。据《大辞海·中国近现代史卷》（2013版）介绍，广学会原为"英美基督教新教传教士及其他在华外国人士在中国设立的出版机构"。前身为1834年在广州设立的"实用知识传播会"和1884年在上海设立的"同文书会"。1887年改组，1893年开始称为"广学会"，前后存在了六十余年，标榜"以西国之学广中国之学，以西国之新学广中国之旧学"。在北京、沈阳、西安、南京、烟台等地都设有专门机构,以传播基督教和介绍西学为首要任务,编译出版了大量的基督教和政治书籍。其出版的西方资本主义文化、政治等书籍对清末的维新派产生过很大的影响。与此同时,它"愿华人明西方之理,不愿华人仿西方之制"的理念,实际上也让它成为西方帝国主义企图在文化思想上控制中国人、把中国变为西方帝国主义附庸的文化侵略机构。

译者潘玉梁生平不详,但笔者见《马格大》(罗克维著,广学会 1941 年 3 月初版)的版权页上译述者署名为"潘玉梅"。另据查阅,1933 年第 6 卷第 4 期《消息》中署名"潘玉梁"的一篇文章的《编者按》介绍说:"潘玉梁女士是前河北联主席,及学运筹备委员会委员。前年在燕大毕业后,就实行'到民间去'的工作。"1935 年第 1 卷第 6 期《江西农讯》半月刊的《同人消息》说:"本院新聘家事指导员潘玉梅女士已来院工作,潘系燕京大学社会学系毕业,曾任北平美以美会农村妇女工作部主任,对于乡村工作,富有经验。"笔者以为,两则消息中的"潘玉梁"与"潘玉梅"实为一个人,即本书的译者,她与党美瑞在 1936 年合作翻译出版了很多关于基督教内容的作品,比如《圣经与日常生活》《教会》《上帝美丽的世界》《基督教与诗歌》《探求人生的真意义》等。

# 二月

## 《缓期还债》

[英国]戴耳（Jeffrey Dell）著，陈绵译。
编辑者：中华教育文化基金董事会编译委员会；
发行人：王云五（上海河南路）；
发行所：商务印书馆。民国二十六年（1937）二月初版。144页。

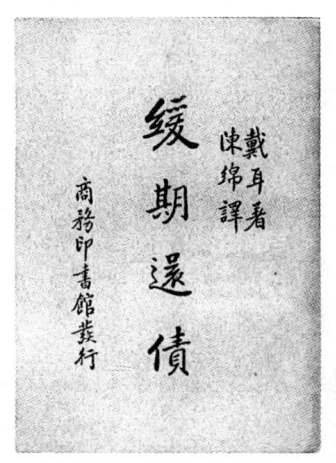

《缓期还债》（Payment Deferred，三幕剧）根据"现代英国文坛中颇有名气的傅来司特（C. S. Foreste）"的同名小说改编而成。作者还创作有历史小说《拿破仑》（Napoleon）、《纳尔逊传记》（Biographic de Nelson）和剧本《嘉维尔小姐》（Miss Cavel）、《U字九十七号》（U-97）等。《序》中介绍道："将《缓期还债》改编成剧本的是一位伦敦新的剧作家戴耳先生

（Jeffrey Dell），戴耳先生是伦敦的一个青年律师，《缓期还债》就是他的第一个作品，他竟一鸣惊人得了盛名。之后他又作了两个剧本，一个叫《火鸟》（Fire Bird），一个叫《与美国交易》（Business with America）。"剧本发表后，"于一九三〇年在伦敦圣吉姆剧院（Theatre Saint James）上演，主角是由著名的电影明星却尔利·何东（Charles Haughton）担任的，这个剧曾连续地演了好几百次"。该剧本后来又被"法国女艺员兼剧作家拉佛·米罗（Mme Julictte Ralph-Mylo），把《缓期还债》译成了法文，改名叫《咖尔嘛》（Karma），咖尔嘛是一个梵文字，是报应循环的意思"。该剧讲的是一个伦敦银行的小职员因为债台高筑，被投机发财的迷梦所迫，杀害了刚从外国独身回来的亲外甥，把他埋在花园后，又霸占了他身上的巨款而暴富。暴富后，他因结交了一个浪漫女子而致使妻子气愤自杀，法院因此以谋杀罪判定他死刑，缓期执行。虽然他没有因自己所犯的罪而获刑，但并没有逃脱法律的制裁，自己欠下的债终究是要还的，也正是报应循环的意思。

　　陈绵翻译这部戏剧似乎也是希望能让人们明白"因果循环"的道理。他在《序》中说："宗教家所称的'上帝'，古希腊的戏剧家们所称的'命运'，佛家所称的'因果'与近人所称的'自然的法则'都是说这个推动我们人生的显明或者潜伏的力量。用这种力量做主题的戏剧自然具有特殊感动人的能力。""我近年来帮助唐槐秋先生所领导的中国旅行剧团做话剧的运动，感觉到要使大众爱好话剧，必须要使他们先感到话剧有趣味。所以我给他们选译的剧本虽不都是什么文学上的名著，但都是些能使多数观众欢喜的作品，这个《缓期还债》也就是这样的一种。"

　　据陈绵说，该剧1936年在天津新新戏院公演时做了"国产化"处理。"为表演的方面，并使观众能够直接了解的缘故"，他"把这个戏改编成中国的故事。把原剧的背景伦敦改作天津。把原剧《缓期还债》的名字舍去不要，就法译本《咖尔嘛》的名字译音作为《干吗？》","意思是说一个人争名夺利为非作恶到底为什么？另一方面也有使观众想到一个好好的人干吗作恶，这到底是他一个人的错，还是社会——整个人类——的错？后来又为招引观众的起见又把这个戏叫做《天罗地网》。当时有许多朋友非议这个旧戏气味太浓的名字，但是我正是因为它的旧戏气味太浓而选用它。因为我国并不是没有戏剧的观众，我们缺乏的是话剧的观众，旧剧的观众是多得很。若能把旧剧的观众引到话剧的路上来，那么离话剧运动的成功就不远了"。

《序》中摘录的公演后的报刊评论说："这一个剧，乃是一个社会教化剧，他对社会有着有力的抨击和讽刺，全剧基本的内容和主题，是在教示人们不要作恶！可是没有宗教的意味。这一个剧本，深涵哲理，结构和穿插，皆极紧密美妙。全剧九段，都可令人感动！到处显示着因果律的支配。所谓《天罗地网》，真如细针密缕，可以看到作剧者精致的手法。"

该书扉页注有"初演年代一九三〇在伦敦""类别　现代剧（Piece）散文的　三幕剧带序幕与尾声"。书后附录中详细记述了改译本同这个原译本不同的地方，包括登场人物、地点以及每一段对白的改动。

## 《逃亡》

[英国]高斯华绥著，向培良译。
发行者：商务印书馆（上海河南路）。
民国二十六年（1937）二月初版。130页。编入《世界文学名著》丛书。

《逃亡》（Escape，1927）未见版权页，卷首有向培良于1936年10月写的《译序》(部分摘录在商务印书馆《出版周刊》1937年第243期发表)。

《译序》分别介绍了19世纪到20世纪间英国戏剧的发展、高斯华绥的生平和本剧的创作背景。其中认为该剧"表面上是描写种种人对于法律的态度———一个逃犯,从监狱中出来,经过了四十八小时而重被捕。在此时间,他转入种种情境,遇到了种种人,他们有的同情他,有的帮助他,有的拒绝他,有的深恶痛绝地追逐他。其实这个剧本的中心,不过从多数情境中表现出人性之各种方面罢了。剧中马迪,误伤人命,判刑四年,他好像是罪有应得,他也没有什么必须逃走的理由。因此,同情他的人固然是好人,就是憎恶而追逐他的人也似乎是通常应有的见解。在这种情况之下,我们也和那个牧师一样,不知道究竟应该怎么办了。于是在这种进退维谷之中,作者以敏妙的手腕,深深发掘人性之根基了"。

同时,向培良对剧本创作的技巧、内容、形式等方面的特征进行分析阐释。他认为:"就创作的年代来说,高斯华绥是属于二十世纪的,但他实在是承十九世纪以来戏剧诸大师的系统底一个伟人,这就是说,他和自易卜生以下的现代戏剧诸大师一样,是一个战士。……在他的一篇论文《戏剧庸言》里，高斯华绥说过如下的话：'戏剧应该形成之始有一意义的中心（A spire of meaning）。每一群生活或人物有其固有的道德，剧作家的任务就是要装置这一群使其道德能尖锐地暴于日光之下。'……不过在高斯华绥的剧本里，却并没有什么阴惨的气息，因为他是一个战士，所以觉得一切困难和不合理不过都只是一种障碍罢。他似乎把攻击的目标都放在社会和制度上，而对于人性的本原，却认为是有良好的成分隐在那后面。"《逃亡》不仅在技巧上"是高斯华绥的上乘作品"，在形式上，"这个剧本有其特殊之点。全剧不分幕，而为短的急促变幻的场面"。一幕（an act）剧，即"在性质上是完整的，有起有发展有结束，开始是介绍和展开闭幕之前，往往是大场面（big scene）……放弃幕底区分，其最大的好处在于结构可以更自由更真实，而困难之处，则在于人物之介绍及故事之开展不易处理。《逃亡》的故事，是跟着时间之经过而发展的，集中于一个人，故情节的处理不发生困难（《从清晨到夜半》亦采取同一方式，但这终不过是特殊的题材而已），而人物之介绍，则高斯华绥发挥其最高的技巧，往往在几行里面就完成了他的工作"。

　　向培良对这部剧作技巧与形式的推崇，也来自他对当时中国剧坛的看法。自20世纪30年代初期，他陆续发表文章，如《戏剧之基本原理》《戏剧艺术之意义》《戏剧之现代的形式》《新的舞台形式》《略论最近剧运趋势》《中国戏剧概评》等，阐述他对中国戏剧的意见和理解。他在《略论最近剧运趋势》（载《文艺月刊》1937年第10卷第4、5期合刊）一文中说："现在戏剧的危机是太注重内容而太不注重形式。人家只知道专重形式会流于空洞，却不知道专重内容会更流于空洞。没有完成适当形式的内容只是廉价的复印品，甚至于只是伪造物。"因此，他认为翻译这个剧本对当时的剧坛来说，"也许可以给剧作者一点新的刺激罢。这里开展了一个新的园地。我国戏剧，以社会的及文化的原因，一时殊不易发展，尤其是舞台装置,在没有良好的剧院(这恐非短时期所能进展的)之先,更无从改进,则另外走一条不依赖舞台装置的路子也未尝不可,高斯华绥的《逃亡》是舞台装置高度发展以后的产物,却同时可以暗示一种不依赖舞台装置的情形。这就是说,莎士比亚型的戏剧(当然有其近代的变更),并不是不能再尝试的"。

## 《茶花女》

[法国] 小仲马(Alexandre Dumas fils)著,陈绵译。
编辑者:中华教育文化基金董事会编译委员会;
发行人:朱经农;
发行所:商务印书馆(上海河南中路)。民国二十六年(1937)二月初版。118页。编入《新中学文库》(王云五主编)。

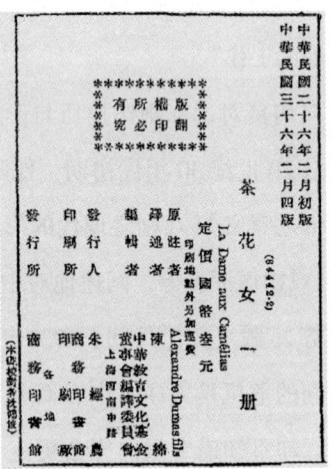

《茶花女》(La Dame aux Camélias,1852,五幕剧)是法国著名作家亚历山大·小仲马的第一个剧本及代表作,写的是"一个妓女玛格里特·高杰

因为真诚地爱阿芒·杜瓦,牺牲了自己的幸福而至于死"。

卷首《茶花女·序》中介绍道:"小仲马是大仲马的私生子。在他生的时候大仲马因为没有地位,也可以说是没有勇气,不肯承认他。"后来,"大仲马的境遇也渐好起来,先就量力的帮助他的学费,到后来他享了盛名而且富有了,才毅然决然地承认了他的儿子。……小仲马有了名姓,花钱又可以随意,就在交际场中大行活动,吃喝嫖赌,无一不来。……小仲马虽然在这种社会里混,可是那里面的丑恶,虚伪,堕落无一不在他眼光中分析着。所以到了一个时期,他认为他玩的够了……他就毅然地闭门著起书来。在一个很短的时间,他曾经写了很多的小说,竟自把他拉的亏空都弥补上。等到出版了《茶花女》小说,小仲马的名字哄动全欧洲了。因为这个小说很受欢迎,所以他又把它改成剧本。……一日之间,全欧洲都感觉到一个大戏剧家出世了。小仲马也因为他这第一个剧本发现了他自己的天才,从此就专心致力于戏剧,结果留下了二十几种剧本"。

小仲马在成长过程中真切体验到"社会的缺点与污秽",因此他的大多数作品中都是以写实主义的方法为"人类不幸的灾难而发自衷心的呐喊"。在法国文学史上,自命为"幻想道德家及教师"的小仲马第一次把妓女作为主角写进作品中。陈绵介绍说,茶花女的原型为"阿乐丰信·白来西(Alphonsine Plessis),于一八二四年一月十五日生于法国南部莫南城(Mornant)。她的父亲是一个商人,据说很不务正业。她的母亲倒是一个很勇敢的母亲。她还有一个姊姊,比她只大两岁"。因她的父亲经常酗酒打骂她们,母亲又因主人去瑞士而随去,她便"在乡间过野孩子的生活"。后来"她去了巴黎……起了一个花名叫做玛丽·杜白来西(Marie Duplessis)。小仲马就是在这个时代认识她的。他们俩一见钟情,彼此都绝对的爱着。不过玛丽有奢侈的习惯,虽然她想要改而一时难改;有许多苛求的老朋友,虽然她想要都拒绝而一时难断。后来小仲马以此种生活为耻,虽然离开她是痛苦,他竟然出国远行去了。……一八四七年二月三日玛丽死了。……到了小仲马闻信赶了回来,所能见到的不过一个装饰着白茶花的坟。小仲马为纪念他的亡友做了《茶花女》小说同剧本,书中的主人翁玛格里特·高杰（Marguerite Gautier）就是玛丽·杜白来西"。

晚年的小仲马曾说:"我在几天的工夫写了《茶花女》,它的成功真是侥幸,以后我用十几个月做出来的剧本,还是怕它不妥。《茶花女》是我二十几岁的作品,恐怕过了这个年纪我一定不肯写这种幼稚的文章。"而陈绵却以为,就戏剧论戏剧来说,"小仲马最成功的作品要算他第一个剧本《茶花女》同他最末个剧本《福朗西雍》（Francillon）。……这个小仲马晚年对《茶花女》的评断是不对的,你看这几十年来茶花女在法国,在世界各国都不断地上演,而其余的都只是在教授们口里讲给学生们听听罢了。《茶花女》实在是一本真情流露的剧本,因为只有真实才能传至永久"。

陈绵在《茶花女·序》中详细地介绍了作者生平、剧作内容及《茶花女》小说与剧本的人物、写作背景等,他说:"《茶花女》是一个划时代的写实剧,我们已经看见它在法国的演出是经过多少劫难。这个难产的著作不但对于法国的文学创一条新道路而好像对于我国新文艺的运动也很有缘分。林纾译的'茶花女遗事'实在开了我国新小说的风气,宣统年间王钟声演的新茶女也未尝不是我国话剧的先声。"

《茶花女》另有徐卓呆（《小说世界》1926年第3卷第3、5、6期）、刘半农（北新书局1926年初版）和顾华（《蓝荫集》1934年第1期）等人的译本。陈绵的译本是以刘半农译本为基础修改而成的,他说:"我在民国二十四年五月二十七日帮着中国旅行剧团把小仲马的五幕剧《茶花女》首次在北平协和医学院的礼堂演出。茶花女虽然在中国已经出演过好几次，但都是根据刘复的译本演出的，而不幸刘译本中的错误是多得很……所以当中国旅行剧团的领导者唐槐秋先生来约我导演这个剧的时候，我就坚持不可用刘译本而我自己又把这个剧本改过一次，也可以说我又重译了一遍，虽然不能说全无错误，至少把我的亡友刘复先生疏忽的过虑赎回了一点，半农死而有知，或者不以我为罪罢。"

北京剧团于 1939 年重新排演了该剧，并于 7 月 2 日、3 日在北京饭店公演。在《公演茶花女专页》（《立言画刊》1939 年第 40 期）中有几行介绍："有音乐，有歌咏，有伟大的场面，有曲折的情节"，"是陈绵博士费尽苦思的近作"，"是北京剧团三月苦干的成绩"。文中介绍说："说到剧本的改编，这不能说不是一件极困难的工作，而我们的陈绵博士首当其难的，打破了这第一道难关，为了给舞台上一个新贡献，陈绵博士费尽苦思的把剧本改编成了纯中国风味的戏剧，这给予观众是如何的好消化，而不能使观众像过去'连剧中人的人名字都记不清楚'的厌倦？"

## 《牛大王》

[法国] 德朗斯（Georges Delance）著，陈绵译。
编辑者：中华教育文化基金董事会编译委员会；
发行人：王云五；
发行所：商务印书馆（上海河南路）。民国二十六年（1937）二月初版。116 页。

《牛大王》（Bluff, 1931，三幕喜剧）是法国戏剧家德朗斯的第四部作品，是一部"现代纯喜剧"。陈绵在《序》中介绍说，该剧的"原名叫做

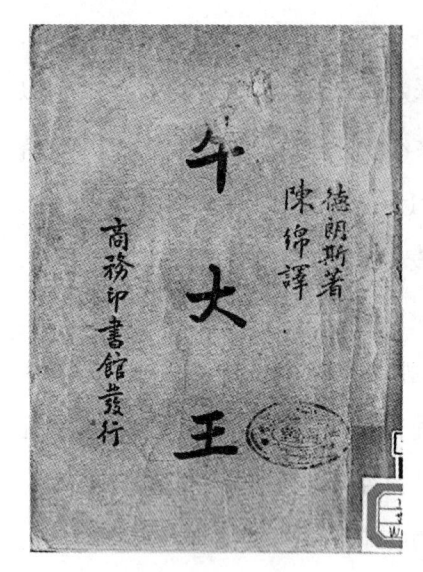

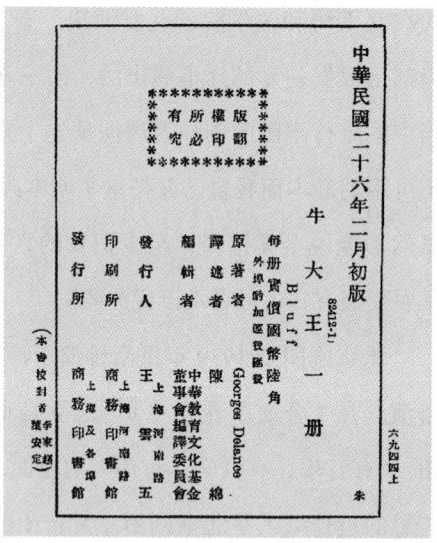

Bluff，是最近三年来在法国戏坛上很出风头的一个喜剧"，选择翻译这个剧本的原因是它的"号召力量"。该剧首次公演是 1931 年，在"巴黎著名的奇幻戏院（Théâtre Variété），这个戏院有很悠久的历史，在近几十年来是专演喜剧，富有讽刺性的喜剧。在六年前现代青年喜剧家巴钮乐（Marcel Pagnol）的《杜博士》（Topaze）曾在那里演了两年之久，自从这个喜剧出演以后，好像其他一切的戏剧都减了色。所以要找一个剧本继《杜博士》之后，成了一个很困难的问题。因此这个奇幻戏院的院主花费了很大的功夫，才在一百多个剧本里，选定了这个剧本《牛大王》。而《牛大王》这个剧本，也居然被这个院主选着了。因为它不仅能继《杜博士》之后，而且还有驾乎《杜博士》之上之势。自出演的时候起，竟连续不断的演了两年之久，由此便可想到它的号召力量了"。该剧写一个失业的青年郎西通过自己的智慧，"看破了世人的虚伪与弱点，居然战胜了他的环境，获得了最后的成功。虽然表面上他有一点像骗子，可是真实地看起来，只是被他骗的人在那里自己骗自己"。剧本对话"幽默而美妙"，结构布局"严密而奇幻"，

"把现代社会失业的恐慌,用一种很乐观的态度将它编写出来的一个喜剧","虽然使我们看了不免要发笑,可是,在我们的嬉笑中,都能使我们回味到一种人生的悲伤情感"。

"作者德朗斯先生(Georges Delance),是现代法国一位青年剧作家,今年才四十岁。论起他的生活,起初也和我的朋友唐槐秋一样,先是从事于航空事业的,而后才开始转变到戏剧界来。当他学航空的时候,曾参加过欧战末年的航空战。他的第一个剧作的演出,就是在一个军人的同乐会里,那时候大家都觉得发现了一个剧作家的天才:于是他也就从此专心致力于戏剧里。"在《牛大王》之前,德朗斯还创作有《光明的复活》(1928年)、《航空队》(1929年)和《西比先生的秘密》(1931年)等,"以上三个剧本都是作者关于战争的叙述及描写。也可以说是作者自从作剧以来的先期作品。可是到了最近他的作风,却突然改变了,这或者是因为他的生活改变了的缘故。他作风改变之后,第一个就是从事于讽刺喜剧的写作,居然他获得了最大的成功。这个喜剧便是我们要说的《牛大王》"。译者详细介绍了这部有着"幽默而美妙"的对话、"严密而奇幻"的结构与布局的剧作的人物、内容、情节,认为"这个戏的真正格调,倒是一个很可以代表法国现代纯喜剧的模型,演员的表情和动作,都要另取一个风度,我这次实验着给爱好话剧的观众换一口味"。

该剧于1936年2月7日在天津新新戏院首次公演(书中附有演员表),随后在北京、上海、南京等地演出约25场次。《立言画刊》在1939年第34期发布了一则《话剧消息》,内容如下:

> 北京协和医院社会部,为怀幼会募捐,将于本月二十五二十六二十七三日,在协和礼堂,公演著名剧本《牛大王》,由陈绵博士担任导演,演员大部为社会部职员,阵容异常整齐,现正在加紧排演中,

闻此剧在天津曾公演一次，本市尚系初演。

演出之后，《立言画刊》《沙漠画报》《三六九画刊》等分别刊发了关于该剧的评论、剧照等消息。

# 三月

## 《夜未央》

[波兰]廖抗夫著,巴金译。
发行人:吴文林;
发行所:文化生活出版社(上海福州路四三六号)。民国二十六年(1937)三月初版。编入《文化生活丛刊·第20种》(巴金主编)。

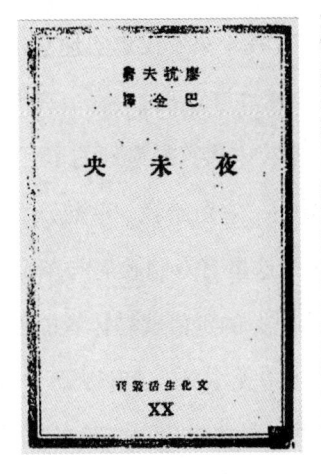

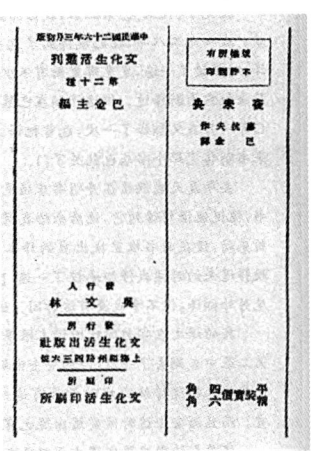

《夜未央》(1905,三幕剧)写的是俄国革命党人为反对沙皇黑暗统治而进行的英勇斗争。李石曾早在1908年翻译该剧时就明确表达出这部剧的价值,认为:"现今时世之黑暗,沈沈更漏,夜正未央,岂独俄罗斯为然?我辈所肩之义务,正皆在未易对付之时代。然总而言之:地球上必无无代价之自由。欲得之者,惟纳重价而已。自由之代价,言之可惨,不过为无量之腥血也。此之腥血，又为最贤者之腥血。我中国同胞，亦曾流连慷慨，雪涕念之否乎？吾属此草，虽仅为极短时代一历史，然俄罗斯同胞数十年之勇斗，精神皆在文字外矣，中国同志，其哀之乎！抑更有狐兔之悲耶？"柳亚子1912年2月28日评价该剧说："波兰文学博士廖抗夫著，世界社译，欧美著名剧本，曾演于巴黎文学院。……剧分数幕，状桦、安英雄儿女态，及割慈忍爱，誓歼民贼时之语言光景，均精妙绝伦。余人亦绘声绘色，各有真面目。阅竟，如深夜闻钟，发人深省。"（《柳亚子文集补编》）巴金在这本书的《序》（1930年2月）中说，自己十年前读这本书时，这本书"给他打开了一个新的眼界，使他看见了另一个国度里一代青年为人民争自由谋幸福的奋斗之大悲剧。在那本书里面这个十五岁的孩子第一次找到了他底梦景中的英雄他又找到了他底终身事业"。他在书后所附的《廖·抗夫略传》中又说："夜未央不仅忠实地写出了俄国虚无主义者底moeurs，最重要的还是在写出感情与义务之斗争，爱与死之角逐，在我所见到的描写爱与死的剧本中这本夜未央算是最好的了。"署名"错梵"的读者在看完巴金的这个译本之后说："它留给我一些热烈又紧张的革命场面，对于青年人是很好的鼓励。……这里有专制政府与革命间的斗争，有革命与恋爱的斗争。"又说："《夜未央》的价值就是作者能抓住时代的景致，作有力的反映，而且作者又批评了虚无主义。无论从历史的眼光，文学的眼光，或政治的眼光来看，《夜未央》是非常值得一读的剧本。"（《联声》1939年第2卷第1期）

在翻译该剧前，译者对照了法文本和李煜瀛（李石曾）译本。巴金说："我一九二八年，在巴黎得到了这书的法文本，和旧译本（李煜瀛先生所译）对照读了一遍，发现那里面有不少误译及删节的地方，觉得不满意，便动笔来把它重新译过。但这译稿在巴黎到上海的途中被邮局遗失了。一九三〇年一月我又翻译了一次，也曾把译文给一家小书店印过一千本发卖。……去年夏天我偶然在开明书店碰见一位年青的读者。他向我问起这本小书，他说他很想读到它，他后来给我写信又提到这事情。我被他的这种热诚所感动，便在旧书堆里找出我的译本，匆匆读过一遍，就交给印局付排了。校样送来的时候我仔细地校了一遍，改正了一些处所……我的译文在字句间比旧译本很多增加的地方，可以说是全译本；只是在第二幕中我删去了一段（即顾安士出场的一段），这其实是著者自己删去的，巴黎艺术剧院排演这戏时就没有这一段。这一段插在第二幕里显然不合宜。而且顾安士这时候突然出现也有点不近情理。传单和诗歌底译文得力于旧译本的地方实在不少。我本想用白话翻译它们，但仔细一想，又觉得会有某种困难，而且旧译文也还不坏。所以勉强用了文言，还在可能范围内旧译文的精华尽量保存在我的译文里面。"

《巴金与现代文学丛书1935—1949》一书中的《夜未央》中说："《后记》中所说的'李煜瀛'，即民国四元老之一的李石曾。巴金所见的旧译本，是指李石曾译述，由广州革新书局1908年10月初版的《夜未央》；其实，上海新文化图书馆1931年12月还出过一种《夜未央》的再版本，署名'李煜瀛'，从时间上看，这种显然不是巴金所见的。"革新版至1928年5月再版四次。新文化版的序文1929年12月在《实报增刊》上发表，其中交代了再版的原因是，张目寒"要把这书重印，请我作一篇序文。要把这戏由张先生等演出；在演习的时候，并约我去指导"。同时，他也说明翻译此剧的目的是"要把夜未央参加上鲁洛先生（注：法国汉学家，巴黎大学教员，兼国家剧院主任干事）的方法，改造成一种中西合作，真美兼顾的作品，作一个名实相符一锅煮熟的实验"。

该书1937年7月三版，1943年2月渝版，1944年2月桂 版，1947年4月沪五版。该剧曾题名《前夜》，由上海启智书局于1930年4月出版。

## 《希腊三大悲剧》（二册）

[希腊]埃司克拉斯、沙福克里斯、尤里比底斯著，石璞译。

发行人：王云五（上海河南路）；

发行所：商务印书馆。民国二十六年（1937）三月初版。339页。编入《万有文库·第二集七百种》（王云五主编）。

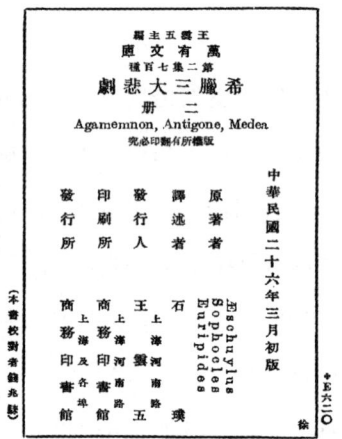

《希腊三大悲剧》收入《阿加麦农》(Agamemnon，埃司克拉斯)、《安体哥尼》(Antigone，沙福克里斯)、《米狄亚》(Medea，尤里比底斯)三部希腊悲剧。

译者石璞在《自序》中说："自己译这三本古剧的动机有两种：第一种可以说是完全被动的：就是说完全是受了这美丽的作品本身的引诱力量而译的……第二种动机可以说是自动的或有意的：就是读了这些剧以后，我觉得它们虽是两千余年以前的希腊古剧，论年代要算顶老顶老的老古董，该供奉在古物陈列所的东西，然以其内容方面的思想情绪看来，不但一点也不陈腐，而且是极现代、极进步的超越时代的作品。不但不会为现代人唾弃，而且更足以鼓励、刺激现代这一批麻木怯懦的人，尤其是意志薄弱的女性。因为这三个悲剧中的三位女主角是三位女英雄，三个叛逆的女性，她们有大无畏的精神，勇往直前的去作她们理智所判断认为应该作的惊人的事。无论她们作的事是否过分，她们那种反抗不屈、虽死不惧的精神，却能医治一般怯懦、苟安、麻木、彷徨、屈伏、萎靡等等的病，这些都是现代中国青年女性，甚至男性的通病。这样看来，这三个剧不但外形的技艺文章之美丽而论值得一译，论其内容思想情绪之伟大来说，更值得我们崇拜而且有译出的价值。"又说："中西文学沟通以来，此类悲剧至今尚无译出（除了杨晦君译的《被幽囚的普罗密修士》）。自己这三篇拙译还是在清华时于一个暑假中断断续续的译成的，时间所限，当然不免有许多缺漏的地方。"

其中，《阿加麦农》曾在《清华周刊》（1932年第38卷第4期）发表，并附有《译前》。作者对翻译希腊三大悲剧的缘由做了交代，说该剧"是从E.D.A Morshead 的英译本译来的，至于译的态度，我仍以忠实为主，不过有些觉得用'意译'好一点的地方，就不过于拘絷了"。另一篇《美狄亚》编入《希腊三大悲剧（下）》，罗念生在其译本《美狄亚》的附录中介绍该剧时提到"石璞的美狄亚，编入希腊三大悲剧下卷，那书为万有文库第二集第五七六种，商务，一九三七年。这书还忠实可读"。

该书卷首有《希腊悲剧》一文，介绍希腊悲剧的历史地位和发展源流，认为"希腊的悲剧是最早而又最高的文艺结晶，除了荷马的史诗而外。希腊悲剧的成功不但非当时他国所能及，而且以后世界各国的戏剧里，也很少有达到那样伟大而神圣的成功的，无论它们都是直接或间接受希腊剧的影响"。希腊悲剧能有灿烂辉煌的发展，重要的原因就是"在其国家的热烈的提倡"，"剧作家风起云涌，内中才产生了这三位伟大的悲剧家"。"当时作剧的材料，大半取诸传说的神话或史诗。因为观众很多，要使坐在远处的人都看得见，于是又有所为鲜明的脸谱和长大的衣饰与高底靴履之发明。

又自尤里比底斯之后,歌舞队渐渐减少,使戏剧更近于现代剧的模型。后来亚里士多德等更讨论到戏剧的技艺、作法等等,更树立了戏剧在文学上的稳固的根基和价值,给与后代戏剧莫大的影响。后来之有一切高尚的悲剧,无一不赖希腊悲剧引导。可见希腊悲剧于文艺上,实有莫大的贡献。"

书中每部剧作的正文前都有原作者的详细介绍,包括生平经历、作品内容及其艺术成就。

# 四月

## 《娜拉》

[挪威]易卜生（H.Ibsen）著，沈佩秋译。
发行者：朱炎（启明书局代表人）；
发行所：启明书局（上海福州路三二八号）。民国二十六年（1937）四月初版。68页。编入《世界戏剧名著》（钱公侠、谢炳文主编）。

《娜拉》（A Doll's House，1879，三幕剧），原名《傀儡家庭》，今译《玩偶之家》。

作者亨利克·易卜生被世人称为"近代戏剧之父"。译者认为《娜拉》一剧是"讨论社会问题的剧本中之最伟大者。易卜生目睹当时妇女地位的低落，所谓爱情与家庭责任夺取了妇女们的灵魂与独立人格，因此他写《娜拉》一剧时，竟大声疾呼要妇女们争回自己这两样最基本的要件"。在剧中，主人公娜拉对丈夫滔佛儿说："我相信最要紧的，我是一个'人'，同你一样——或是最少我应该这样造成我自己。"这是易卜生写作此剧的中心意义。沈佩秋在译序中介绍说："《娜拉》写于一八七九年，半世纪的时间并没有把他所提出来的问题解决分毫——至少在中国是如此；所译，把《娜拉》译成中文而广泛地介绍给国人，大概不是全无意义的事吧！"他认为："易卜生的所有重要剧本，都在国外写就，而风物人情，不脱斯坎迭那（斯堪的纳）维亚地方的本色；可是一方面却保持着普遍性与世界性，因为在他剧本里所包含的都是一些人类共通的切要问题。本来，地方性与普遍性的调和，正是伟大作品的必需条件。"

自1918年罗家伦与胡适合作翻译的《娜拉》第一个译本出版后，易卜生的这部剧就被国人奉为"妇女解放"的经典作品，而不断翻译原作也成为许多人热衷的事情。至1948年，先后有潘家洵、欧阳予倩、沈佩秋、芳信、翟一我、沈子复、胡伯恩等九种译本出版问世。这些译本为中国的演剧提供了丰富的资源，同时也引发了一系列的讨论。首先是1918年《新青年》第4卷第6期《易卜生专号》上刊载了一系列的介绍文章。其中《本社特别启示（二）》说："本社拟于暑假后，印行《易卜生剧丛》。第一集中含《娜拉》、《国民之敌》，及《社会栋梁》三剧。此外并有胡适君之序言，解释易卜生之思想。"之后，随着"五四"新文化运动的开始和讨论的深入，"娜拉"问题已经超越了戏剧本身，更多的是通过戏剧的演出来讨论当时中国的"娜拉的出路"问题。胡适的译本发表后曾被认为"不过是娜拉的一个极笨拙的仿效"而受到批评，但洪深又说"田亚梅是那时代的现实的人物，而'终身大事'这个问题在当时确又是一个亟待解决的问题"。鲁迅于1923年12月26日在北京女子高等师范学校曾以《娜拉走后怎样》

为题做了演讲，他敏锐地从该剧中捕捉到"娜拉走后怎样"这样一个重大社会问题，并揭示了娜拉走后"不是堕落，就是回来"的命运："娜拉既然醒了，是很不容易回到梦境的，因此只得走；可是走了以后，有时却也免不掉堕落或回来。否则，就得问：她除了觉醒的心以外，还带了什么去？倘只有一条像诸君一样的紫红的绒绳的围巾，那可是无论宽到二尺或三尺，也完全是不中用。她还须更富有，提包里有准备，直白地说，就是要有钱。"（《妇女杂志》第 10 卷第 8 号，1924 年 8 月 1 日）另外，许多从这个角度论述的文章发表了出来，比如 S.T.C 的《观"娜拉"以后》(《清华周刊副刊》1931 年第 35 卷第 10、11 期)、撷薪的《娜拉走后怎样》(《乐华》1934 年第 6 期)等。在《娜拉》的影响下，一批"娜拉型"剧作陆续推出，如胡适的《终身大事》（1919）、熊佛西的《新人的生活》（1919）、侯曜的《弃妇》（1922）、郭沫若的《卓文君》（1923）、成仿吾的《欢迎会》（1924）、欧阳予倩的《泼妇》（1925）和余上沅的《兵变》（1925）等。

关于此剧的演出方面，目前可确定的最早演出是 1923 年 5 月 5 日，北京女子高等师范学校的学生在北京新明剧场演出了《玩偶之家》。5 月 1 日，《晨报》便发布预告："易卜生剧《傀儡家庭》，经潘家洵君译成国语之后（改名为《娜拉》），迄今三年，从来没人演过……此次女高师游艺会特聘著名排练导师教员，排练以上两剧（《玩偶之家》《多情英雄》）已有一月之久。"后据《晨报副刊》（5 月 11 日、12 日）芳信的文章《看了娜拉后的零碎感想》说，此次演出总体来说是失败的。文章指出了失败的理由并总结了演出存在的问题。1927 年 10 月 17 日，南开新剧团在南开二十四年纪念日复演了《傀儡家庭》，获得成功。

该书丁 1941 年 8 月再版。该剧另有陈嘏编译本，题名《傀儡家庭》，1918 年 10 月由上海商务印书馆印行，1920 年再版。翟一我英汉对照译本《傀儡家庭》，世界出版社 1935 年版。罗家伦与胡适合译的《娜拉》发表在

1918年的《新青年》第4卷第6号上，1936年由一心书店发行单行本；胡伯恩改编的《娜拉》于1933年由新生命书局出版。

## 《爱与死之角逐》

[法国]罗曼·罗兰（R. Rolland）著，夏莱蒂、徐培仁译。
发行者：朱炎（启明书局代表人）；
发行所：启明书局（上海福州路四百号）。民国二十六年（1937）四月初版。64页。编入《世界戏剧名著》丛书。

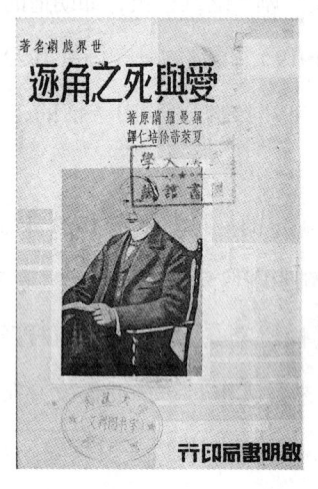

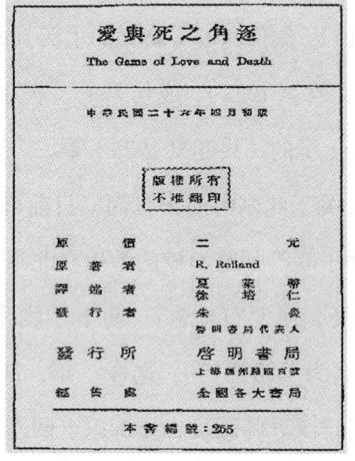

《爱与死之角逐》（The Game of Love and Death，1924，多幕历史剧）于1928年9月由上海创造社出版部初版。译者在本书《前言》（1937年1月）中说："一九二八年译就这剧本后，即交于创造社出版部印行。当时在上海亦曾公演，感动过许多观众。但后来创造社出版部不知为何而被迫消灭了，此书也便无端遭受了绝版的厄运。现在启明书局愿把此书再印，译者自然是颇为此书庆幸的。"之所以重新翻译《爱与死之角逐》，在译者看来是"借这石工来发掘个火山裂口",使"这暗无天日的中国"得以觉醒。在1928年版的《译者序》中,译者说:"法国革命时的那些半人半神的巨人,已经大多数投胎在俄国了。投胎在我们中国的是些什么呢?是不是那些半人半牛的怪物?这是目前的事实,只要有眼睛的人,谁都看见的,毋庸我在此多说。我们这位西方的天才,用他的生命来赌一点辉煌的电火,我现在把它移译过来,我是一个帮赌者!"

当时出演主人公"佛雷"的凌鹤在《出演"爱与死之角逐"与"炭坑夫"之后》一文中介绍道:"作者把握着'爱与死之角逐'几个字将杰罗写成个宽宏大量的仁人,最后将佛雷活描成个热情狂的勇敢的情人,也是偷生怕死的卑弱的革命者,他屈服在爱与死的情感中,忘却了自己伟大的革命事业。自然,那时的佛雷,绝不是现时代所需要的革命青年。经本社文学部改作以后,佛雷便成为廿世纪的小资产阶级的革命青年,他因政治的支配,热烈的爱,驱使着他铤而走险,最后在猛烈的反省中认出自己的出路,摒弃一切再投身革命事业,这是值得每个人的赞叹的。"(《沙仑》1930年第1卷第1期)

书前附有《前言》(钱公侠与谢炳文写于1937年2月1日)、《小引》(写于1937年1月)、《作者序》(写于1924年8月)及作者像。《前言》中介绍了当时话剧运动及丛书的出版情况,指出:"话剧运动在今年还要更广泛的发展下去。这是有客观的社会底因素的。第一,随着民族危机的日益深刻化,国防文学运动必需(须)利用戏剧这一武器来发挥宣传,鼓动,与组织的作用,而收得最直接的效果;第二,话剧的重要性,已经不仅为少数爱好文艺者所理解,现在连官厅与教育机关也在设法利用戏剧了;第三,近年剧作家的努力,有了很人收获作品的水准也相当提高了,当然这是跟国产电影的发展,有着密切联系的。"在译者《小引》中介绍该剧时说:"是他(罗曼罗兰)晚年的杰作,刊行于一九二四年,但如其序中所说，在二十三年之前，也早已立意作这剧本了哩。这剧本的内容也如罗曼罗兰的其他作品一样，是取材于法兰西的大革命的。但他并非仅为纪念古人似的作一故事剧，他采取以往的革命的题材，是为了使现在正在进行中的各国的革命有所借镜的。即是采取已燃过的法兰西大革命的火焰来帮助现在全世界各民族的将燃的革命的火焰。全剧的意义是甚为明显的，是把生命来博取一点辉煌的电火。为了爱与正义，虽死亦是幸福的。现在我们正煎熬于革命的风云中，这剧本是可以充实我们的空虚的心，而给我们许多生命力的。"罗曼·罗兰在《作者序》中介绍说："《爱与死之角逐》是我的革命时代的多面镜中之一。自从立意草这本剧本概略后，到现在已经有二十五年多了。环境阻止着我，使我不能完成它。但是我却从未有一天放弃过它。"在这篇序中，作者同时对自己的创作以及在这一过程中的思想变化也做了详细的回顾。

阿英后来回忆这部剧的公演情况时说："罗曼·罗兰的戏剧《爱与死的搏斗》，是再度在上海公演了。回忆第一次的演出，是在'九一八'事变的前夜（一九三〇年一月六日，地点在宁波同乡会，戏名《爱与死的角逐》，据另一译本），这一回，却是在中国全面抗战的建国途中。两回的演出，是没有一回不联系着中国的苦难，也更明确的反映了他对中国，爱正义和平的热情。《爱与死的搏斗》的演出，正是要我们学习罗曼·罗兰不为一切的暴力折服，为着世界和平，为着中华民族的解放，坚决奋斗到底的精神，来强化我们抗战的力量，以持久作战的精神，来摧毁日本法西斯到底！"（见《阿英全集（第6卷）·剑腥集》，安徽教育出版社2003年版，第53页）

《爱与死之角逐》另有梦茵译，题名《爱与死》，上海泰东图书局1929年8月出版；李健吾译，题名《爱与死的搏斗》，文化生活出版社1939年9月初版；贺之才译，题名《爱与死之赌》，上海世界书局1944年4月初版。

## 《沉钟》

[德国]霍甫特门（G. Hauptmann）著，谢炳文译。
发行者：朱炎（启明书局代表人）；
发行所：启明书局（上海福州路四百号）。民国二十六年（1937）四月初版。72页。

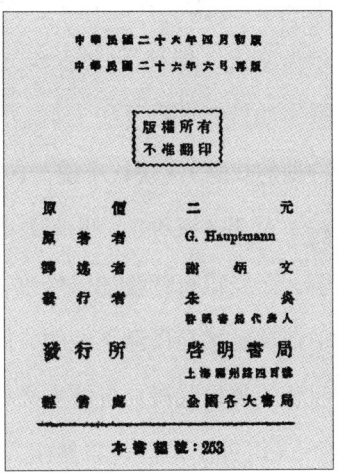

《沉钟》(Die Versunkene Clock，1896，五幕剧)，著者霍甫特门今译霍普特曼，是德国重要的剧作家，本剧是其代表作。书前附有钱公侠和谢炳文写的《前言》(写于1937年2月1日)和谢炳文撰写的《小引》(写于1936年12月)及作者像，书后附有世界文学名著出版广告。

据译者说，该剧"是根据 L. Lewison 的英译本，并参照阿部六郎的日译本而译成的"(L. Lewison，即美裔犹太同化运动批评家、小说家、翻译家路德维格·刘易森)。谢炳文在《小引》中介绍了作者的生平及其作品。霍普特曼作为德国重要的剧作家，在当时为数不多的译介文章中颇受关注，前后有多篇文章对他的生平和作品进行介绍。译介文章有《霍普德曼与尼采哲学》[选自 Anton Hellmann，原作者不详，希真（沈雁冰）译，《小说月报》1922年第13卷第6期]、《霍普特曼谈话记》(Joseph Chapiro著，张骏译，《现代小说》1929年第3卷第2期)、《霍蒲特曼评传：现代戏剧大纲第十章》(Thomas H. Dickinson著，胡春冰译，《戏剧》1930年第2卷第2期)、《霍普特曼的〈热情之书〉》(成濑无极著，刘大杰译，《现代文学评论》1931年第1卷第3期)、《霍卜特曼的从日出到日落》(卢纳卡尔斯基著，陈永翱译，《文学杂志》1933年第1卷第3、4号)、《霍普特曼论》(A.卢纳察尔斯基著，周行译，《青年文艺》1943年第5期)等。另外，还有评介文章，如钱杏邨的《织工》(《小说月报》1928年第19卷12期)和《霍普特曼的戏剧》(《现代小说》1929年第3卷第3期)等。

对于《沉钟》，谢炳文认为："完全是理想的；题材采自古代神仙故事，而经霍普特曼加以修改。这部剧本全体是无韵诗，描写的很美丽。剧中情节虽然是怪诞不经的，但剧中人物都非常逼真，没有旧浪漫派戏剧的假装的英雄气概。自然主义的技术功夫，随处可以在剧中看出来。总而言之，《沉钟》是经过自然主义洗礼的浪漫剧或童话剧，和先前的浪漫剧显然不同了。"在分析该剧艺术风格的同时，谢炳文也梳理了批评家们对此剧的见解，他说："至于《沉钟》的根本意义，批评家各有不同的解答。有的说，这是被挟在两个女性之间的男性的悲剧。有的说，这便是作者本身的悲剧。更有的说，此剧思想与尼采的超人思想有关，它主张反抗基督教的庸俗，借太阳当作新理想与宗教。"而他认为："《沉钟》的根本意义总不外乎是现实与理想的冲突。剧中主人翁铸钟师海因里希分明是尼采式的超人，他努力要战胜现实，寻求他最高的理想，即使终于失败，也是不顾的。总之，海因里希可喻为怀抱创造新艺术的人，亦可喻为一切怀抱高尚理想的人。无论题材怎样荒诞，他的悲哀，凡是现代人，没有一个不感受着的。"

另一译本的译者谢六逸也曾评价此剧说："《沉钟》一剧，为霍普特曼一八九六年的杰作，共有五幕。剧中的人物有：铸钟师海因里希，他的妻子玛格达,和他们的两个孩子。还有牧师,教师,理发匠,林中老女怪魏吉亭,林中女妖罗登德莱茵,水怪尼格尔曼,林怪瓦尔德昔拉特。此外女妖,男女侏儒多人。只看这些脚色,便知道将要展开一个童话的世界了。而且,主要的,自然是一个男子——铸钟师海因里希;一个女子——林中女妖罗登德莱茵。"(《小说月报》1927年第18卷第1期)

# 五月

## 《争斗》

[英国]高尔斯华绥（J. Galsworthy）著，谢焕邦译。
发行者：朱炎（启明书局代表人）；
发行所：启明书局（上海福州路四百号）。民国二十六年（1937）五月初版。84页。编入《世界戏剧名著》丛书。

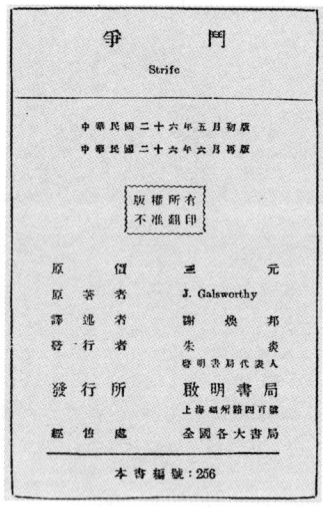

《争斗》（Strife，1909，三幕剧）是英国剧作家高尔斯华绥的一部重要作品，该剧以英国20世纪初劳资关系之间的冲突为背景，通过一个工人罢工事件来表现高尔斯华绥的"蒲留奈谛尔的'意志争斗说'"主张。"在他的作品中，大都有着两种势力的争斗，这也可说是他的作剧的中心动

机。"1933年2月3日，董每戡在《申报·自由谈》上发表《悼高尔斯华绥》，文章曾高度评价说："高尔斯华绥是一个十足的写实主义者，很精细地描写日常生活及人物的性格，尤其是他的会话的自然，可说是易卜生以后的作家中的第一人。"

译者在《小引》中介绍说："英国现代著名社会剧作家高尔斯华绥（John Galsworthy），生于一八六七年，卒于一九三三年。他的作品在国内已有不少译本，诸如《银匣法网》都是早已介绍过来了的。所以，他对于国内读者，已经很相熟识。"高尔斯华绥的作品早在1922年便被译介到中国，如剧本《小梦》(邓演存译，《东方杂志》1922年第19卷第13、14号)、《小人物》(万曼译，《新文艺》1930年第1卷第5期)、短篇小说《质地》(子贻译，《东方杂志》1923年第20卷第2号)、《迁士录》(傅东华译，《东方杂志》1925年第22卷第18号)、《圣太庐》(顾德隆译，《东方杂志》1926年第23卷第6号)、《苹果树》(汪倜然译，《贡献》1928年第2卷第8、9期，第4卷第4期)。同时，各种评介文章也陆续发表，如刘奇峰的《高尔斯华绥的戏剧》和《高尔斯华绥的小说》、郑镛的《高尔斯华绥评传》及黄钟的《高尔斯华绥论》等。

谢焕邦在《小引》中评价说："《争斗》是一部劳动问题的剧本。全书表现二十世纪初期劳资冲突的实际，虽然剧本的故事只是叙述一个罢工事件，但仔细研究起来，剧本的题旨实在是全世界过去的劳资冲突的整个表现，以及整个罢工时代各方面的心理分析。同时，在《争斗》里面，作者高尔斯华绥关于劳动问题的主张，我们也可以获得一个大概了。"在《争斗》这部剧中，作者通过对工厂董事长安沙尼、极端左倾的工人首领劳勃芝的失败，以及对获得胜利的社会民主党也是"完全充满着改良主义的色彩"的描写，旨在说明资本家的种种阴谋"已经由工人阶级底英勇的坚持的斗争及其胜利,加以击破而倾于没落了"。同时,谢焕邦还分析了作者的思想和写作技巧,认为"高尔斯华绥并不是一个革命的作家,他之所以推崇改良主义者,实由于他自己所出身的小资产阶级的根性所决定,企图把调和的英国民族特性应用于戏剧中罢了。不过,只要读过《争斗》,谁都会感到它的时代的永久价值是不能泯灭的。我们可以从这部戏剧里看到二十世纪初期英国工人阶级的组织,虽是非常懈松,但是工人们果敢的沉毅的战斗精神,却非常焕发"。又说:"在技巧上说,作者是非常熟练而且成功的。他的戏剧的结构,非常紧严,对于人物的心理与行动的分析也是极其精到。作者笔下的人物不但生动异常,而每个人物登场时的外象的形容,也细致得很,具有极浓厚的小说中人物描写的风趣。……总之,《争斗》在意识上,思想上,是不可取的;不过在技巧上,却值得我们回环诵读,大可学习的。"

该剧另有郭沫若的同名译本(上海商务印书馆1926年初版),郭沫若在其译本《序》中表明了高尔斯华绥的作品对中国当时社会的价值。他说:"他不满意于社会之组织,替弱者表示极深厚的同情,弱者在现社会组织下受压迫的苦况,他如实地表现到舞台上来,给一般的人类暗示出一条改造社会的路径。"《泰东月刊》(1927年第2卷第2期)和《一般》(1928年第4卷第4期)上分别刊登了紫英的《〈争斗〉底译本》和魏肇基的《读郭译〈争斗〉后底几点商榷》,对郭沫若译本提出了指正意见。

## 《暴风雨》

[英国] 莎士比亚（Shakespeare）著，梁实秋译。
编辑者：中华教育文化基金董事会编译委员会；
发行人：王云五；
发行所：商务印书馆（上海河南路）。民国二十六年（1937）五月初版。78页。

　　《暴风雨》（The Tempest，1612，五幕喜剧），译者梁实秋说："译文根据的是牛津本，W. J. Craig 编，牛津大学出版部印行。"卷首有译者《序》，介绍了"著作年代"、"故事来源"、"暴风雨之舞台历史"和"暴风雨的意义"等方面。

　　梁实秋在《序》中介绍说："《暴风雨》无疑的是莎士比亚晚年最后作品之一。《暴风雨》没有'四开本'行世，最初的版本就是在一六二三年'对折本'的全集里。"而关于该剧的创作年代，历史上"各家的学说很不一致"，他在摘录了佛奈斯的《新集注本》中的各家考释后认为："确定此剧之著作年代，只有一项绝对可靠的外证。那就是魏尔图抄本（The Vertu MS.），现藏包德雷图书馆。在这抄本里，明明的记载着《暴风雨》是一六一三年五月二十日在白宫献演的十四出戏之一。这是唯一有力的证据,首先被马龙所引用了。此外的各种证据,都是内证,并且都不免是臆测。"在谈到《暴风雨》的意义时,译者列举了Émile Montégut、Campbell、Hrank Harris等人诸如"象征说""比喻说"的评论。最后,他认为"我们不必把《暴风雨》当做'比喻',我们越想深求它的意义反倒越容易陷入附会的臆说。莎士比亚在《暴风雨》里所用的艺术手段与在其他各剧里所用的初无二致。他在《暴风雨》里描写的依然是那深邃繁复的人性——人性的某几方面。他依然是驰骋着他的想象,爱丽儿和卡力班都是他的想象力铸幻出来的工具,来帮助剧情的发展。《暴风雨》不一定是最后一剧,所以普洛斯帕罗也不一定就是莎士比亚自己。《暴风雨》终究是一个浪漫故事,比较的严重处理了的浪漫故事,内中充满了诗意与平和宁静的气息,如是而已"。

在中国,我们最早见到关于莎士比亚的介绍是在1910年的《小说月报》上刊登的"大诗人及大戏曲家莎士比亚之肖像(西纪一五六四至一六一六年)"。到了1918年,读者才开始在中文刊物上看到有译介莎士比亚的文字,如《莎士比亚之历史》(Abby Willis Howes著,汤志谦译,《南京高等师范学校校友会杂志》1918年第1卷第1期)、《大戏曲家莎士比亚小传》(Howes A. W.著,杨介夫译,《美育》1920年第3期)、《莎士比亚的人格》(Winchester C. T.著,谢颂羔译,《青年友》1924年第4卷第6期)、《莎士比亚剧演出之变迁》(Nakamura著,田汉译,《南国月刊》1929年第3期)等。另外还有胡愈之的《托尔斯泰的莎士比亚论》(1920)、志廉的《文学:英国戏剧与莎士比亚》(1921)、枪客的《戏剧家佚事:莎士比亚》(1926)、安士的《莎士比亚与巴哈》(1927)等。

至目前,在国内可见最早上演的莎士比亚的戏剧是燕大女校排演的《无风兴浪》(Much Ado About Nothing)。《晨报副刊》(1922年12月18日)

刊登消息：

  燕京大学女校学生将于本月二十六七两日，下午八时起，假东单三条胡同协和医院大礼堂，特开一游艺会，以所售票款捐助海甸新筑校舍。闻所演者系英国名剧，由该校学生译成华语，名《无风兴浪》，系莎士比亚所作，原名 Much ado about nothing，其本事见林译吟边燕语中。此剧在一千六百年出版，正当利玛窦入北京的那一年，虽然已在三百年前，但是因为作者的天才，所以能够保持他的价值，至今没有改变。这是一出戏剧，但其中心重在写风闻与谣传的力量，能够改变人们的运命，仍含有身后的意义，与平常的悲欢离合的剧本不同。至于艺术上各点，则与莎士比亚别的戏剧一样，近于完善，已有定评。中国新剧尚未盛行，演外国名剧者尤为少见，现在燕大女校排演莎士比亚此剧，当亦为爱好艺术者所乐闻之好消息也。

  莎士比亚的 Macbeth（《麦克白》）于 1925 年 4 月 20 日、30 日在燕京大学用英语公演两场（参见《晨报副刊》1925 年第 67 期所刊《文坛消息》）。

  该书于 1938 年 6 月在长沙再版，1948 年 2 月 4 版。另有王淑瑛与余楠秋（黎明书局 1935 年）、蒋镇（启明书局 1939 年）、曹未风（文化合作公司 1942 年）、朱生豪（1947 年版）等人的译本。

## 《法国中古短笑剧》

[法国]东朵著,刘小蕙译。
发行者:中华书局(上海澳门路)。民国二十六年(1937)五月初版。166页。

《法国中古短笑剧》(Le Cuviex et Autres Pièces Par M. Dondo),该书未见版权页。封面标题为蔡元培所题,并盖有其名印。书内共收五篇短剧,包括《水缸》(Le Cuviex)、《两个瞎子》(Les Deux Aveugles)、《饼与糕》(Le Pâté et la Tarte)、《巴德林先生的故事》(Pathelin)、《哑妻之夫》(L'Homme Que épousa Une Femme Muette)。其中,《水缸》刊载于《论语》1934年第42、43期;《饼与糕》刊载于《论语》1934年第52、53期;《两个瞎子》刊载于《论语》1935年4月16日第63、64期。

译者刘小蕙系刘半农之女,郭谦所著《影响中国的文化世家》一书中介绍道:"刘小蕙每日见父亲不停地写作和翻译,也对翻译发生兴趣。她开始把父亲在巴黎给她买的法文版《朝鲜民间故事》翻译成中文,刘半农也抽出时间为她的译文校正和指导，该书后来由上海女子出版社出版。接着她又按父亲的建议，翻译出版了《法国中古短笑剧》。"（崇文书局2011年版，第167页）可见刘小蕙的翻译是在刘半农的影响下开始的。

## 《巡按》

[俄国]郭戈里（N. N. V. Gogol）著，沈佩秋译。
发行者：朱炎（启明书局代表人）；
发行所：启明书局（上海福州路三二八号）。民国二十六年（1937）五月初版。68页。编入《世界戏剧名著》丛书。

《巡按》（The Government Inspector，1834，五幕剧），又译作《钦差大臣》。译者沈佩秋为汪宏声的笔名。他在《小引》（1937年2月5日）中介绍了剧作家果戈里的生平和这部剧的情节内容："俄国文学由普希金奠定了基础，在上面发扬光大开花结果的是戈哥里（Nikolai Vasilievich Gogol）。

戈氏惯以写实的手段描写俄国人各方面的实生活，所以被称为俄国写实主义或自然主义之鼻祖。自从他出世之后，俄国文学发现了它的黄金时代，许多文学上的不朽名作都是这个时代产生的，因此有戈哥里时代（Age of Gogol）之称。戈哥里的创作可以分为三个时期：第一期的作品以描写小俄罗斯生活见胜，代表作有《古风的地主》，《结婚》等。第二期的作品以描写圣彼得堡中产阶级的生活见胜，代表作有《勒华底大路》，《外套》等。第三期的作品以描写地方官吏与地主生活见胜，代表作即本书《巡按》及名重一时的《死灵魂》。……戈哥里晚年颇陷于神秘的倾向，精神上发生异状，幻想恼神，遂以去世。戈氏生于一八〇九年，卒于一八五二年。"该剧的主题"是暴露俄罗斯的地方官吏的荒淫无耻，其肆无忌惮的态度使当时的一般官吏大惊失色，所以该剧在帝俄时代是禁止演出的。虽然说剧本里所描绘的是俄罗斯的官场情形，可是在中国，在现在的中国，这种怪现状也不能说绝对没有，所以该剧的译出除了便利国人对于俄国文学的鉴赏与研究外，在'世道人心'方面，不无裨益"。

徐绍元在发表于《焰影周刊·戏剧专号》1935年第2期上的《〈巡按〉在俄国文学史上的地位》一文中介绍道："《巡按》是一部五幕五十三场的讽刺喜剧，据说：这剧本中的材料，是普希金告诉他的，大概的情形是：'有一个少年，因赌博输光了钱，困在一个县城的客店里不能动身他往了。这县城中的县知事，刚接到他在圣彼得堡一个朋友的信，说是巡按要到他们那里来了，他心里慌急，立刻召集下面的小官，和那在城的绅士，商议如何准备的办法。因为这个少年行动的阔绰，衣服的丽都，言词状貌的夸耀，不是他们县里所惯见的人物，所以疑他就是巡按的乔装，毫不迟疑地就去迎接他，招待在自己的衙门里，并且吩咐手下人好好地侍奉他，和天神一般，深怕他看出自己的坏处，和那些不规的形踪。并且还送他许多的金钱，想他在上司说一句自己顶愿意听的好话。后来，那个输钱的少年走了，带着他满贮的金钱和非常可笑的接待走了；走后的第二天，那个真巡按却真的来了.'……《巡按》是哥果尔在一八三四年写成的初稿，而于一八三六年在亚历山大剧院里排演成功的作品。"

1921年，南开中学建校17周年时，曾有南开新剧团排演《巡按》一剧。剧本由共学社翻译，时子周改编后，先于《新民意报》纪念会上演出（见《南开周刊》1921年第16期）。在上海的第一次演出是1935年11月1日，据石凌鹤所写《巡按演出略评》[《中华（上海）》1935年第39期]中说："一九三五年十一月一日，果戈理的伟大的剧作《巡按》，用《钦差大臣》的题名在上海第一次公演了，一共演了四天八场。"第二次公演是在上海金城大戏院。另外有"广州远东中学话剧团"于1935年11月2日在南海县立第一初中举行的五周年纪念会上公演（见《南海一中校报》1935年第15期），上海的《娱乐周刊》特别对此次演出进行了报道："上海业余剧人公演了《钦差大臣》，不久广州又有人要开演《巡按》……此次《巡按》之演出者是'远东中学校话剧团'，该团在广东话剧界中资格较老而演戏技巧亦优，主其事者为该校教职员赵如琳黄宗保等，都是前广东戏剧研究所中的人物，该团在广东的学校剧团体中是数一数二的了。"1936年，由陈治策将《巡按》改编，以《视察专员》为题作为国立剧校第一次公演的剧本。1941年，《新华日报》（华北版，1941年7月17日）报道："鲁艺剧团排演已久的《巡按》（《钦差大臣》）已于本月十二日在临参会上公演，是夕观众达数千人，人山人海，拥挤万分，虽微雨纷然，以表演精彩，博得观众热烈掌声。"

该剧另有贺启明（商务印书馆1931年版）、耿济之（文化生活出版社1947年版）等人的译本。商务印书馆初版本应为1921年，《文学旬刊》（1921年第3期）所刊《书报评论》中介绍道："（一）巡按（戏曲）这是上海商务印书馆出版的俄国文学丛书之一，是俄国第一个写实派作家歌郭里所著的。贺启明君由俄文中把他译出来。在译文方面，没有什么可以攻击或批评的地方。因为他译得狠（很）流利，又狠（很）与原文相切合。"随后，在介绍剧本的情节内容之后，其中又介绍了《巡按》一剧在中国演出的历史："这个剧本在中国还有一个小小的历史，就是曾出现于北京的一个临时组织的'爱美戏'的剧场（Amatenr Stage）上。结果虽没有大成功，也不曾失败。因为这本戏原是最适宜于在舞台上表现出来的。"

《巡按》另有译名《钦差大臣》，有芳信（国民书店1941年）、中华剧艺社文学部（文风书店1942年）、唯明（英汉对照本，教育书店1945年）等译本。

## 《翻译独幕剧选》

[法]莫里哀等著，张越瑞选辑，王了一等译。
发行人：王云五；
发行所：商务印书馆（上海河南路）。民国二十六年（1937）五月初版。154页。编入《中学国文补充读本第一集》。

《翻译独幕剧选》是商务印书馆王云五等人主编的《中学国文补充读本第一集》，由张越瑞选辑、王了一等人译的戏剧合集，书内收入《装腔作势的女子》（Les Prècieuses ridicules）（法国莫里哀著，王了一译）、《骑马下海的人》（Riders to the Sea）（爱尔兰沁孤著，郭沫若译）、《十二镑的尊容》（The Twelve Pound Looks）（英国巴蕾著，熊式式译）、《时间之神》（日本菊池宽著，葛绥成译）四篇戏剧作品，分别选自《莫里哀全集》（商务印书馆1926年版）、《约翰沁孤的戏曲集》（郭鼎堂著，商务印书馆1926年版）、《小说月

报》（1931年第22卷第7—12期）、《东方杂志》（1926年第23卷第8号）。

　　主编王云五系商务印书馆社长，"五四"运动以后，经他的学生胡适推荐到商务印书馆工作，历任编译所所长、总经理、东方图书馆馆长等职位。在商务印书馆长达40年的工作历程中，他主持商务编译工作长达25年之久。这本书前便有王云五所写的《导言》（1937年5月3日），其中介绍说："这里所选的共有四个翻译的独幕剧本：喜剧三篇，悲剧一篇。不消说，这里的四位剧作家都是第一流的作家，一提到法国喜剧便没有人不知道莫里哀，一提到现代英国喜剧也没有人不知道巴蕾，爱尔兰的沁孤更以独幕悲剧知名，日本的菊池宽也是现代剧坛的巨子。这仅有的四篇虽则不够代表独幕剧的各方面，编者的目的只在使读者认识独幕剧的体制而已。"

　　在《导言》中，王云五简略地叙述了关于戏剧的形式、功用、种类及要素等方面，并特别对独幕剧与多幕剧的区别及其特征进行了介绍："独幕剧在最近二三十年极其风行，它与多幕剧就好像短篇小说与长篇小说一样，没有多大的分别。它的组织和方法与多幕剧大同小异，可是它的必要条件就在紧束，经济，简明，迅速，捉住某一点动人的或有趣的事实给观众一个简明的印象。它的人物不多,情节简单,只有一种争斗,一种情绪,一种剧旨,或一种须待解决的问题。通常独幕剧只有一个场面,而排演的时间大约在十五分钟至四十五分钟之间。"之后,又对该书的四位作者的生平、著作及其艺术特色做了详细的介绍,认为莫里哀"在法国文学史上他是一位最伟大的戏剧家",其喜剧《装腔作势的女子》"以讽刺的笔调批评当时法国社会上矫揉造作的妇女界,何等深刻,何等有趣";在爱尔兰文艺复兴中,沁孤"是最杰出的一位作家";巴蕾的"作品富有幽默机智的意味,就舞台效果而论,他超越了同时代的一切剧作家";而菊池宽"在现代日本文坛可称巨擘"。

# 六月

## 《人与超人》

[英国]萧伯纳著,蓝文海译。
发行者:朱炎(启明书局代表人);
发行所:启明书局(上海福州路三二八号)。民国二十六年(1937)六月初版。159页。编入《世界戏剧名著》丛书。

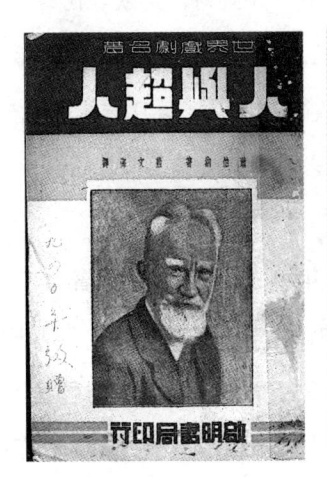

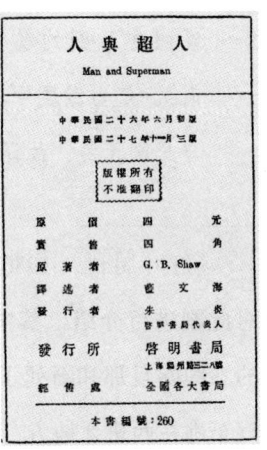

《人与超人》(Man and Superman,1901—1902,四幕剧),是由萧伯纳根据欧洲流传已久的唐璜传说,改写的关于青年男女泰纳尔与安娜的爱情故事。卷首有译者写于1937年2月28日的《小引》,介绍了萧伯纳的生平及创作,原文辑录如下:

萧伯纳（George Bernard Shaw）是英国莎士比亚之后第一个伟大的剧作家。他于一八五六年生于爱尔兰的杜柏林，小时家境很穷，靠他母亲教授音乐为生。二十岁时，他到了伦敦，就开始他的著作生涯。最初他是从事于小说的创作，后来才改作戏曲。直至最近为止，他所作的剧本，不下三十余种，重要的有《华伦夫人的职业武器与人》，《坎底达运命与人》，《结婚》，《伤心的家》等十余篇，而这篇《人与超人》（Man and Superman）则是他最伟大的成功之作。实可代表萧氏的人生哲学，他对于人生的真谛，两性的关系，以及宗教伦理的观念，于此书中皆有独特的见解，用极轻松诙谐的笔调，来发挥他最精深渊奥的哲理。我们读了这篇剧，至少对于萧氏的人生观，恋爱观，道德观，可以明了个大概。

这篇剧前原附有一篇献词，是献与他的友人华克雷（Walkley）的，说明作此剧的动机，与原剧无多大关系；后面附有一篇《革命家指南》，是当做剧中人但纳所作，虽可借此觇见萧氏对革命的见解，然实与此剧无关，故译者一并省略了。

《红叶周刊》（1930年第21期）曾刊登署名"许啸天"的《人与超人》对此剧进行介绍，其中说："这是一种读剧，剧中情节是说著革命者问答的。约翰旦那和新死了父亲的一个女儿名恩怀特菲尔特的相恋爱了，坐着汽车逃在西班牙地方；谁知被山中盗贼打坏了汽车，两人做了盗贼的俘虏。这一夜，旦那做梦听了尼采的超人说，便希望生一个超人来。梦醒来，第二天清早，到了一个地方，盗贼被西班牙兵捉住了，那旦那承认盗贼是他的奴隶，便得人赦免。最后，旦那因他所恋的便屈服了，他所体验的生的力，便与恩怀特在一个旅馆中结了婚。这剧本作者，是萧伯纳。全剧共分四幕，他是受了尼采思想的影响而写成的。"《新月》（1931年第3卷第11、12期）曾刊登萧伯纳撰写的《"人与超人"中的梦境》（熊式式译）。

1933年，萧伯纳曾到上海环游，宋庆龄接见了他并召开记者会。据《良友》（1933年第74期）报道："《人与超人》，《华伦夫人之职业》等戏剧之作者英国大戏剧文学家萧伯纳氏作环游世界之壮游，本月十七日抵上海，图为在宋庆龄夫人公馆接见记者时摄。按氏近年已七十七岁，须眉斑白，惟体健仍如常人。"

该剧另有罗牧（商务印书馆1933年版）、张梦麟（中华书局1934年版）译本。谈到这两个译本，或可对照来看，因为在罗译本出版后，张梦麟便写了一篇文章对罗译本的错误进行指摘，并认为"不良的译本，不惟使读者得不到正确的认识，而且要引起一般人轻蔑翻译的风气"（见《罗牧译萧著人与超人》，载《图书评论》1933年第1卷第11期）。而张梦麟这个译本应该是针对罗译本的错误太多才翻译出版的。

## 《雷雨》

[俄国] 奥斯托洛斯基（A. Ostrovsky）著，施瑛译。
发行者：朱炎（启明书局代表人）；
发行所：启明书局（上海福州路四百号）。民国二十六年（1937）六月初版。50页。编入《世界戏剧名著》丛书。

《雷雨》（Storm, 1859，五幕悲剧）由英译本转译而成。《雷雨》曾被俄国批评家杜蒲罗留蒲夫称之为"黑暗之国里的日光"（郑振铎《文学大纲》），剧本"是写一个养育在宗教氛围气中的女子，嫁到一个封建势力非常浓厚，环境和自己的个性完全相反的家庭里面，因而发生了无数的苦恼和悲哀。在这悲哀中，她偶然爱上了一个素所爱慕的人，但是环境阻碍着他们不能相爱。她渴望着自由，然而旧势力紧迫着她，终于不得已向黑暗和因袭的环境奋斗而毁灭自己"。

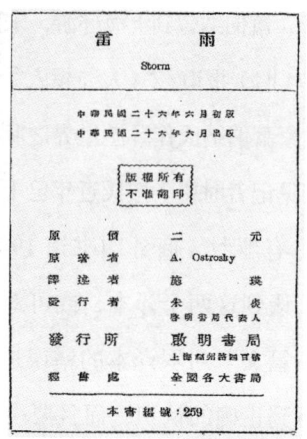

书前有黄深所写《小引》,其中评价该剧说:"这是一出女性的命运的悲剧。自然,在目前的苏联,这样的悲剧是不会发生了;但是在帝俄时代,女性还是社会的奴隶,这悲剧的发生是必然的。就目前中国的社会情形来说,在那黑暗的势力之下,在那愚昧和迷信的环境之中,这种意志薄弱的女性的悲剧的发生,我们也是不能否认的。当我们看完了本剧的时候,我们也一定要想到,这是描写中国,不是描写俄国。"

关于原著者,译者施瑛介绍道:"阿史特洛夫斯基(Ostrovsky),生于一八二三年,死于一八八六年。他是俄国顶早的戏剧专门家,俄国第一座崇奉写实主义的剧场,就是他创办的。……我们要知道帝俄时代的大作家,大都擅长描写贵族,和住在贵族四周的农民;但是描写商人阶级的,可以说只有阿氏一个人。阿氏在俄国文学史上,所以有独特的地位,就是在此。""阿氏毕生的时间,差不多全部都消磨在戏剧上。几乎可以说,他除戏剧以外无嗜好,除戏剧以外无生活,除戏剧以外无别的著作。他专诚致志,从事戏剧的著作和排演,有四十年之久,在俄国的戏剧界上,找不到一个同样的人;也许在全部的世界上,差能胜过他的,只有英国的莎士比亚吧。""阿氏所作的戏剧,约计有五十多种,都是很适于排演的,其中有几本久著盛名。顶有名的一本，就是《雷雨》。……它所照示的是：虽然在这个无助的世界里，受死道德的支配，受生的无法律的剥夺；然而人类的情感，究未全失。暮鼓晨钟，发人深省，实在可以当做黑暗中的一线光明。"

本剧公演时，为了与曹禺的话剧《雷雨》区别开来，大多以《大雷雨》为译名，业余剧人协会在上海卡尔登大戏院第三次公演的三个剧目之一就是《大雷雨》。《大公报》1937年1月30日的《本市增刊》发表了两篇评论《看了〈大雷雨〉以后》（轻舟）和《大雷雨》（白雪）。其中《大雷雨》中介绍说："《大雷雨》是业余剧人这一次公演的第二个节目，原作者为旧俄底名剧作家奥斯特洛夫斯基。对于这位作家，我说不上什么认识，不过对于他善以揭露旧俄罗斯商人阶级底守旧，吝啬，自私各方面的弱点，是为大众所熟知，而且获得了极好的评价的。在苏联，《大雷雨》是已经制成电影了，（在上海映的时候，译作《狂风暴雨》。）而且历届的戏剧节，这剧本都被上演，被热烈地拥戴。在中国，旧家庭底专横，黑暗这些事实，到处都能发现；而旧女性之被凌虐，压迫，更是司空见惯的了！《大雷雨》底上演于中国，决不是没有意义的吧。"《通俗文化》（1937年第5卷第2号）1月30日刊登了《业余剧人协会上演〈欲魔〉〈醉生梦死〉〈大雷雨〉的意义》一文，介绍了业余剧人自第一次公演《娜拉》之后所取得的成就。其中介绍《雷雨》时说，雷雨"由章泯先生导演，《雷雨》也是完成在旧俄时代的，但是《雷雨》所描写的是小商人，它所反映的事物，是旧俄时代小商人的荒唐和专横，它的背境是伏尔加河流上的一个偏僻的小市镇，《雷雨》里更反映了旧俄时代的年青人的专制和无理性的约束，尤其是对于女性"（《绸缪月刊》第3卷第6期）。在1937年2月15日的《文学》栏目也介绍了业余剧人公演的《欲魔》、《大雷雨》和《醉生梦死》三部剧。发表在《青年时代》（1943年第1卷第4期，史亮著）上的一篇文章认为，《大雷雨》"尤其是被中国观众所热烈欢迎，这原因并不是单靠了编剧技巧，而重要的它的内容适合中国的国情，剧节中所反映的时代的特点，都在中国社会上所习见的，封建残余的势力，中国仍是根深蒂固的存在着，所有保守迷信虚伪欺诈的特性也正与中国雷同，因之在这些条件之下所造的悲剧，在中国的观众看起来不会感到生疏，观众所有的反应只是理解和同情"。

该书于 1939 年 7 月再版，卷首有钱公侠、谢炳文的《世界戏剧名著》丛书《前言》。另有耿济之（共学社 1921 年初版，商务印书馆 1937 年 3 月国难后第 1 版）、曹禺（文化生活出版社 1926 年版）等人的译本。

## 《铁甲列车》

[苏联] 伊凡诺夫著，罗稷南译。
发行者：黄洛韦；
总经售：读书生活出版社（上海静安寺路斜桥弄七一号）。一九三七年六月初版。91 页。

《铁甲列车》(八幕剧)，据吉卜生·科宛的英译本转译，卷首有《英译者序言》和《作者自传》。在《英译者序言》中，吉卜生·科宛介绍了关于契诃夫戏剧翻译的语言问题，他说："对于旧的契可夫的戏剧，英语的译者们保持着俄文言语的姿态，已经到了最后防线，理直气壮地觉得契可夫的价值在于词句的高妙，隐喻的确切，语法的纯熟。新的剧本就不同了，它的价值在于它的径直和有力，它的鲱骨交错的戏剧性，脱去了造作的圈套。苏维埃的戏剧是朴质的情绪的戏剧，机关枪比言词更明白，国际歌的合唱值得十分钟的爱国演说。倘若要使它们对于英语的观众有意义那么必须译出的并不是一字一句，而是那情境和意象。"

英译者吉卜生·科宛在翻译这部剧的过程中有目的地对剧本进行了改译。对此，他说："在《铁甲列车》里，我充分地应用了这方法，它是一个近代史的戏剧，而它的幽默性或戏剧性多依存于主题的暗示力。有些情境在俄国似乎是悲剧的，而对于我们并非很明了俄国情形的英语观众却会引起有趣和相反的意味。我曾经不迟疑地改动了这样的情节，尽力于激发同一情绪而不拘泥于字句的翻译。只要使言词更流畅或意义更显明，就宁肯采用英文的成语：所以把上帝引导'白俄'作战的歌曲译为《前进吧基督的兵士》，并且用《坐上那茶炊》代替了《燃起那萨莫伐》。"英译者说，原著者"看过我的稿样，因为他谅解我所用的方法，并且容许我改动了几处"。

中国最早可见伊凡诺夫的作品是发表在《莽原》(1927年第2卷第15期)上的《美利坚人》(高滔译)。同期还有一篇译文《乌西和洛得·伊凡诺夫》(苏联特洛茨基著，韦漱园、李霁野合译)。在1928年之后，伊凡诺夫的作品陆续被译入国内，如《在铁轨上》(高滔译，《河北民国日报副刊·鹗》1928年第3期)、《乞援泉》(耿济之译，《小说月报》1929年第20卷第4期)、《阿尔泰山的传说》(穆木天译，《现代文艺》1931年创刊号)、《婴孩》(陈存华译，《申报月刊》1934年第3卷第8期)、《三个守卫》(东辉译，《清华周刊》1935 年第 43 卷第 4 期）、《三个看守人》（由稚吾译，《时事类编》1935 年第 3 卷第 17 期）。

1933 年，《出版消息》（第 20 期）上刊登了一篇署名"百灵"的文章《伊凡诺夫小传》，其中介绍说："夫绥奥洛·伊凡诺夫。他是第一个俄国革命后的农村的写实者……在少年时代也是崇拜着高尔基；他的最初的创作，是寄给高尔基的，这才给他以走向文坛的机会。他的作品里所描写着的主要题材，是狂野、沙漠、骆驼、阿尔泰山、蒙古人、鞑靼人、基尔斯人，充满着亚细亚的风味。……他以俄罗斯农民游击运动的作家而成名。他的杰作有：《颜色的风》，《铁甲列车》，《农民游击队》，《佛像归来》；这些中篇小说，都是以西比利亚的革命混乱时期为题材。他的作品，介绍到中国来的，有《铁甲列车》。戴望舒和韩侍珩两个译本；前者是根据法文译的，后者是根据日文译的。以外的作品，介绍来的好像没有。"

这里的韩侍珩即侍桁，他的译本由上海神州国光社于 1933 年出版，收入鲁迅编辑的《现代文艺丛书》。戴望舒的译本未见书。

## 《月明之夜》

［美国］奥尼尔著，潢虎译。
发行者：朱炎（启明书局代表人）；
发行所：启明书局（上海福州路三二八号）。民国二十六年（1937）六月初版。105 页。编入《世界戏剧名著》丛书。

《月明之夜》（Ah Wilderness，1934，独幕剧），今译《啊，荒野》。自 1929 年奥尼尔来访中国后，国内对他的戏剧作品的翻译、出版、排演逐渐增多。据统计，"截至 20 世纪 40 年代末，奥尼尔的剧本共有 17 部在中国

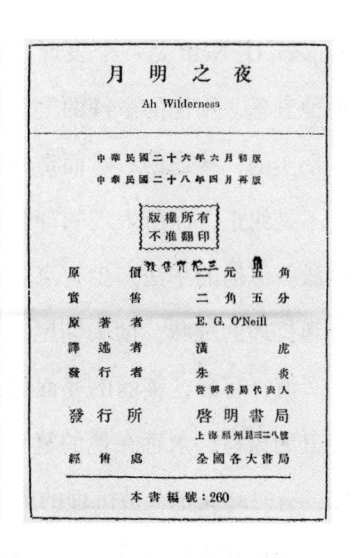

翻译出版，9 部在中国舞台上演"（《地球村中的戏剧互动》荣广润著，上海三联书店 2007 年版，第 199 页）。比如王实味翻译的《奇异的插曲》、范方翻译的《早点前》、顾仲彝翻译的《天边外》和《琼斯皇》等。另外，这个时期的评介文章也达到 50 余篇。其中，张嘉铸说："他是个诗人，一个人性的观察者。"（《沃尼尔》，《新月》1929 年 1 月）顾仲彝认为，他的剧作的价值在于"启示人类向上的奋斗"（《戏剧家奥尼尔》，《现代》1934 年 10 月）。萧乾在《奥尼尔及其〈白朗大神〉》一文中说："有一个作者，一个年纪轻轻，不懂规矩的美国作者，竟一气跨过大西洋，傲慢地步入伦敦城，傲慢地闯入大陆剧场。一向都鄙视美国的不列颠人竟也承认这人的著作是安格罗·撒克逊文艺的光荣了。这人后来还跨过太平洋。他的《琼斯皇帝》（洪深译，载《文学》'翻译专号'）和《天际线外》都曾在中国公演过。如果一个人还记得美国也有戏剧，那占九成是优金·奥尼尔（Eugene O'Neill）了。"可以说，奥尼尔在二三十年代对中国戏剧的影响逐渐赶上并全面地超越了易卜生，这一段时间也是奥尼尔剧本译介到中国的重要时期。

译者潢虎在本书卷首《小引》（1937 年 4 月 30 日）中介绍说："欧金奥

尼尔 Eugene O'Neill 是一个表现社会和时代的作家。他残酷无情地抓住社会的种种丑恶，用他的辛辣的笔调细致地刻画出来。每一部戏都充分地表现那些平实的，普通的；然而奇怪的，异常的一切现实之真相。他只是表现，并不是纠正，而所表现的却是最真实的内心观察，具体地接受现实给他的刺激。但他的手法多少有点离奇和浪漫。他的文章充满着梦幻似的情境，诗和哲理的气味，彻头彻尾，一行一字都有筋节脉胳（络）调节。他写日，写海，写爱，美丽的场面后面却躲着污恶的种种。生死；爱欲；真伪；美丑的描写，永远在他的笔头下。"又说："他努力摆脱了许多传统上的规律，有时却又把久被沉埋的废律，插入他的现时代的，新奇的作品里。摆脱的，与拾起来的废物，反而增加了他作品的力量与更善美的运用。他尽量把黑人土语和水手俚语加入对白，这固然使读者陷于困难，而在另一方面却有相当地成功。"

该书扉页有著作者奥尼尔的肖像。译者在《小引》中对作者的生平及其创作做了简单阐述，最后描述作者形象时说："他有一个长长的身材，长长的臂膊。两撇小胡子。眼睛大而亮得像发火般地。他很沉默，很羞怯，却又有点神秘，他一生只看过三次自己剧本的上演。"

## 八月

《西班牙万岁》

［苏联］A. 亚非诺干诺夫著，尤兢译。
发行者：生活书店（上海福州路三八四号）。民国二十六年（1937）八月初版。100页。

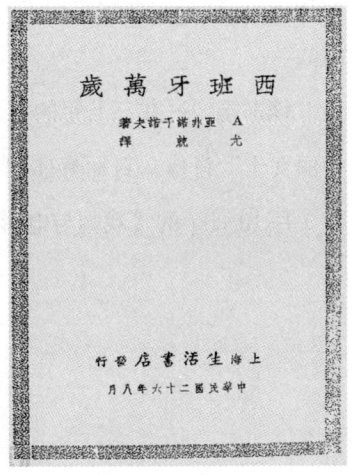

《西班牙万岁》（1936，两幕报告剧）。译者尤兢在卷首《译叙》中介绍该剧时说："这个剧本据说是作者用一个月的短促时间写成的，出版期是一九三六。写的是去年七月西班牙叛军作乱中，拥护民主政府的人民第五军与民众的战斗情形。剧中的人物，不但如桃洛列斯，何哲等领导者真有其人，就是巴塞隆那的滑稽家和那把三个女儿都交给义勇军，都在反法西暴徒的英勇斗争中牺牲掉的那个老太婆也是实有其事的。"

他"热烈地爱这个剧本而勉力地把它译出来"是因为两个理由。第一个理由是，该剧是"在德意法西斯蒂惨无人道的屠杀下的英勇的西班牙民众后出来的悲壮热烈的战歌"，这个战歌"由在敌人侵略下的我中华民众的声音来吼唱是最合拍不过的。这种呼声，从西班牙民众的心之深处爆发出来的声音，也就是我们的声音呀"；第二个理由是"作者把本剧标明为'二部带尾声的浪漫蒂克的剧本'。形式上，这儿非但不按着习惯应用'幕'来做剧的发展的梯级；就是'场'或'景'的转换，这儿应用的也不是作剧术上的传统手法。它已不是我们平常所谓的舞台脚本，而简直是'一个有声电影的拷贝'了。声音，光色与人事，境况，多用着'淡出淡入''化入化出'，甚至'叠印'的'摄影'方法，'织接'是极其明快，素朴而灵活的"。

该书于"一九三七年的五卅之夜译完"，书中有"西班牙革命领袖伊巴鲁丽女士"肖像，封面有插图。书中的序言部分曾刊登于《大公报》(1937年7月10日)的《戏剧与电影》专栏。

## 十一月

《青鸟》

[比利时]梅德林克著,勒白仑改写,叶炽强译。
发行者:朱炎(启明书局代表人);
发行所:启明书局(上海福州路三二八号)。民国二十六年(1937)十一月初版。92页。编入《世界文学名著》丛书。

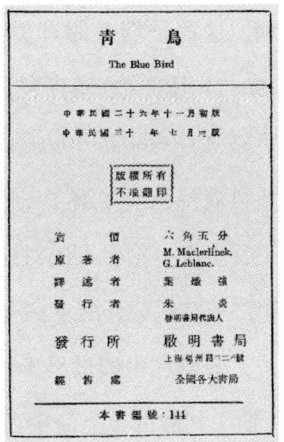

《青鸟》(The Blue Bird,1908,六幕寓言剧)。译者介绍说:"本书并非是剧本,使小孩子易于了解起见,是由勒白仑(Georgette Leblanc)用故事体裁写的;但并没有损害原书的精神,这是梅德林克木人亦承认的。"

该剧是被称为"比利时莎士比亚"的梅德林克创作的故事剧。他"是近代世界的戏剧家及散文作家。他的盛名,使小孩子也都知道的,也就是这本《青鸟》(Blue Bird)。他是一个最大的象征派的代表,他的作品茂娜凡娜(Monna Vanna)等十余种,在无论那(哪)一国里都能找到他的译文,尤其是《青鸟》,几乎是各国小孩子手中常见的读物"。

腓尔柏斯在《梅德林克评传》(载《东方杂志》1921年第18卷第4号)中曾说:"梅德林克在罗安(Rouen)买了一个脑门(Norman)古寺,在那寺里曾经演过《麦克伯》,引动了好多人的注意。梅德林克在这离奇动人的圣望特列尔寺里,受了不少神感(Inspiration),《青鸟》那出戏就在那里写的。这出戏使他的名字传遍地球,即使他没有别的著作,这出戏已能使他的名字不朽了。他所有诗人和剧作家的优点,都表现在这篇里。他早年的著作,纸上的成功胜过戏台上;《摩娜娃娜》,戏台上的成功胜过纸上。《青鸟》却是在两方面都占胜利的——在文学上固然是杰作,在戏台也无往不利。这篇是创造的真美的戏剧,是对于现在戏剧时代的大贡献。"《青鸟》1908年用俄文在莫斯科艺术戏院上演,"从那一夜起,这从《比歇拉克的西兰路》(Cyrano de Bergerac)以来第一动人的戏,传布的又快又远。只在莫斯科戏院已经排演了三百次。在伦敦(一九〇九年十二月八日起)也演了三百多次。伦敦人民对这戏的兴奋程度高得厉害,每礼拜竟至于演十二次。第二季在纽约开演(一九一〇年十月一日起),满城只听见谈这戏的话"。

该剧在中国最早于1920年在北京上演。《妇女杂志》(1921年第7卷第7期)刊载的《上海中西女塾开演〈青鸟〉记》中说:"梅德林克名剧《青鸟》去年曾在北京演过,可惜我不曾看见。今年六月一日二日四日,中西女塾为筹款扩张校务,又在上海开演此剧。"该刊第7—12期同时也连载了仲持的译本。

该书版权页原著者署名为 M. Maeterlinck 和 G. Leblanc。封面有两个儿童在屋前的插画。《小引》中介绍勒白仑改后的内容是,"写两个孩子,在梦中要找寻青鸟,在记忆之土,在将来之国,在月宫中,在森林中,到处的寻找，都没有找到。后来他们醒来了，邻居的孩子生病，要他们养的鸟玩，他们给了他，这鸟真的变成青的了。但当他把它放出来玩时，鸟又飞得不见了"。对此，译者议论说："青鸟乃是幸福的象征，只有从自己牺牲中才能得到；但幸福非永久可以在握的。"

《青鸟》另有仲持（《妇女杂志》1921年第7卷第7—12期）、王维克（泰东图书局1923年版）、傅东华（商务印书馆1923年版）、由稚吾（原著者题名为勒白仑，世界书局1932年版）、罗塞（黎明社1944年版）等译本。

# 十二月

## 《炸药》

[英国] 克莱门斯·戴恩（Clemence Dane）著，王思曾改译。

出版者：国立戏剧学校（临时校址长沙稻谷仓）。民国二十六年（1937）十二月初版。42 页。编入《国立戏剧学校战时戏剧小丛书第一种》。

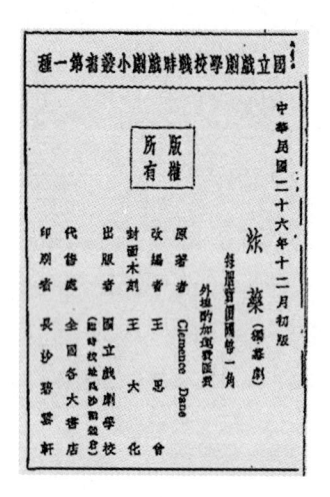

《炸药》（Shivering Shocks，独幕剧）根据英国克莱门斯·戴恩（Clemence Dane）的原剧改编。

卷首有余上沅所写的《小引》："自全面抗战展开以来，发动广大群众，已成为后方工作之重心，戏剧为唤起民众、训练民众、组织民众之良好工具，尽人皆知，勿待赘言。本校使命所在，不敢后人，除向民间作抗战戏剧宣传之演出，并协助各抗敌团体作同样工作外，特将本校员生最近创制或改编之戏剧作品编为战时戏剧小丛书，以应需求，籍合适用，惟同人等才力有限，挂漏之处自所不免，尚祈海内名贤多予指教是幸！"

1937年，该剧本在《文艺月刊》第10卷第4、5期合刊开始连载。后收入吴英年编辑的《独幕剧选》，由战地图书出版社1940年出版。据陈寿楠编撰的《温州进步戏剧史料集（1919—1949）》记载，1942年，"乐清简易师范学校举行游艺大会，演出独幕话剧《落花生》《炸药》（王思曾改编）"。

## 《爱尔兰名剧选》

[爱尔兰] 莘谷等著，涂序瑄译。
发行者：中华书局（上海福州路），民国二十六年（1937）十二月初版。130页。编入《现代文学丛刊》。

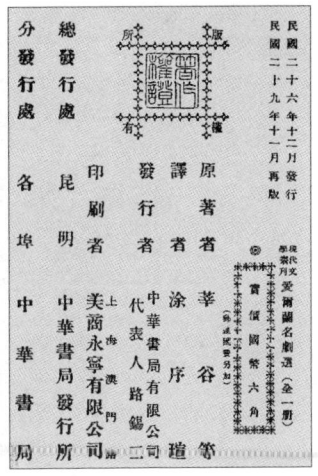

《爱尔兰名剧选》收入剧本《海葬》（莘谷）、《麦克唐洛的老婆》（格莱

哥丽夫人)、《沙钟》(野芝)、《亚尔济美尼斯皇帝与无名战士》(丹森尼)、《誓约》(麦茵)五部。卷首有译者撰写的《小引》(1936年6月),说明编辑此书的目的:"此集内辑印爱尔兰名剧五篇,均曾刊登于川大之《文艺月刊》,今因虞散佚,汇成一集,印行以就正于国人之爱西剧者,非敢言介绍,为此小劳作留一纪念耳。"

该书卷尾有《兰姑娘的悲剧》(英国梅士斐儿著,饶孟侃译,中华书局1934年版)和《渔光女》(法国巴若来著,郑延谷译,中华书局1936年版)两部戏剧的广告。

# 1938年

《特洛国的妇人》
《社会栋梁》
《云》
《交际花》
《野鸭》
《哈梦雷特》
《该撒大将》
《马克白》
《暴风雨》
《早点前》
《铸情》
《父亲》
《丈夫与情人》

# 三月

## 《特洛国的妇人》

[古希腊]优力彼得斯著,陈国桦译。
出版兼发行者:诗歌出版社;
经售处:全国各地生活书店。一九三八年三月十五日初版。108页。

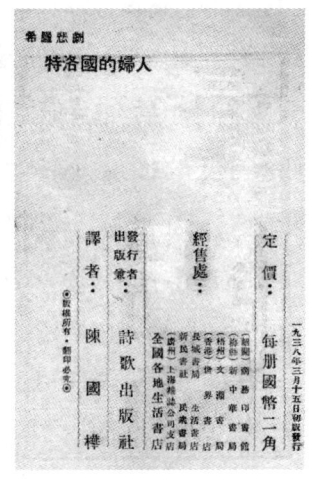

《特洛国的妇人》,又译为《特罗亚妇女》。书前有译者陈国桦所写的《献词》(1938年2月24日)和《小引》(1938年2月25日)。译者介绍了该剧的内容:"《特洛国的妇人》是希腊悲剧家优力彼德斯极不平常的作品。这篇剧描写特洛国灭亡后妇女所遭受种种亡国的痛苦,是三部曲中的末一部曲。……作者站在悲天悯人的人道主义者的立场,以远大的眼光,运用出神入化的艺术手笔,把这一出亡国的惨剧,写得非常生动感人。……在作者看来,打胜仗固不足引以自荣,打败仗也不见得是一种耻辱。正义自在人心,千百年后自有人会主持公论的。有一件值得注意的史实,在此剧写成的前些时,希腊人以最残酷的手段扑灭泊罗斯国,把古城焚毁,把男子杀掉,将妇女和小孩卖到各地做奴隶,这悲惨的事件发生于纪元前四一六年秋,翌年春这篇大悲剧便脱稿,对当时那种残酷的事件,在作者心中一定会引起无限的反感,说不定这段历史的惨剧便是构成他写这篇悲剧的动机。他希望这篇悲剧能够警惕凶顽,化干戈为玉帛,永远肇造人类和平的福音。……数年前有一队英国的戏剧团,曾将此剧公演于费拉德尔费亚各地,居然轰动一时,千万的观众都异口同声的说:这是一篇非常伟大的悲剧!的确,这是一篇非常伟大的悲剧,但愿全世界以战争为儿戏,杀人不眨眼的渴血魔王,都有机会一读此剧,都有机会一看此剧公演,他们若是人性未泯的话,也许能掉下几颗鳄鱼的眼泪!人类的悲剧将永远继续下去吗?有血有气的志士们呦!我们应该踏上先哲的足迹,在反战的旗帜下迈步前进,我们反抗一切弱肉强食的侵略战争。"

蒲风在书后《读"特洛国的妇人"》一文中说:"细读全剧,深为亡国的特洛国妇人悲,也深为亡国后即将准备做他人的奴隶的特洛国妇人哭。然而,男子们战死了,事实上我们不能要求全体特洛国妇人殉国,为了特洛国的复兴,暂时他们怎能逃脱奴隶的命运!"

译者说:"这篇剧系根据梅列(Gilbert Murray)的英译本翻的,间亦参照万人丛书内博德(R. Potter)的译本,凡涉及希腊神话和有关史实的地方,都稍加注释,以求明畅易懂。"

版权页书名上方题有"希腊悲剧"字样。该书于1942年再版,改名为《特洛国的妇女》(成都华西大学文学院版,著者译为攸利彼提斯,书前有罗中恕撰写的《序言》)。另有罗念生译《特罗亚妇女》(商务印书馆1944年

10月初版）。罗念生译的第二幕刊载于《世界文学》1943年第1卷第2期，他在结尾的《后记》中介绍说："这部悲剧是两年前译就的，由中华教育文化基金董事会编译委员会交与商务印书馆出书，不幸于香港事变时毁坏了，重抄付印很费时日。好些朋友问起我这译书，我因此先把这第二场发表，报答朋友的好意。这剧另有陈国桦先生的译本，《特洛国的妇女》，为成都华西大学文学院丛书第四种，特此介绍。"

# 四月

## 《社会栋梁》

[挪威] 易卜生（Henrik Ibsen）著，孙煦译。
发行人：王云五；
发行所：商务印书馆（长沙南正路）。民国二十七年（1938）四月初版。204页。编入《世界文学名著》丛书。

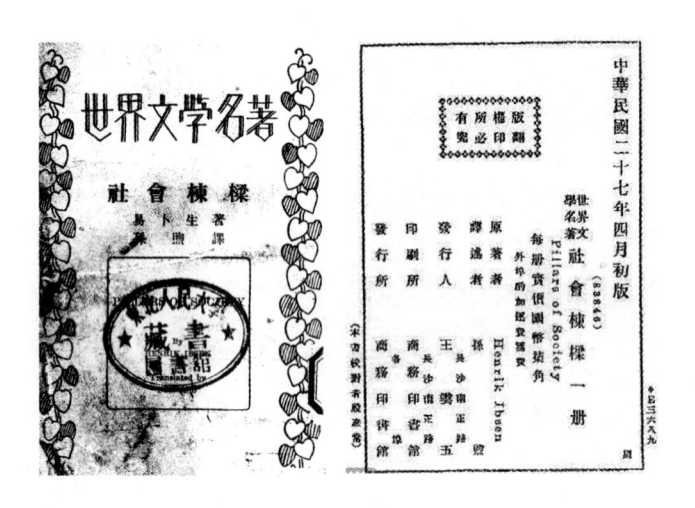

《社会栋梁》( Pillars of Society，1877，四幕剧 )，又译为《社会支柱》，是挪威剧作家易卜生的代表剧作。该剧首演于哥本哈根皇家剧院。剧本人物以实有其人的皮德生为原型，概括了挪威资本家的特点，塑造了伪善的吸血鬼博尼克的形象。博尼克表面上是品德好的模范公民，但实际上是一个利欲熏心、道德败坏的伪君子。他廉价收买外国旧船，油漆一新后高价卖出。买主拿去运货，船沉人亡，损失惨重，他却获得巨额保险金。他这样的人却备受人们尊敬，被捧为"社会支柱"。胡适在1921年曾撰写《易卜生主义》一文，全面评价了易卜生的这部戏剧，他说："戏中的主人公名叫博尼克，是一个极坏的伪君子……这样一个大奸，面子上却做得十分道德，社会上都尊敬他，称他做'全市第一个公民'，'公民的模范'，'社会的栋梁'！……这就是道德！"

易卜生被介绍到中国，最早始于1918年《新青年》的《易卜生专号》（第4卷第6期）。《本社特别启示（二）》说："本社拟于暑假后，印行《易卜生剧丛》。第一集中含《娜拉》，《国民之敌》，及《社会栋梁》三剧。此外并有胡适君之序言，解释易卜生之思想。"同期还有袁振英的《易卜生传》、胡适的论文《易卜生主义》、吴弱男翻译的《小爱有夫》（Little Eyolf，剧本）、陶履恭翻译的《国民之敌》（剧本）等。1922年，《戏剧》杂志在第2卷第1、2、3、4期连续介绍了易卜生的《傀儡家庭》（周建侯）、《群鬼》（龚漱沧）、《民众之敌》（龚漱沧）、《海之夫人》（宫森麻太郎、龚漱沧）、《社会底柱石》（宫森麻太郎、陶钱梅）、《建筑师》（宫森麻太郎、陶钱梅）等剧作。

该剧另有译本名为《社会柱石》，瘦鹃译本于《小说月报》1920年第6期开始连载，伍范译本于《民国日报·平民》1921年第52、53期连载。

# 五月

## 《云》

[希腊]阿里斯托法涅斯(Aristophanes)著,罗念生译。
编辑者:中华教育文化基金董事会编译委员会;
发行者:王云五;
发行所:商务印书馆(长沙南正路)。民国二十七年(1938)五月初版。191页。编入《希腊喜剧名著》。

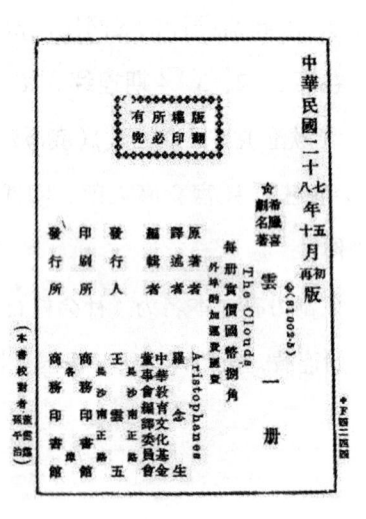

《云》(The Clouds)是古希腊喜剧作家阿里斯多芬(Aristophanes)的名著。书前《译者序》篇幅不大,引录如下:

  这剧是根据福尔曼(Lewis Leaming Forman)的版本和罗泽斯

（Benjamin Bickley Rogers）的版本译出的，前者名《阿里斯托法涅斯的云》（Aristophanes: The Clouds），一九一五年由纽约城美国图书公司（The American Book Company）出版；后者名《阿里斯托法涅斯的喜剧》（Comedies of Aristophanes, Volume II The Clouds），一九一六年出版于伦敦培尔书局（G. Bell and Sons）。这两书的注解都很详细，此外还参考过格累夫斯的注解（Aristophanes: The Clouds, edited with Introduction and Notes by C.F. Graves, Cambridge, 1911），和哈姆夫利的注解（Aristophanes: Clouds, edited by M. W. Humphreys, Ginn and Boston, 1913）。

这是一部讽刺当日的诡辩家的喜剧，切不要误会了阿里斯托法涅斯的用意，以为他有意在攻击苏格拉底个人。剧里的苏格拉底是一个想象的人物，作者故意在这个人物上加入诡辩家的性格，加入科学家的头脑，那都不是那真正的哲学家所固有的。据说苏格拉底曾经看过这部戏，他只觉得好笑，并不介意；不但不介意，他和这位喜剧家的友谊且从此更加亲密，六七年后他们在柏拉图的《聚饮》（The Symposium）里面相见时特别要好。那次有人同他开玩笑，问他是不是那剧里的"思想家"，他点头后，那人便说："请你告诉我，你和我相隔的距离相当于跳蚤的腿长的若干倍？"可见大家把那喜剧里的故事当做谈笑的资料；"思想店"（Phrontisterion）一字且变成了那位哲学家的字号。那知这部剧到后来竟变成了他的罪状，因此被判死刑！

该书扉页题有"献给刘子第先生"字样，书内有图，书前有《译者序》及《编者的引言》（节译，内有阿里斯托法涅斯的小传）。正文后附注解586条。书末附录有《希腊文译音表》《译文里的专名词表》《抄本版本与译本》。1939年10月再版。

# 七月

## 《交际花》

［法国］柏克（Henry Becque）著，岳煐译。
出版者：上海戏剧出版社；
代售处：文化生活出版社。民国二十七年（1938）七月初版。105页。
编入《上海戏剧出版社丛书第一种》。

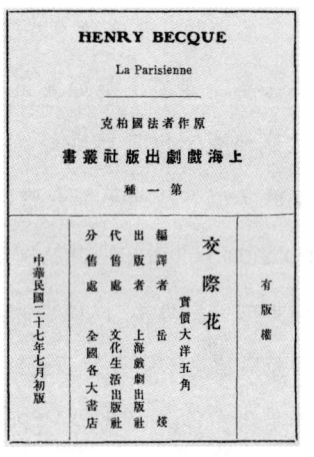

《交际花》（La Parisienne，三幕剧），卷首《序》（1938年7月）中介绍该剧"是柏克杰作剧本之一。它与《群鸦》成为法兰西戏剧文艺上自然派两大柱石。柏克亦由此两剧本博得自然派在戏剧上领袖的地位。泊乎晚近，《交际花》与《群鸦》不时轮流出演于巴黎第一国家剧院（La Comedit Francaise），与十七世纪莫里哀，及十九世纪《嚣俄》等剧本共分法兰西戏剧上之尊荣，而代表其文化之精神"。

《交际花》的内容是"描写一特殊女子。她有天才，有姿色，有意志，而亦有感情。她可以使一个灰心丧气，失望的丈夫重新恢复了自信心向社会奋斗下去；她助他取得社会上好的地位。因为她对于现世的事物有深刻澈底的见解"。而当其丈夫离她而去、无法挽留的时候，她"向一切男子作谴责语：'当你们向我们女子求点恩惠的时候，你们是非常和顺的，一等我们答应了你们的要求之后，你们便一变而严厉起来了。'这真可以代表一般女子的呼声，向男子讨着情债"。译者由此认为："这一切都是宇宙间难以转移的现象，人类里不易消灭的事实。也可以说是一种真理吧。柏克对于人们心灵上的透视和发现不能说不深刻。"

译者翻译此剧的目的也正在于此，他说："《交际花》编译的目标，是把一件发生在巴黎的故事使它变成有在东方上海发生的可能性，以便易于公演。所以更变处，有以下数条：一、风俗习惯；二、气候天时；三、建筑服装。至于原作的精神，特殊的风格，生动的笔调，译者自信把它们都尽量保存着。"

译者岳煐生平不详。据《巴金的青少年时代》中说，岳煐是与巴金一起在法国留学时的朋友，山西人。另见其译有法国 Rene Changhi 的《奴隶的女性》(载《新女性》1926年第1卷第11期)；法国米尔波的五幕剧《女工马德兰》(载《新女性》1927年第2卷第7—12期、第3卷第1期)，后由开明书店于1928年3月出版发行；《米尔波短剧集》，由出版合作社于1929年出版发行，内收《瘟疫》《旧家庭》《皮包》《幸福的贼》《访查》五个独幕剧。

## 《野鸭》

[挪威]易卜生（Henrik Ibsen）著，孙煦译。
发行人：王云五（长沙南正路）；
发行所：商务印书馆。民国二十七年（1938）七月初版。216页。编入《世界文学名著》丛书。

《野鸭》（The Wild Duck，1884，五幕剧）是易卜生晚年创作的一部重要作品，1885年1月9日在卑尔根国家场景剧院公演。该剧以其深刻的哲理和注重对人物内心世界的表现，标志着作者创作思想的转变。与前期作品不同的是，在《野鸭》中，易卜生不再那么乐观，剧中把"真理"的宣传者——格瑞格斯，置于被嘲讽的地位，从而展现了平常人的真实生活状态，以此对所谓生活的理想提出怀疑。译者在卷首《序》中也说："《野鸭》是一出不大好懂的戏剧，这原因是易卜生企图籍（藉）象征的方法来表达他的思想，所以剧中的人物，对话和布景，都带有几分神秘空幻的色彩。"

译者从野鸭的生态习性这一角度分析了著作者在这部戏中所要表达的象征意义，他说："野鸭本是一种海阔天空的生物，翱翔在大自然之中，是多么的逍遥自在，但是被人养在一个窄狭的后楼里，它不仅能够生活下去，而且久而久之，还能发育滋长；这表示一种不自然的生活如何把原来自然的性质摧残殆尽。而反过来把不自然的生活当做自然生活了。推而广之，人类生在社会以内亦复如此，现实环境的力量往往使一些怀抱高尚理想的人，逐渐的与现实妥协，到了后来反而把黑暗的现实当做他理想的乐园。环境的力量之难于抵抗。和不自然的生活之如何压抑人性，这便是易卜生在《野鸭》中所要表达的中心思想。"在分析剧中人物所表达的这种思想之后，译者又说："不像易卜生在《国民公敌》和《社会栋梁》所表示的那样的蓬勃精神一样，《野鸭》里面充满了悲观的气氛和宿命的见解。"而"在《野鸭》里，他解剖社会现象之深刻，和他批评基本人性之犀利，并不亚于我们上面所说的两大杰作，但解决的途径，在他似乎是更加模糊和不定了。……易卜生观察社会观察得太清楚了，但是他没有看出可以改造社会的人群，他太侧重个人的忏悔和努力，但是他不能预见集体的改造力量之伟大和丰富，这便是他的悲观主义之根源"。

该译本出版后，《燕京文学》（1941年第2卷第4期）和《宇宙风·乙刊》（1941年第49期）上分别发表了署名"竺磊"的评论文章，其中介绍了易卜生的作品，同时对孙煦的译本做了评论，作者说："这本书是一个重译"，"从前有人译过《野鸭》。《野鸭》本身已经难懂的了，可是经过两位译者的手笔，简直更令人扑朔迷离，莫知所从"。在指出前译本的不足之处后，作者说："我所要证明的，只是这本重译的确不是浪费。""不过，翻译剧本要有两层顾虑：不过要人看得懂而已，还要能够使演员上台。孙先生这本书，第一步虽已做到，第二步还未能完全满意。例如'作典'（也许），'慈爱的父亲'，而许多不便一一列举的语句等等，似乎都应该再加修饰。这并不是苛求，因为听说孙先生在动手翻译易卜生全集。这实在是一种需要。过去虽曾有人翻过好几部易卜生的戏，出版了好几本易卜生集。然而要把它们拿来排演的话，至少有一大半需要导演重新删改。孙先生既有这样的重译计划，我们才敢有如此的希望。""翻译成中文的剧本，好的很少。因为这需要译者对国语和演剧两方面，都有相当的修养。几本比较不错的，是陈绵译的《茶花女》、《复活》、《牛大王》、《情书》等。我们希望将来的易卜生全集至少能够得上这本书的标准，便更不是浪费了。"

该剧另有杨敬慈译本，1924年在《晨报副刊》第25—49期连载；徐鸪荻译本，由现代书局1928年1月出版。

# 八月

## 《哈梦雷特》

[英国] 莎士比亚（Shakespeare）著，周平（周庄萍）译。
发行者：朱炎（启明书局代表人）；
发行所：启明书局（上海四马路三二八号）。民国二十七年（1938）八月初版。175页。

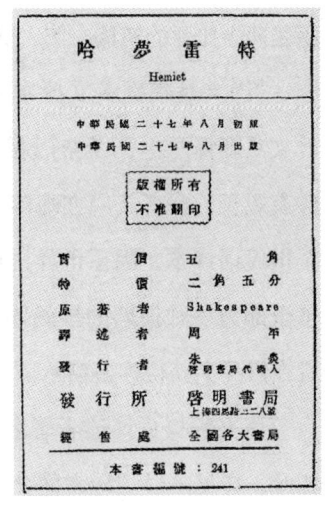

《哈梦雷特》（Hamlet，1603，五幕悲剧），今译《哈姆雷特》。译者在卷首《序》中介绍说："《哈梦雷特》在舞台上是一出很能使人感动的戏。许多人对于这剧的批评，是很不一致的。依我们看来，这剧的中心意义，在于指出政治之正义化与家庭之纯洁化。在我们现在这个恶魔横行，正义不彰的时代,这剧是很有其存在价值的。"

译者在《序》中论述了这个剧本的创作、出版时间及各版本的关系:"据一般莎翁学者考证的结果,《哈梦雷特》大约作于一六〇一年至一六〇二年之间。在一六〇二年的书业公会登记簿上,曾登记着《哈梦雷特》一剧,惟仅注明系张伯伦勋爵保护之下剧团所用的剧本,未记明作者之姓名。至一六〇三年,《哈梦雷特》出版,署有莎士比亚之名,由此可断定《哈梦雷特》之剧作,当在一六〇三年前。——即至迟不能过一六〇二年。""一六〇三年出版的《哈梦雷特》,即所谓'第一版四开本'。到一六〇四年又印行了'第二版四开本'。后者的篇幅数量比前者多出一倍,且内容有许多改正与不同之处,第一版的内容,凌乱得很,描写哈梦雷特的性格部分,非常粗陋不全,这两种版本的优劣,是很显然的。无疑的,第一版是莎士比亚的初稿,第二版是经过莎氏大大增加,润色以后的定稿。"

"译文是根据英文原本外,尚参考坪内逍遥之日文译本,浦口文治之日文'新译'本,及柴门霍夫之世界语译本。两种日文译本,在文字方面各有短长,后者于原文晦涩难解之处,另有详尽考据,给与译者不少帮助。至世界语译本,因系世界语创始者柴门霍夫博士(Dr. Zamenhof)所译,几乎全部为一种押韵的排偶体(Rimaduversajo),文字简练,声调铿锵,使译者在修辞上获得许多启示。"

该书版权页译述者署名"周平",实名为周庄萍(《马克白》一书同样如此,详见书后"译者简介")。扉页有作者插图、封面图解及"依利莎白演剧院的内景"图,卷首有《关于莎士比亚》一文介绍作者生平(录自郑振铎编《文学大纲》),书末附译文注解。1940年4月3版。

关于《哈姆雷特》的早期译本,梁实秋曾发表过一篇文章《莎翁名著哈姆雷特的两种译本》(《图书评论》1932年第1卷第2期)。他说:"莎士比亚的名著《哈姆雷特》Hamlet有两种中译本:一是邵挺先生译的,名

《天仇记》，商务印书馆出版，收入王云五主编的《万有文库》第一集；一是田汉先生译的，名《哈孟雷特》，中华书局出版，为《少年中国学会丛书》之一。"对于这两个译本，他指出邵挺译本采用古文，并且"邵君对于莎士比亚的原文十二分的不能了解，所以译文竟是疵谬百出，不胜列举"。而"田译本和邵译本可不能同年而语了。田汉先生是当代很有才气的作家，对于戏剧富有研究，所以他译的《哈孟雷特》，大致上是很可读的"。

余上沅作为中国现代话剧运动的早期倡导者之一，在1922年就曾撰文《过去二十二戏剧名家及其代表作》，认为"莎士比亚是戏剧史上数一数二的人物"，他的剧作"是一个不绝的源泉，无底的宝藏，取之不尽，用之不竭"。他在1931年撰写的《翻译莎士比亚》中说："有了莎士比亚才有歌德、席勒、雨果。才有近代剧的成功，而间接地才有现代剧的今天。近代剧和现代剧仿佛是行星、恒星和彗星，而莎士比亚却是太阳。"（载《新月》1931年第5、6期）正是这些倡导者不遗余力的推介和艺术实践，自20世纪30年代开始至40年代，莎士比亚的作品翻译逐渐形成一种爆发式的发展，特别是在抗战时期的上海和大后方，莎剧的上演成为戏剧运动的一个组成部分。

## 《该撒大将》

[英国]莎士比亚（Shakespeare）著，孙伟佛译。
发行者：朱炎（启明书局代表人）；
发行所：启明书局（上海四马路三二八号）。民国二十七年（1938）八月初版。129页。编入《足本莎翁杰作集》。

《该撒大将》（Julius Caesar, 1599，五幕悲剧），又译为《凯撒大将》《罗马大将该撒》《周礼士凯撒》《尤利斯·该撒》《尤利乌斯·凯撒》《该撒遇弑记》

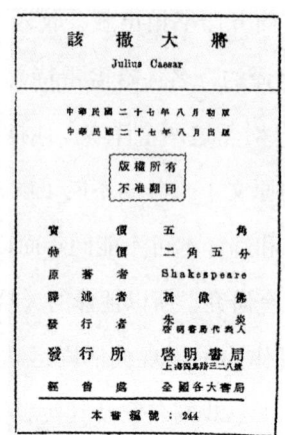

《裘力斯·该撒》《朱利阿斯·西撒》等,是莎士比亚四大悲剧之一。英国人道登(Dowden)说:"这是莎翁最工整的一篇戏剧。"

《译者的话》(1937年3月30日)中说:"本书译文并未依照原书排列:因为原文是以一种 Blank verse 写的,每行约有五节,每节含有两音,一重一轻。统篇固然有点出入,有的是用散文,有的每行多处一节,有的一音含有二音,有的重音和轻音互调,可是大致呢,还不失为 Blank verse。至于译成中文以后,已经不是 Blank verse,偏还要照着 Blank verse 的排列,这在译者以为是极端可笑的事。""莎翁作品里所用的字,其意义很多与现在不同,因此要想澈(彻)底明了莎翁作品的原意,不得不参考一般诠释家的解释。可是诠释家的解释,也正像他们姓名的不同,是互相差异的。这就完全依照着译者的意见而决定取去了。译者决定取去的标准,不外三种:一不违反作者的原意,二合乎近代的精神,三中国人可以理解的。可是尽管定有标准,能不能做得到,这是另外一个问题。因为名家的作品,尤其是名家的代表作,像莎氏比亚的,《该撒大将》,《哈梦雷特》Hamlet,《李尔王》King Lear,及《马克白》Macbeth 等,能够澈(彻)底地明了它,已经不是件容易的事,何况是拿另外一种文字来复述它呢？"

封面有剧照，扉页有作者插图、封面图解和"依利莎白演剧院的内景"图，卷首有《关于莎士比亚》一文介绍作者生平（录自郑振铎编《文学大纲》）。1940年3月再版。

另有曹未风（商务印书馆1935年初版）、王则平（上海申报出版社1934年版）、柳无忌（1943年《世界文学》第1卷第2期）等人的译本。柳无忌另有一篇文章《莎士比亚的该撒大将》发表在1943年《时与潮文艺》第1卷第3期。另有其他译名的译本：《罗马大将该撒》（文言本，英国索士比著，邵挺、徐邵珊合译，1925年版）；《周礼士凯撒》（袁国维译，1931年版）；《该撒遇弑记》（朱生豪译，世界书局1947年版，收入《莎士比亚戏剧全集》）；《朱利阿斯·西撒》（梁实秋译，台湾远东图书公司1967年版）。

## 《马克白》

[英国]莎士比亚（Shakespeare）著，周平（周庄萍）译。
发行者：朱炎（启明书局代表人）；
发行所：启明书局（上海四马路三二八号）。民国二十七年（1938）八月初版。115页。编入《足本莎翁杰作集》。

《马克白》（Macbeth，1606，五幕悲剧），今译为《麦克白》，是莎士比亚四大悲剧之一。译者在《序》中考辨这部作品的创作年代时说："关于《马克卑斯》的记录最初见于与莎士比亚同时代的一位医生名叫伏曼（Simon Forman）的观剧的记事簿中。他在这里面记载着于一六一〇年四月二日在环球剧院观看《马克卑斯》，并略述其情节。故若认此时为最初的上演，则此剧创作当在此时以前。现在据一般莎翁学者的意见，以为从剧情方面考

察，及其内容中所包含的种种引用的事物推断，则此剧当作于一六〇四年至一六〇六年之间。而我们从第二幕第三场里面守门人那段独白看来，便可以证明《马克卑斯》确是作于一六〇六年的。因为在那段独白中提到的两件事：关于'说双关语者'及'农民自缢'，前者当系暗指一六〇六年三月间耶稣会徒 Garnet 被控一案，后者当系暗指一六〇六年的丰收所酿成的惨事。"

"此剧之最初出版问世系在莎士比亚死后七年之一六二三年，当时系收进在一对折本的全集里，在文字方面，舛误极多；成为现在这种完善的本子，当经过了相当长的年月，与校勘家的改正才完成的。"此剧材料的来源，"主要的系得自霍林舍（Raphael Holinshed）等编著的《英格兰与苏格兰史纪》（'Chronicle of England and Scotland'）。此书于一五七七年出版，但莎士比亚所根据的为一五八七年的再版改订本"。对于这部剧的意义，"批评家的意见，是很不一致的"，如德国 H. Ulrici 认为"《马克卑斯》系表现野蛮与文明的冲突"；近代批评家一般认同朗斯伯莱（Lounsbury）的意见，"《马克卑斯》的意义，即在于罪犯的心理的描写，由野心，而踌躇，而坚决,而恐惧,而猜疑,而疯狂,这一串心理的变化,在这剧中都描写得极深刻。这便是这剧的意义"。

梁实秋曾对《马克白》的意义有过论述,他在《文艺月刊》(1934年第5卷第5期)的一篇文章中认为,这部剧作"以罪犯的心理的描写一说最为扼要合理"。他说:"《马克白》是一篇急就章。在急促中而莎士比亚仍肆力于此种巫术之描写,则其为剧中重要部分亦可想见了。""至于莎翁之所以写此剧,是因为看了牛津大学为欢迎新王新后所表演的一个短剧后,以为有写成一剧的可能,于是就参考了何林塞的史记,把《马克白》铺叙成篇了。""就历史的意义上说,《马克白》完全是贵族的或宫廷的文学。但从艺术的立场来说,《马克白》描写犯罪心理等部分才是重要的所在。三百年来,《马克白》之所以得到无数人的赞美,就因其是莎士比亚高超之艺术手腕所成就的高超之艺术品。"

1925年,《晨报副刊·文学旬刊》第67期的《文坛消息》中发布了一则《马克白》公演的信息:"莎士比亚的戏剧Macbeth,为世界著名悲剧之一,但在中国尚未闻有何团体扮演过。燕京大学将于四月二十日、三十日两晚用英语演此名剧。在中国文坛上近几年中所译之西洋戏剧,多不适于扮演,而能用原文演者又少,燕大此次演此名剧,闻预备极充分,诚可为研究莎氏悲剧者一良好机会。"

封面页有剧照,扉页有作者插图、封面图解和"依利莎白演剧院的内景"图,卷首有《关于莎士比亚》一文介绍作者生平(录自郑振铎编《文学大纲》)。1939年3月再版,1940年4月3版。

另有戴望舒(译名《麦克倍斯》,上海金马书堂1930年版)、张文亮(译名《墨克白丝与墨夫人》,1930年版)、梁实秋(上海商务印书馆1936年版)、曹未风(译名《马克白斯》,贵阳文通书局1944年版,文化合作公司1946年版)、朱生豪(译名《麦克佩斯》,1947年版)、杨烈[译名《麦克白斯》(诗剧),复旦大学出版社 1982 年版］等人的译本。

## 《暴风雨》

[英国] 莎士比亚(Shakespeare)著,蒋镇译。
发行者:朱炎(启明书局代表人);
发行所:启明书局(上海四马路三二八号)。民国二十七年(1938)八月初版。104 页。编入《足本莎翁杰作集》。

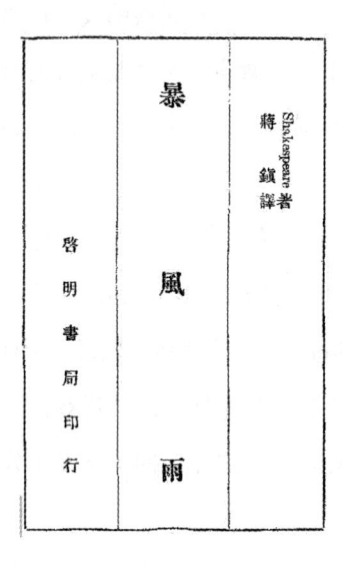

《暴风雨》(The Tempest,1610,五幕剧)是莎士比亚晚年完成的最后一部完整的杰作,剧中歌颂了纯真的爱情、友谊和人与人之间的亲善关系。

译者介绍该剧的"最早刊印本,是作者死后的对开本(一六二三年出版)。再以前无可考。关于它的创作的年代,从种种证据上可以断定最早不过一六〇三年,最晚不过一六一三年。为什么说最早不过一六〇三年呢?因为在它里面引用着同年出版的英译本蒙太尼(montaigue)文集中的语句。

何以说最晚不过一六一三年呢？因此剧乃因供查尔斯王子，伊利沙白公主未婚夫德国的弗雷特列克观览而上演，上演的日期即在一六一三年二月，有记录确鉴可据。其中巧妙地插入当时最为上流社会所欢迎，尤其在宫廷喜宴中作为不可缺的余兴的假面剧（mask），又有供耳目之娱的种种新奇的装置的迹象可以窥见，由此证明也许它即是公主大婚贺曲中的一项点缀"。译者通过对剧情故事内容的分析及其他剧本的佐证，基本"证明此作年代在一六一三年左右的假定大致无误"。

扉页有作者插图、封面图解和"依利莎白演剧院的内景"图，卷首有《关于莎士比亚》一文介绍作者的生平（录自郑振铎编《文学大纲》）。1939年3月再版，1940年4月3版。

另有梁实秋译本，由商务印书馆出版；余楠秋、王淑瑛译本（中英对照），由黎明书局出版。

## 十月

## 《早点前》

[美国] 尤金·奥尼尔著，范方译。
发行者：陆寿慈、郑孝达；
总经售：汉文正楷印书局（上海山东路二一二号）。民国廿七年（1938）十月初版。22页。编入《剧本丛书》。

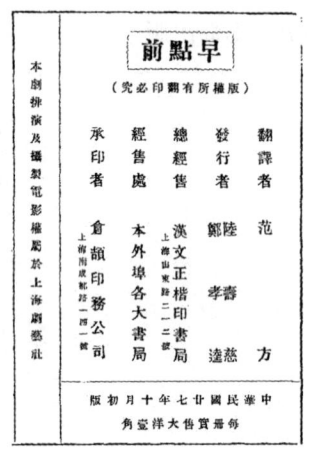

《早点前》（Before Breakfast，1916，独幕剧），今译为《早餐之前》。书名页有"上海剧艺社"字样，版权页有"本剧排演及摄制电影权属于上海剧艺社"。书前有林率（即陈麟瑞）写于10月20日的《序》。

该剧介绍道："是奥尼尔早年所写许多独幕剧中的一个。……这不但是独幕剧，而且是独角戏，除开罗兰先生的一双伸出来接水的手外，台上没有第二个人。有人或担心这是危险的尝试。其实也不尽然。我们所见闻的虽然只是半壁戏——罗兰夫人一人的动作，责骂；可是我们最开心的还是由她的举动言语，所介绍给我们的那个人的命运——那另外看不见的半壁戏。这自然是作者故意卖弄的关巧。这个关巧吸引着观众的注意力，一直到罗兰夫人的惊慌表明了罗兰先生已经自杀为止，但那时幕也下了。把一切凶暴的行为，如谋害自杀等，都摆在后台，是希腊悲剧的传统。后来剧作家虽然已早不遵守这传统，甚至有在台上流血为非常热闹场面的，但巧妙的应用，还到处可见。早点前不过是一个例子罢了。……这个独幕剧算不得奥尼尔的杰作。但他对人生细微的观察体会，剧情的紧凑，以及上演方面的尝试精神，即使在这短短的剧本里，或也能见到一些。"

书后有《奥尼尔》一文，对作者介绍道："是美国最著名的戏剧家，名优 James O'Neill 的儿子，生于一八八八年。他到七岁为止，一直跟着他父母在各处游历。此后进了学校，最后一年是在普令斯登大学读完的。后来过着多年的漂泊和冒险的生涯，有探金者、戏子、水手和售货员各种不同的生活经验。他的足迹踏遍北美、南美、英国、南非洲各处。他关于海上生活和水手经历的丰富智识显露在他早年的几个剧本里。经历了海上生活之后，他又随他父亲出去卖艺，并且自己也做过戏子。后来他在新英报馆找得一个新闻记者的职位。在哈佛大学读了一年书，他决然投身戏剧运动。他的处女作发表在 The Smart Set 杂志上。那时候该杂志的编者是 L. 孟肯，他赏识 O'Neill 的天才，鼓励他从事写作。" 1920 年，奥尼尔的《天边外》在百老汇公演，并获得普利策奖，由此奠定了他在美国戏剧界的地位，被人们尊称为"美国现代戏剧之父"。

该剧于 1938 年 10 月 28 日由上海剧艺社在上海首演，导演为李健吾，罗兰太太由本剧译者范方饰演，范方即李健吾的学生、王元化的夫人张可。演出后，《戏剧杂志》（第 1 卷第 3 期）发表了一篇瑞仕撰写的剧评《观〈早点前〉》，其中说道："要谈到演员张方，据说张方就是译者范方，是的，一个演员演戏成绩之好坏，对于他了解剧本与否是很有关系的，现在以译者来充任主角，当然她对于这个剧本的理解是不用说的了……范方小姐把低声、高声、满腹狐疑，半耳语地，激怒地，神经质地，轻蔑地，愤愤地，洋洋自得地，讽刺地，心酸地，黯然，静静地，郁郁，干哭，满意地，所有各种地方都很深刻地表现出来，使观众看了忘记这是个独脚戏，和其他戏的热闹场面一样提起了兴趣。"同期另有一篇赵家璧撰写的《〈早点前〉的作者奥尼尔》一文，其中说："奥尼尔的剧本译成中文者甚少……这虽说是一个独幕剧，但是在上演方面，一点也不轻松，上海剧社把它演出来，无疑是大胆而富有意义的。"

在此译本出版之前，另有译名为《早餐之前》的剧本，由马彦祥翻译（发表在《文艺月刊》第 8 卷第 2 号），1936 年在南京演出两次，一次是 5 月 7 日联合剧社在南京中正堂演出，导演为马彦祥，白杨饰罗兰太太；另一次是 6 月 26 日，国立剧校在南京、芜湖等地巡演时也把该剧列为演出剧目。

## 十一月

《铸情》

[英国]莎士比亚（Shakespeare）著，邢云飞（新生话剧社）改编。
发行者：朱炎（启明书局代表人）；
发行所：启明书局（上海四马路三二八号）。民国二十七年（1938）十一月初版。81页。编入《足本莎翁杰作集》。

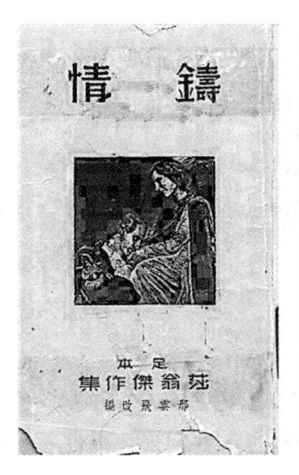

《铸情》（Romeo and Juliet，1594，四幕剧），原名《罗密欧与朱丽叶》，译本据原著改编，卷首有译者发表在《新月》杂志的《莎士比亚爱的面面观》作为代序，文中总结说："罗密欧和朱丽叶虽然受着爱神的指导，打破传统的世仇观念；但是他俩的情丝愈是接近，他俩的命运愈是黑暗。结果维莲斯长老巧施机谋，竟做了破坏好事的唯一罪魁。对于这样悲惨的结局，我们真觉得有些儿不满。并且据我们知道的莎士比亚这篇戏剧，是一篇杰作，不是一篇创制。那篇原来的《威尼斯故事》（A Venetian Novella），结局就把一对爱人很圆满的结合起来。可是莎士比亚的不满意那篇故事的结局，也像我们不满意这篇戏剧的结局一样。因为从他的意见说来，宇宙根本就是缺陷的，尤其是那个浩阔的情天，从来没有受过那位多情的女娲的弥补，所以他就这样的写定了《罗密欧与朱丽叶》。我们从这里得到了一个教训，爱的焦点便是死亡；爱是死的先锋，死是爱的永恒。"

卷首另有《罪言》一篇，其中介绍了新生话剧社公演《铸情》"真是一件偶然的事"以及改编的缘由。因为前期选择剧本"租界当局未能通过"，"要想另换剧本，时间、精神、经济三方面都不允许；要想退票不演，大会办事人又觉得这样失掉救济难民的本意。……受了各方面的热心鼓励，我们终究决定改演另外一个剧本……接着我们开始选择剧本。中国剧本也不能算少，可是有些因为环境关系不能上演，有些因为性质关系不能上演；而且纵使能演的话，剧本通过的时间要在两星期左右。无可奈何，只能就外国剧本中选择。最后便选定了《铸情》"。"说到这本改编的剧本，全是我不知惭愧的大胆尝试。不知道是我的见解主观，还是智识浅陋，我觉得这个剧本根本不适宜于用话剧演出，至少用话剧演出是不会讨好的。第一，布景太繁琐；第二，对白太艰深；第三，演员太多而不集中；第四，服装太古而不顺眼。照我愚笨的意见看来，纵使起莎翁于地下，把当时轰动英国的演员和舞台面都移到中国来，决难得到观众们一致的赞许。为了解决这些困难，使得这个剧本更适宜于话剧，更适宜于中国，所以我把它改编成现在的形式。"

该书扉页有"献给 E. E"字样、作者插图、封面图解和"依利莎白演剧院的内景"图，卷首有《关于莎士比亚》一文介绍作者的生平（录自郑振铎编《文学大纲》），书末附云飞的《关于第一次公演》（文末注有"录

《青年周报》第十七期"。据查,该文刊登时间是1938年,文章题名《关于罗密欧与朱丽叶》,作者署名"邢鹏举",为"云飞"本名)。本书至1940年4月再版三次。

该剧另有田汉(译名《罗密欧与朱丽叶》,上海中华书局1924年版)、邓以蛰(译名《若邈玖袅新弹词》,1928年版)、曹禺(译名《柔蜜欧与幽丽叶》,文化生活出版社1944年版)、曹未风(译名《罗米欧与朱丽叶》,上海文化合作公司1943年版)、朱生豪(译名《罗密欧与朱丽叶》,1947年版)、梁实秋(译名《罗密欧与朱丽叶》,台湾文星书店1965年版)等人的译本。

## 《父亲》

[瑞典]史特林堡(J. A. Strindbery)著,黄逢美译。
发行者:朱炎(启明书局代表人);
发行所:启明书局(上海四马路三二八号)。民国二十七年(1938)十一月初版。91页。编入《世界戏剧名著》丛书。

《父亲》(The Father,1887,三幕剧),书前有译者撰写的《小引》,介绍说:"在他的所有著作中,《父亲》算是优秀的代表作之一,凡是叙述十九世纪欧洲文学思潮的人,没有谁会不提起这部名剧的。这剧本的主旨是描写女子对丈夫的冷酷与虐待,使男子受着极大的刺激,以致发狂而死。他在这里面用尽了许多恶毒的言词来表示他对于妇女的厌恶与蔑视。自然,他的偏见与不正确的观点,在现代的妇女问题专家看来,是不值得批评的。不过男女间的不平等与两性关系的矛盾,直到目前何尝获得了正确的解决呢?况且斯脱林堡以三次离婚的痛苦的经验,当然要写出这样牢骚的文字来了。"因为"他的著作,多半根据他自己的人生经验,尤其是个人的悲苦

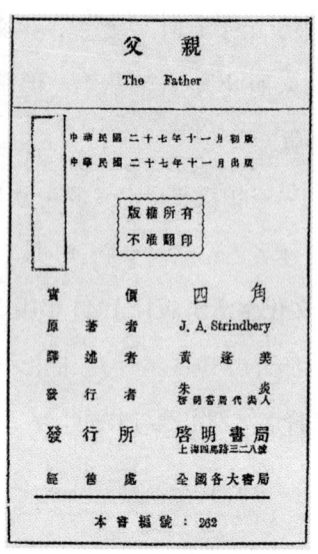

的遭际，来写出这社会的矛盾和缺憾，与夫人世间的冷酷，野蛮和不合理。他的作品，富于强烈的情感，往往能激动读者热切的共鸣，可是缺乏客观的理智的分析，以致在揭发社会问题的隐秘中，不能令人把握住正确的思想上的根据"。

关于作者，译者介绍说："近代瑞典文学中最具特色的作家，要算是史脱林堡。他的原名叫做 John August Strindberg，一八四九年一月廿二日生于瑞京斯笃荷姆（Stockholm）地方。家庭贫困，父亲是做小买卖过日子的，所以幼年环境非常恶劣。但他生有刚毅的个性，而求学的意志尤其坚强，经他多年的艰苦奋斗，终于在十九岁那一年升入了奥普塞拉（Upsala）大学。不过，他因为自己有着卓越的天才，性情就非常孤傲，往往瞧不起那些庸俗的大学教授，以至与学校当局发生严重的龃龉，终于未卒业而退学。后来经朋友的介绍，得供职于瑞京皇家图书馆，同时并从事教读，参加演剧及编辑工作等，从此他就踏进混杂的社会开始致力于文学事业……他于一八九五年侨居巴黎，专心研究科学，日夜孜孜，卒至患神经病，寄身于寂寞的病院中，度着他的无聊的病态生活，直至一九一二年，遂与世长逝。"

黄逢美说，翻译此剧"一方面是为的要介绍斯脱林堡这样一个古怪的大作家，另一方面却也要使读者研究文学家对于同样问题所作的绝对相反的解答。这便是我们为什么选了《娜拉》，又选了《父亲》的原因"。

该书于 1939 年 4 月再版，1941 年 8 月 3 版。

# 十二月

## 《丈夫与情人》

[匈牙利]摩那著,健卿译。
出版者:敏纳书屋;
经售处:光明书局(上海福州路)。民国廿七年(1938)十二月初版。121页。

《丈夫与情人》,无序跋。原著者为摩那,又译为莫尔纳。这是一本短剧集,收入12个短剧:《钥匙》《青颊丈夫》《开场第一幕》《教训》《晚上七点钟》《两下巴掌》《黄口》《丈夫的一同事》《说谎》《神圣的污秽的艺术》《马车》《街与门牌》。书末页印有"女人玩弄男人的事"字样。

另有施蛰存译本,正言出版社(上海福州路三四二号)1948年9月初版。

# 1939年

《天边外》
《红袍》
《海姐》
《放弃》
《理想夫人》
《希特勒的"杰作"》
《樱桃园》
《破旧的别墅》
《英嘉姑娘》
《爱与死的搏斗》
《第十二夜》
《速度》

《私生活》
《结婚》
《闺怨》
《祖国》
《世界名剧精选》（第一集）

# 二月

## 《天边外》

[美国] 翁赖尔（Eugene O'Neill）著，顾仲彝译。
发行人：朱经农（上海河南中路）；
发行所：商务印书馆。民国二十八年（1939）二月初版。240页。编入《新中学文库》《世界文学名著》丛书。

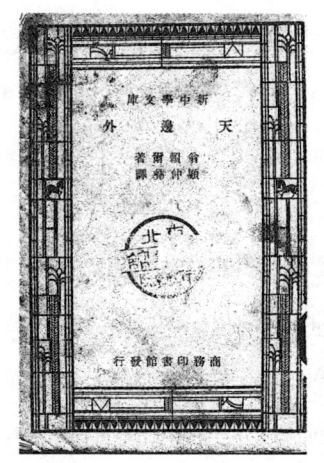

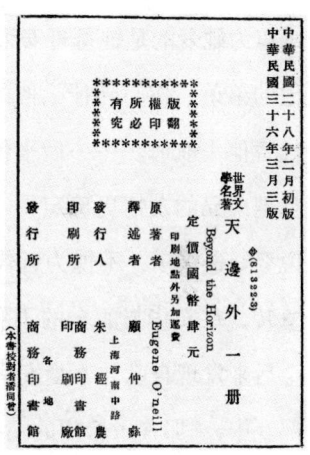

《天边外》（Beyond the Horizon，1918，三幕剧），著者翁赖尔即是美国戏剧奠基人、四获普利策文学奖后又获诺贝尔文学奖的剧作家尤金·奥尼尔。书中另收《琼斯皇》（Emperor Jones，1920，八场）。书后附有《戏剧家奥尼尔评传》一文，详细介绍了作者的生平及创作。

译者说，奥尼尔1920年前"跟半职业的剧作人戏院（Playwrights'

Theatre）发生关系"，"遂抛弃了独幕剧，而开始写正式严格一点的长剧。一九二〇年二月二日在麻洛斯各戏院（Morosco Theatre）上演《天边外》（Beyond the Horizon，此剧已由我改译成中文，曾发表于《新月》杂志），在奥尼尔一生事业中最值得纪念的一天。从此之后他已引起了一般剧人的注意，认为发现了一个有创造天才有力量的新剧作家。表面上看起来，两兄弟同时爱一女子本是个老故事。但这不是《天边外》的主题。马安华（原名Robert Mayo，现按改译本称呼以便读者与改译本对照）是个梦想者，诗人，对于田间厌烦的生活不合脾胃。他常常梦想到看不见的地平线外去冒险，后来他的舅父愿意带他出去，达到了日夜所祷求的机会"。而这个机会又被打破，原来是两兄弟都喜欢一个女子——丽金（原名Ruth Atkins），她在"安华临行前一天竟出乎安华意料之外的道出爱意，因安华及他的全家满以为她爱的是她哥哥安荣（原名Andrew）。安荣知道那女子并不爱他而爱他的弟弟，伤心到什么似的，所以当他弟弟决心不出去的时候，安荣愿意代替他去航海。……后来他们弟兄说再会的时候，他们不但没有仇意，并且把弟兄的友情更确定得牢稳了；这一场戏同时表现人类的热情和节制可说登峰造极了，不愧为近代戏剧中的不常见的杰作"。接下来剧情又发生了急转，在安华与丽金的不和谐生活中，"安华当农夫是完全失败"了，"丽金后来发现自己并不爱安华而爱安荣，所以她热切的希望着他回来"。在这部戏中，"那欢乐希望的精神使《天边外》成为伟大的作品。奥尼尔知道人类最宝贵的是使我们生存的幻想；并且这出戏完全合于希腊悲剧最严厉的试验，剧终时我们同情于剧中一切受苦的人，把我们的俗虑洗涤干净，使我们感到心地纯明。剧中人物个个有特性，就是两位母亲也活栩如生，并且他们是喜剧的人物，减少悲剧的惨痛"。"此剧共分三幕，每幕两场，在形式上合乎沿习的和自由的之间。他使形式受戏剧观念的支配，保持动机的合一。此剧赢得一九二〇年的普列兹戏剧奖金（即普利策奖），在芝加哥职业戏院演完之后，各爱美小剧场也争相竞演。奥尼尔自后虽然屡次改变作风，但《天边外》至今是他作品中最好的一出"。《琼斯皇》"在一九二〇年十一月由普罗文斯坦剧团演出。他不用幕，而改分为八场。他反对老戏的通例不用独白，在这本戏里最感动人的就是用独白表达出来的戏，使戏一步紧一步的向前迈进"。译者介绍了该剧演进情节后说："奥尼尔真是一个打破传统形式而主张自由的创造作家。但他的戏剧形式上虽较自由，对于戏剧技巧的普通规则虽然轻视，可是对于戏剧的基本规律却并不违背。时间的合一律他服从的；地点的合一律他却违背的；但他以印象的合一律来代替。《琼斯皇》是人类恐惧的戏剧；害怕的情感是一种力量，掺合在各场戏里，使他跟自己罪恶的往事，跟他祖先的凶恶的命运，跟几世纪来的愚蠢，作正面的冲突。"《琼斯皇》的成功使奥尼尔的戏剧家地位从此稳固了。它在美国到处上演，都给很深的印象于观众。"

《天边外》曾发表在《新月》杂志1932年第4卷第4期和1933年第4卷第7期上。1941年，这部剧曾被改编为剧本《遥望》在重庆抗建堂公演，由李庆华改编，凌鹤导演。演出后有评论认为"剧本是一篇诗，情调美丽而不令人感觉空虚"。署名"里孚"的评论者也说："和原剧一样，《遥望》也是三幕六场，故事的情节和发展也和原作没什么太多的两样。"（《中央日报》1941年12月30日）1948年，上海实验戏剧学校在7月11—18日、9月30日、10月1—10日连续公演了23场，剧本选用的就是顾仲彝的译本，由吴天导演。据记载，观众总人数达5730人。

徐百益的《奥尼尔的"天边外"》（《家庭》1943年第10卷第2期）和吴天的《天边外：一个知识分子悲剧》（《剧讯丛刊》1948年第1期）两篇评论随笔分别对作者及剧本做了介绍和评论。

该书1940年5月再版，1947年3月3版。

## 三月

### 《红袍》

[法国] 涡任纳·白利涡（E. Brieux）著，许德佑译。
发行人：王云五；
发行所：商务印书馆（长沙南正路）。民国二十八年（1939）三月初版。201页。编入《世界文学名著》丛书。

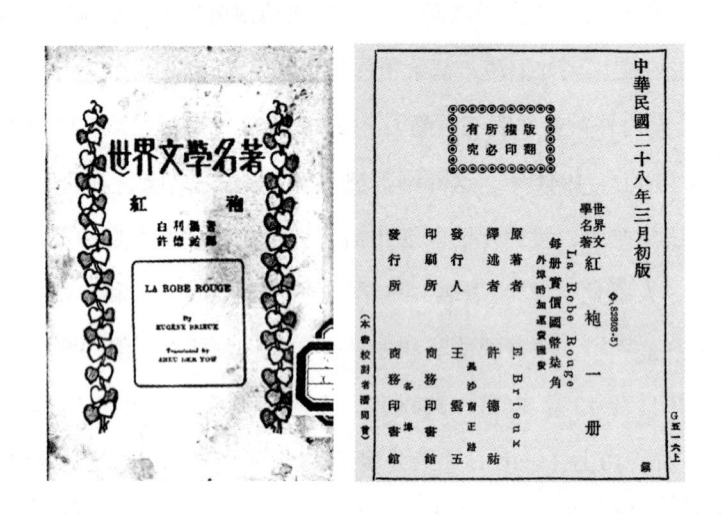

《红袍》(La Robe Rouge，四幕剧)，译者在《前言》中说："涡任纳·白利涡（Eugène Brieux）一八五八年生于巴黎，为法国近代社会问题剧作家之翘楚，他终身从事于此项剧本之写作，产量甚为丰富，共不下三十余种。"

《前言》中分析了白利涡之前及同期的其他剧作家，包括挪威的易卜生、德国的哈普德曼、英国的高尔斯华绥、法国的奥奇尔等社会问题剧的创作与发展，认为"白利涡虽然不澈（彻）底反对在问题剧中，有关于爱情的描写，但他却主张舞台不应该只为丈夫，妻子及爱人，这三位一体的神灵所独占。他说戏剧是表现人生的艺术，而人生则完全为两种争斗所占据：一种是为种族之繁衍的利益而下意识地在奋斗着，其在舞台上的表现则是情爱；另一种则是个人间的生存竞争，其表现自为社会问题剧"。

正如白利涡所说："戏剧除了爱情的故事而外，还有别的事情值得叙述。"因此，白利涡"一向就将戏剧看作是方法，而不是目的。他想藉着舞台来促进社会上不良制度之改善，而不仅以诱起人们的思虑或改良其习惯及动作为已足。他愿意看到广布人间的痛苦略为减少一些。这一点，他是成功了的，因为我们知道他的《替身》（Les Remplacantes）及《花柳病者》（Les Avaviés）两剧就曾拯救了不少人，使得他减少许多痛苦。白利涡生来就具着使徒样的灵魂，他看到别人在受苦，便觉得自己非常难过……白利涡在他的剧本全集中说，有人批评他剧本中的题材仅是些老生常谈，仅是将别人业已说过的话来重复一遍，仅不过是将已经开了的门冲倒而已。可是他却以为现在有大多数的人还相信这开了的门是关着的，他就对这班人指示在走过的时候，这门并不开着。他承认他的剧本中并没有什么新的东西，不过他却以较易为现代大众所了解的语言来将哲学家，学者们所找出来的真理，呈现在他们的面前。因为剧场观众通常是没有翻阅这些高深艰奥的哲理书本的习惯的，所以他乃选择了戏剧，——这个能伸入民众中的武器为他的代言者"。

我们从上海《作家》杂志（1936年第2卷第1期）一篇署名"马宗融"的文章《介绍"红袍"中译本》中得知了本书的翻译与出版情况，其中说道："白利涡是个很值得注意与介绍到中国来的现代法国剧作家，而《红袍》又是他的剧作中应该最先翻译的一本。在提倡翻译的最高潮时，我一个学科学而感到十分浓厚的文学趣味,且从事过戏剧运动的朋友许德佑先生,就被鼓动着把它译成中文了,可是潮头骤落,复把这部译得相当忠实而良好的译本滞住,未能即时达到出版的目的。到了最近,一个偶然的机会使我与商务印书馆的编辑所长韦先生会面,承他告我以商务现正努力发展其出版事业,西洋文学名著的介绍,尤所注意,并嘱我如有译述可以交给商务,朋友的也不妨介绍。只要是好的他一定能使之得到出版机会。因而前日才去访晤韦先生,向他推荐许先生的这部译本,承他认为这是一部可以接受出版的翻译,于是私心颇以为慰。"

# 四月

## 《海妲》

[挪威]易卜生（Henrik Ibsen）著，孙煦译。
发行人：王云五；
发行所：商务印书馆（长沙南正路）。民国二十八年（1939）四月初版。185页。编入《世界文学名著》丛书。

《海妲》(Hedda Gabler，1890，四幕剧)，原名为《海达·高布乐》。在这部剧中，作者塑造了海达·高布乐短暂而具有戏剧性的一生：婚姻的选择、焚烧书稿、怂恿乐务博格自杀，构成了她人生的三个转折点，最终促使她开枪自杀。对于这个人物形象，泰奥多·阿多诺认为"海达为美的固定观念的主宰者，这种美是同道德相敌对的，而在此之前它就在嘲弄道德了"。相反,乔治·勃兰克斯却说:"海达是个彻底堕落的人,她没有任何能力,没有任何真正的能力,甚至做不到灵魂和感情上的放弃,她不是一个灵魂高尚的人。她除了堕落、破坏和死亡做不了其他任何事情。"对他人的评论,易卜生自己在谈论作品《海达·高布乐》时说:"人们硬加给我的什么奥秘和象征一类的东西真是千奇百怪的……难道他们不能好好地去阅读我所写的作品吗?我写的只是人。我不去写象征性的东西,我只刻画真实的、活生生的人。任何一个值得描写的人自然在某种程度上代表一般,代表他那个时代的思想观念,因此,对这样一个人物内心生活的刻画看起来就好像是象征性的了。我创造的就是这种人物。我有我的原因。我时常和海达·高布乐一起散步……而且我本人过去也曾有过大致相同的经历。"

胡适在 1914 年 8 月 9 日的日记中曾提到阅读的体验,他说:"昨日读易卜生名剧《海妲传》(Hedda Gabler),极喜之。此书非问题剧也,但写生耳。海妲为世界文学中第一女贼,其可谓之手段,较之萧氏之麦克伯妃(Lady Macbeth)但有过之无不及也。"鲁迅在 1921 年 6 月 3 日的日记中也提到"易卜生的《娜拉》,以剧本论,缺点甚多,远不如《国民之敌》《海妲》等剧"。

1941 年 8 月,姜桂侬将此剧改编,题为《权与死》,由孙毓棠导演,青年剧社演出。1945 年 12 月,文学座、俳优座和东京艺术剧场等三个剧团举行契诃夫《樱桃园》联合公演,以此为契机,同时上演了高尔基的《底层》、果戈理的《钦差大臣》、易卜生的《海妲》和莫里哀的《达尔杜弗》等翻译剧目。

该书另有邬侣梅翻译的《赫达夫人传》(原名《赫达加布勒》),重庆文治出版社 1945 年 1 月初版。

## 八月

### 《放弃》

松青编，蓝洋等译。
出版者：剧场艺术出版社（上海愚园路231号）；
总经售：光明书局（上海福州路296号）。民国二十八年（1939）八月初版。152页。编入《剧场艺术戏剧丛书》。

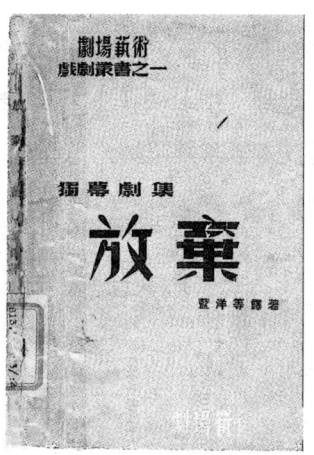

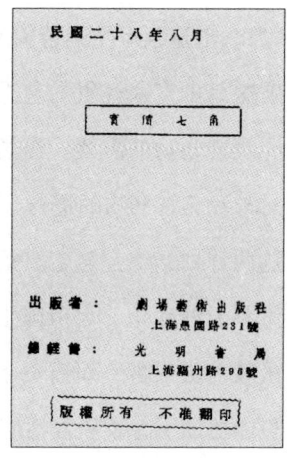

《放弃》是剧本合集，收入的六部独幕剧都是从《剧场艺术》中择选出来的，即《两个患难朋友》（根据杰克伦敦的小说改编）（蓝洋译，1938年第2期）、《如此内阁》（[英]Sydney Box著，徐以礼译，《剧场艺术》1939年第3期）、《十点钟》（D. E. Hickey等著，沙苏译，《剧场艺术》1938年第2期）、《放弃》（Philip Johnson著，蓝洋、许子合译，《剧场艺术》1938年

创刊号）、《谁杀我》（［法］Luciena Chantel 著，蓝洋译，《剧场艺术》1939年第 3 期）、《求爱之道》（［法］Maurice Rostand 著，阿咪译，《剧场艺术》1939 年第 4 期）。

编者松青在卷首《呈献（代序）》（1939 年 6 月 10 日）中说："本集内收集的剧本，是几位朋友在数年中为了解除舞台上的剧本荒，因而从欧洲各国剧本中选译过来的。因为他们都是舞台工作的实践者，所以剧本的上演性，也是他们选择时十分注意的条件。这些剧本，在《剧场艺术》月刊上发表时，很受戏剧界的欢迎。《放弃》刚刊载，即有六个剧团同时排演，其他剧本亦不断地搬上舞台。现在把它们汇集了刊印单行本，列为本社戏剧丛书第一本，盼望它能在舞台剧本荒的状况下，有一些小小的帮助。"

编者在代序中回忆了三年前他与友人编辑"纯戏剧刊物"时的情景："那时正是剧运受到苦闷的时期；几个人挤在朋友的卧室中，谈论如何能突破这恶劣窒塞气氛的包围，中间有人建议，目前应有组织理想剧团及出一纯戏剧刊物的需要。当场推定沙苏及家麟二兄负责理想剧团的计划，张庚兄与我负责刊物的进行。多半是主观上过于审慎，另外还加上了其他原因，这两计划始终空悬着。抗战的序幕掀起后，许多在一块努力的伙伴们都散流到天涯地角，为祖国生存搏斗的任务刻苦地工作着；孤岛上的一切条件虽较前更艰苦，而肩负了二年余的计划之一，由于友人们热忱的鼓励与宝贵的协助下，重新复活起来了，《剧场艺术》月刊终于在去年的初冬出现了它的创刊号；在刊物出了半年后的今日，竟能动手编辑戏剧丛书的第一部，当然令人感到非常兴奋……在这里，我们敬以这本第一本丛书《放弃》，作为本社向他们表示最敬爱的纪念与敬意的呈现！"所以，"这个集子是在惦念旧日的伙伴，及感谢周围友人的情愫之下辑成的"。

丛书主编"松青"是戏剧活动家李伯龙（1907—1989）的化名，上海嘉定人，早年曾参加蚁社、青鸟剧社、上海剧艺社等，1938 年化名松青，创办《剧场艺术》月刊，任主编。

《两个患难朋友》于 1935 年 2 月在上海尚文小学由蚂蚁剧团公演，执行导演为庚敖，译者徐以礼饰演马特，陈钟饰演吉姆。

## 《理想夫人》

[法国] 莫里哀（Moliere）著，孙樟改编。
发行人：任文哲，文化生活出版社（上海山西路慈圣里）；
总代发行：中国图书杂志公司（上海）、光明书局（上海）。民国二十八年（1939）八月初版。132 页。

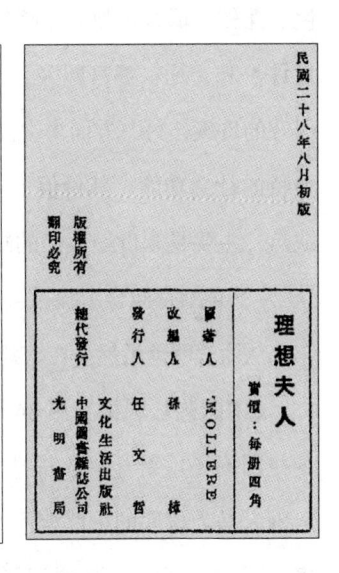

《理想夫人》(École Des Femmes，1662，三幕剧)，通译为《太太学堂》，是莫里哀用古典主义创作规则所写的一部成功之作，被誉为法国古典主义喜剧的开山之作。

剧中的主角阿尔诺尔弗是个夫权主义者，为了培养一个百依百顺的妻子，他买了一个四岁的小女孩阿涅丝，把她送进修道院。在他看来，一个妻子只要懂得祷告上帝、爱丈夫、缝缝纺纺就足够了，最好是一个白痴。13年后，阿涅丝被接出了修道院，果然顺服温顺。然而阿涅丝一旦同社会接触，青春的觉醒使她爱上了青年贺拉斯。封建制挡不住爱情的力量，她马上变得聪明起来，最终设法逃出了阿尔诺尔弗的家庭。

莫里哀的戏剧中继承了人文主义思想，维护个性自由，抨击封建道德，展现出进步的倾向。而这些戏剧令贵族集团如芒刺在背，他们想尽办法刁难莫里哀，甚至借故拆除了小波旁宫（Petir Palais-Bourbon，法国议会迎宾馆，1722年建成，位于巴黎塞纳河南岸，伏尔泰曾称其为西方无可匹敌的宫殿艺术宝库），企图使莫里哀的剧团失去安身之地，后来又攻击《太太学堂》一剧，指责它轻佻、淫秽、诋毁宗教。在路易十四的授意下，莫里哀创作了《〈太太学堂〉的批评》和《凡尔赛宫即兴》两部具有论战色彩的剧作，一方面继续挖苦那些保守的贵族，另一方面集中提出了自己的喜剧见解。在莫里哀看来，喜剧具有独特的社会功能，其价值不亚于悲剧，而喜剧的主要任务就是"表现人们的缺点，主要是本世纪人们的缺点"。他还指出，戏剧应该面向广大的"池座观众"，不必刻意迎合上流社会人们的意见。此外，他不赞成用"规律"约束创作，从而表明他虽然身在宫廷，但思想仍坚持着资产阶级的民主主义立场。

《中国艺坛画报》第84期（1939）刊发消息《影联今晚开张晋发——辣斐花园剧场重新开幕，将排〈赛金花〉〈理想夫人〉等》，称"以国华公司的全班人马为班底的影联剧团，今晚以《雷雨》为第一炮，在辣斐花园剧场上演，《雷雨》之后，则继以《日出》，《日出》之后是否即接演《原野》，则就没有一定，说不定这里面还要插一二个别的新戏……所谓其他新戏，据我们探悉，已决定的有二个，一个是莫理哀的《理想夫人》，是孙樟所编译，这个戏以前中法剧社曾经定在《原野》之后公演，不幸中法夭折，于是《理想夫人》也就没有落地便死了，现在'影联'再把它排起来，可谓是起死回生"。

据查，《中国艺坛画报》第 55 期曾发布消息说，中法剧团"第三个戏已决定是莫理哀的《理想夫人》，是个喜剧，由孙樟编译而由舒湮导演，以前我们说过舒湮在《原野》后将排一个法国戏，指的就是这个。这个戏的主角，听说是海燕剧社的戈戈，就是最近写《怎样演戏》的那位"。

《申报》的广告信息载，1941 年 12 月《理想夫人》在上海张园剧场公演时票价分为一元、一元五角、二元五角三个价位，而当时《申报》每份的价格为一元。该剧曾发表于《千字文》(1939 年第 1 卷第 6 期)，文后译者注说："本剧脱胎于法国 Moliere 名剧 École Des Femmes，不敢掠美，特此声明。"

## 《希特勒的『杰作』》

[德国] 夫力特里西·乌尔夫著，吴天、陈非璜译。
出版者：潮锋出版社（浙江丽水）；
总发行所：上海二马路二一〇号内四〇五号。民国廿八年（1939）八月出版。116 页。编入《反法西斯世界名剧》丛书。

《希特勒的"杰作"》(四幕剧),原名《马汉姆教授》。

该书据日译本译出,译者在本书《译序》中介绍了翻译情况:"三年前,中国抗战还没有爆发,我那时候在东京读书,偶和好友陈非璜君谈到译书,藉以磨炼自己对艺术和外国语的修养。那时我刚好在演戏之后,这工作使我很兴奋,又确巧看到筑地小剧场上演《马汉姆教授》,深深受了感动,于是在两人同意之下,便开始动手翻译起来,不到两个星期便完工了……我担任译的一二两幕,而非璜担任的则是三四两幕,结果互相校对,而由我作最后的整理。为了不致译误,更请教了好几位精通日文的朋友(日译者大野俊一)。译成以后,非璜首先归国,他抱了莫大的勇气从事文化工作,在上海成立了一个出版社叫'新路',而马汉姆教授便是最初一本也是最末一本出版的书籍……三年后的今天,当我又从海外回国时,情形完全变了。我虽然遗憾于好友非璜在大时代中的不知去向,(在此我为他祝福)但我却为更热烈的情绪吸摄住。潮锋出版社要我把《马汉姆教授》校正一遍重版,我自然同意了,当我将这剧本再读一遍,逐字逐句详加校阅时,我的血不禁沸腾起来,我希望什么时候,这剧本不但在中国舞台上,还能在日本舞台上看到。那时候,中华民族和日本大众是已共同息灭他们的敌人了。""反犹太人是希特勒的拿手好戏,这儿算是暴露了个淋漓尽致。我们在这儿看到他如何以欺骗,奸诈,污蔑来获得政权,这儿描写的全是活生生的事实。(前日本演出时,曾附有马汉姆教授年表)因此,改名为《希特勒的'杰作'》。所谓杰作,当然是反面的意思。"

据查,目前可见的《反法西斯世界名剧》丛书只有这一本。此版《译序》最后把第一版的《跋》一并写上了,现节录如下:

> 本剧的作者夫力特里西·乌尔夫,在中国还是一个极为陌生的名

字。他是一个医生出身的进步剧作家,亡命于外,从事反资本主义,反法西斯蒂的文化运动。他的代表作是《青酸加里》,此外除了《马汉姆教授》外,更有《里特尤尔·格尔辛》,《从卡他洛来的水夫》,《伏罗里斯特夫》,《普罗列陀夫的女人们》等剧,都曾在苏联的剧场上演过,博得好评。这其中,应该特别提出《马汉姆教授》来,本剧不仅在德国,还在为法西主义所威胁的中欧诸国得到巨大的喝彩。这原因,不用说是由于那真实的,动人的内容付出了被压迫的大众的声音,并说出最警惕的话来。

1941年,《笔谈》第3期发表了一篇评价文章介绍剧本,其中说:"香港的剧运,顷又重振;《雾重庆》已经演出。接着要上演的,为《马汉姆教授》——就是这里所要介绍的《希特勒的'杰作'》……原作在国际间极有名声,苏联且曾据以编为电影云。译笔亦颇不恶,唯生动活泼则似未逮,且间有小小错误,是则希望于再版时能予以校正的。"该剧排演时曾改名为《希特勒的把戏》,据《申报》1945年9月4日第二版载,在上海兰心剧场公演,由吴仞之导演。

1936年7月,上海新路出版社出版名为《马汉姆教授》的译本,副标题为"西欧德模克拉西的悲剧",版权页及书名页的译者署名为洪为济、陈非璜(两人合译)(洪为济即吴天的原名)。该书出版后,即有署名"木夫"的作者发表了一篇书评,载《清华周刊》1936年第45卷第8期。

## 《樱桃园》

[俄国]爱拉娃卡娃（契诃夫）著，俞荻译。
发行人：王自明；
发行者：海燕出版社（上海）。1939年8月20日初版。编入《时代译文丛刊》。

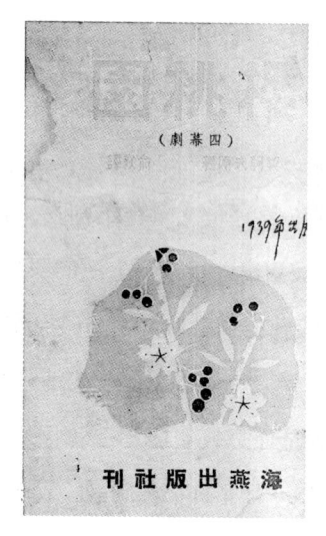

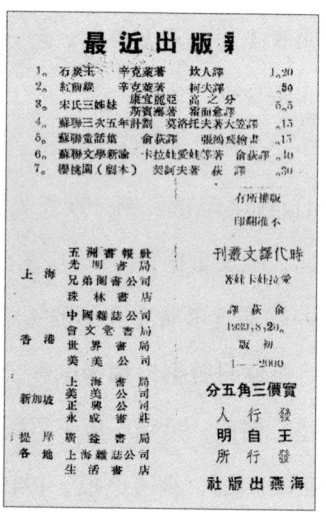

《樱桃园》(The Cherry Ochard, 1903, 四幕剧)，卷首有肖岱撰写的《序》(1939年7月21日)，其中介绍说："契诃夫（也有人译作柴霍甫）这位俄国文豪，对中国读者怕并不陌生吧。他的短篇小说和戏剧很早就有人翻译过，听说《樱桃园》也已有人译过了，但在书店里既找不到这译本，在《全国总书目》里又没有这本书的书名，想来是绝版了。今年是这位俄国文豪逝世三十五周（年）纪念。当作对这位文豪的一种纪念，俞荻兄把他在三四年前搁置着的译稿，重新整理出来出版，虽在目前一切都应节约的环境中，我想并不会是怎样浪费纸张的。……《樱桃园》是契诃夫的最后一个剧作。在初次排演《樱桃园》那一年（一九〇四年）夏天，这位俄国文豪为了本国的气候不宜于他的肺病，他决定到德国去旅行，在德国小村上还住不上几星期，他就逝世了。契诃夫是活在俄国最惨淡的时代，那时连一些积极的活动和灿烂的希望都不允许有的，所有的人不是怯弱的家伙就是神经质的人，他们是并不想自己进一步自动地去干一下，而是只想静坐着梦想天鹅肉吃的被动的宝贝……在契诃夫作品中的人物，可以说是大半是属于这一型怯弱的，神经质的。但在《樱桃园》中，作者除了同情贵族阶级的没落外，却很明显地暗示着新兴资产阶级的必然胜利，罗巴亨从农奴的身份一变而成为领地的所有者，就是很有力的例子。大学生托罗菲莫夫向安霞所说的话：'我们必须抛傲慢弃相互的唯一的就是劳动……应回避那妨害别人的自由和幸福的一切浅薄的和虚幻的事情，这就是我们的人生的意义，亦即是我们人生的目的。前进！我们要向那远远的灿烂着明星的前面勇往直前的突进……我们生存于现在，为着开始再一次的生活，第一我们必须赎回过去的罪，和必须清算一切。然而，我们只能由苦难才能赎回过去的罪，只有非常地，不断的努力，才能赎回过去的罪。'当离开老家时，安霞所说的：'再会，老家！再会，旧的生活！'而托罗菲莫夫的回答是：'新生活万岁！'这些表示着对旧的生活决绝，和对新的生活的憧憬……《樱桃园》的出版，在对契诃夫的作品的理解上，是有价值的。"

该书版权页的著者署名为"爱拉娃卡娃"，封面页与书名页署名为"契诃夫"。

《樱桃园》可见最早的译本由吴立译，发表在1920年《复旦》第11、12期。

该剧另有耿式之（上海商务印书馆1921年版）、或庸（《戏剧杂志》1938年第1、2、3期）、满涛（上海文化生活出版社1940年版）、焦菊隐（重庆明天出版社1943年版）、芳信（上海世界书局1944年版）等人的译本。

## 《破旧的别墅》

[苏联]雅鲁纳尔著,贺一青译。
发行者:上海业余戏剧交谊社(上海)。民国二十八年(1939)八月初版。16页。编入《上海业余戏剧交谊社剧本丛刊》。

《破旧的别墅》(独幕剧),未见书,据《民国时期总书目》(外国文学卷)录入。1939年12月收入舒湮编辑的《世界名剧精选》(第一集),该版所附梅叶洛夫史斯基著(什之译)的《剧情说明》介绍中说:"Y.雅鲁纳尔的剧本《破旧的别墅》是很有演出的吸引力的。极少数的登场人物(一起只有二人),辛辣的剧本结构,剧情发展的曲折,出乎意外的结束,以及特殊有意义的'警惕'的政治主题,这使剧本很适合于业余剧团的演出。"该剧的内容是"一个似乎很平静的黄昏。在城外秋野一片破旧的别墅里,来了一位冒名工程师安德烈夫的他(其实就是她所畏惧的阿诺兴)访问本剧的女主角安娜(一个自作聪明的女子)。他们就在这里,如演戏般地互相斗智,花言巧语,装模装样地相互角逐着。他的全部手段,就是为了更加深刻地揭露安娜的真面目。结果,她终于失败了,溃败到什么角色都不能再假扮,只得束手待捕。破旧的别墅里那紧张的空气,似乎又平静了下来"。

贺一青,即翻译家姜椿芳的笔名。除《破旧的别墅》外,译者以此署名的作品还有雅鲁纳尔的独幕剧《处女的心》(《剧场艺术》1940年第2卷第4期)、《死亡线上》(《戏剧与文学》1940年第1卷第4期)、《养猪的女人》(《译文丛刊》1941年第4期)。该剧另有《在花园里》(未注明译者,《译文丛刊》1941年第3期)、《在旅馆里》(杨帆译,《戏剧与文学》1940年第1卷第4期)等译本。译者贺一青在1947年海燕书店出版的《海滨鱼妇》之《后记》中说:"这里所搜集的十几个独幕剧是最近八九年陆续译出的。除了《乔迁之喜》和《人民的血》没有发表过外，其余都在不同的杂志上用不同的笔名发表过。其中，《破旧的别墅》和《一个房间》等曾被搜集在几个不同书店所出版的独幕剧集里。"

据《上海业余话剧界慈善公演纪念册》（1939年7月）的消息，"业余戏剧交谊社"7月29日下午8点开始演出的剧目有《成全好事》、《破旧的别墅》和《走》。《破旧的别墅》导演为洪谟，演员为苏湘和沉重。该剧又名《艳遇》，新四军江北指挥部政治部抗敌剧团于1941年排演。

## 九月

### 《英嘉姑娘》

[苏联]安那托·葛黎保夫著,芳信译。
出版者:世界书局(上海)。民国二十八年(1939)九月初版。135 页。

《英嘉姑娘》(Инга,1928,四幕剧),据英译本转译,书前有查尔斯·马拉缪西英译本的序言,其中介绍说:"葛黎保夫把一群比例不相称的保存着旧的革命前期的心理的妇女和具有新的苏维埃的态度的妇女,通通安置在一个工厂里和一个集团的住宅中。能干的,理智的英嘉姑娘——她是一个意志坚强的,实际上可以和环绕她的男子相匹配的,甚至胜过男子的女子——和具有固执的懦弱的个性的格拉菲娜成为对照。在一个极端的方面，有魏郎妮卡这样的一个女性，她至少在外表上似乎犯着混乱的国内战争时代所遗留下来的一种性的杂乱；在另一方面却有娜丝狄亚那样一个旧式的妻子，她仍旧忍受她的丈夫的那样旧式的打骂，认为这是她所必需（须）遭受的命运。"

"这些妇女间的相互的关系以及她们对男人的关系，成为一个真正人类的显明的故事的内容，而这个故事的展开是以一个服装工厂的五年计划做背景的。全剧的高潮是在于格拉菲娜的转变这一点上——她从家庭妇女解放出来，进而成为一个独立的女子。英嘉姑娘在本性方面和生理的需要方面都是不要孩子的。她差不多太'男性化'了，以致难以得到人家的同情，甚至连苏维埃的同性的党员也有这种感觉。格拉菲娜，就是当她在政治上获得了解放以后，依然保存着那种活跃的天生的母性的本能，她是更接近于著者以及苏维埃所希望的那种理想的女子：有一种能力和男子相等而没有牺牲她的女性所特具的性格的女子。"

查尔斯·马拉缪西在序言的最后介绍著者时说："葛黎保夫生于一八九九年，从十五岁起，就在一家报馆里充任校对而独自谋生。在革命时期，他是一个赤卫队的队员，后来在共产党，政府，工会，军事机关，新闻界和外交界，担任过负责的职务。但是逐渐地他集中他的精力于戏剧的园地方面，做剧作者和政治组织者的工作。他已经写好了十六个剧本，其中主要的有《柴麦克》《生长》《英嘉姑娘》《力》《黄金和灵魂》。他以前是苏俄无产阶级作家协会戏剧组的第一任秘书；是一九二八年至一九三一年间的'无产阶级剧坛'这个组织的负责者之一；现在他是国际革命戏剧协会主席之一。虽然他是一个富于写作的作家，但是他在新俄罗斯的文艺生活——苏维埃革命的'文艺战线'——的组织方面，是最活动的分子之一。"

该书 1949 年 7 月再版。另有朱梅儁译的《新女性》（葛里伯夫著，重庆人文书店 1944 年 9 月初版）。

## 《爱与死的搏斗》

[法国]罗曼罗兰著，李健吾译。
发行人：吴文林；
发行所：文化生活出版社（上海山西路慈圣里）。民国二十八年（1939）九月初版。172页。编入《文化生活丛刊第二十三种》(巴金主编)。

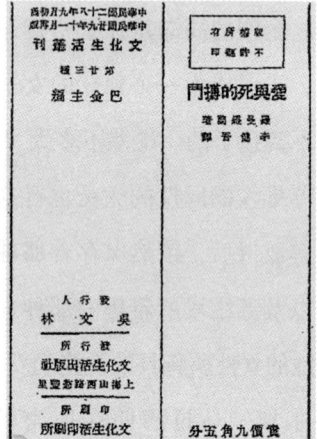

《爱与死的搏斗》(Le Jeu de l'Amour et de la Mort，1925，独幕剧)，扉页有作者肖像图和罗曼·罗兰写于1924年8月的题字："这出靠他才写成的戏／我热诚献给／斯泰法·破外格／忠实的心灵／爱欧罗巴并信奉友谊。"

在《序》中，作者罗曼·罗兰写道："爱与死的搏斗是我'大革命'表册的一叶。从我孕育，起草这戏剧史诗到现在，有二十五年多了。环境逼的我不得不中止。但是我绝没有放弃它。""一九〇〇年……七月十四日我当时写道：'我越走进这痛苦和超乎人力的世界，我越觉得一首浩大的剧诗在构成；我听见掀起的海洋吼号：法兰西人民的伊里亚德。良心之门从门斗拔起，没有比这次拔的更为猛烈。俯向灵魂的深渊，没有比这次俯的更能向前。……我要试探的不仅是一个过去的时代的英迹，而是人生能力和限制的征验。"在这篇写于一九二四年八月的《序》中，罗曼·罗兰以诗人般的激情写出了自己对这部戏剧的全部情感以及他创作过程中的内心感受与变化。他说："熟悉法兰西'大革命'的人们，一眼就全看出真有其人，真有其事，做我悲惨的搏斗的题旨。庐外的回忆录供给这被通缉的犯人所经的非常遭遇，见弃于他所有的朋友，知道自己没有救，从吉隆德闯到死之咽喉，巴黎，捧着他悬赏的头，走遍全法兰西，就为在它堕地之前，吻吻爱人的嘴……我如若把这出悲剧叫做一种'搏斗'，是因为搏斗在：'孤注一掷'！"

译者在书后《跋》中记录了翻译此剧以及上海剧艺社演出的情况，他说："多谢朋友们——特别是巴金兄——的督促，我终于破除时光，不顾身体，斗胆将《爱与死的搏斗》的翻译清理成功。这出戏为'上海剧艺社'的排演特地赶出，距今已然七个月了。……《爱与死的搏斗》已经有过两种译本流行，一种是'创造社出版部'夏莱蒂与徐培仁的《爱与死之角逐》，一种是'泰东书局'梦茵的《爱与死》。后者我没有读到，前者我也无所褒贬。……因为学力，时间和材料的限制，我没有能够加细注释若干典故的出处，希望再版时节，得以一一补入。"在介绍演出情况时，他说："'上海剧艺社'的公演，先是四天（二十七年十月二十七日到三十日），后是两天（十一月五日和六日），总共十二场，引起孤岛上热烈反映。一位观众把'大革命'比做炼狱，然后道：'孤岛就是炼狱，我们需要像《爱与死的搏斗》那样的火焰。'（申报）。另一位观众分析生活和生存的差别，推论道：'一个"人"无论是生是死，应该"有意义"；倒转来说应该"有意义"，不论生与死。'正是：'是气所磅礴，凛然万古存，当其贯日月，生死安足论。'（新闻报）。"把这些灵魂激荡的鄰鄰译给罗曼·罗兰知道，明白中国（尤其是上海）今日和他剧作的精神，何等密合，何等需要卓然的启示,他一定会和上演群狼(众)时节一样兴奋,一样欣纳他的成功——为人类不朽的精神服役的使命!"李健吾在第二版的序跋(载《戏剧与文学》1940年第1卷第3期)中说:"自从它第一次公演之后,上海剧艺社不断接到要求重演的信函,终于盛情难却,从一九四○年二月二十二日(农历正月十五日)起,到二十五日止,再度公演七场。……此外和第一次公演不同的是,便是采用罗曼·罗兰关于第九场的增补。"有读者评论说:"剧中洋溢着一种为大义而牺牲的正气,使人读了好似饮了一杯清冽的甘泉似的,精神为之一振。要是在舞台上看到这个戏,那么感动之深一定是更甚的。"(企程,《读书月报》1940年第2卷第4期)

全剧分十二场,内有公演剧照。书后附录中有作者修改的《爱与死的搏斗的第九场》(满涛据俄译本转译)、《罗曼罗兰小传》、《本事》,上海剧艺社演出的《演员表》《跋》。译者交代说:"附录之中,《罗曼罗兰小传》是陈西禾兄的手笔,借供读者参考。'本事'是译者给说明书写的,外附'上海剧艺社'公演舞台面五帧。"该剧主演蓝兰在《上海妇女》(1938年第1期)上发表了《从演习爱与死的搏斗说起》一文,其中就对自己出演"莎菲"的角色和作品的意义予以了说明。

据《民国时期总书目》载,该书1940年11月再版(后附《再版跋》)。1946年11月3版。1943年1月桂林1版。另有梦茵(译名《爱与死》,上海泰东书局1929年版)、徐培仁(译名《爱与死之角逐》,上海启明书局1937年版)、贺之才(译名《爱与死之赌》,上海世界书局1944年版)的译本。

## 《第十二夜》

[英国]莎士比亚（William Shakespeare）著，梁实秋译。
编辑者：中华教育文化基金董事会编译委员会；
发行人：王云五；
发行所：商务印书馆（长沙南正路）。民国二十八年（1939）九月初版。96页。

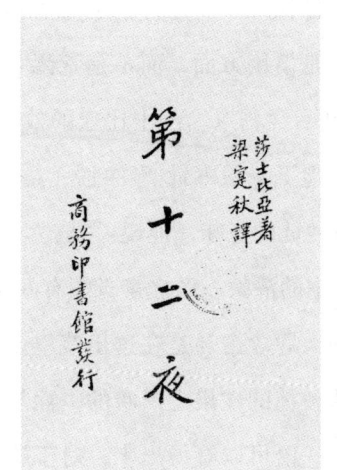

《第十二夜》(Twelfth-night or what you will，1601，五幕剧)，译者在卷首《序》中对该剧的著作年代、故事来源、版本与舞台历史以及评论做了详细梳理，据译者说，该剧名称取自圣诞节后的一个节日，"原来圣诞节后的第十二天，即一月六日，是一个节日，即所谓'十二日节'(Twelfthtide)，又称'主显节'(Epiphany)，纪念耶稣诞生后东方的博士于此日来到伯利恒朝拜耶稣的故事。在这一天，不仅教堂里要照例举行仪式，在宫廷里和贵族家里也常常演剧庆祝。莎士比亚此剧显然是为了这样的节日写的，故选名之为《第十二夜》"。

该剧"初次刊行就是收在一六二三年莎士比亚的全集里，即所谓第一对折本"。最早公演记录于满宁汉（John Manningham）的日记中："二月二日——在我们宴会席上有戏一出，名《第十二夜》又名《任随君意》。剧情颇似《错中错》(the commedy of errors）或 Plautus 之 Menechmi，但尤似意大利文之欺骗（Inganni）……"该剧"作于一六〇一年，那时候莎士比亚是三十七岁，他的艺术已臻成熟时期，并且即将进入他的悲剧创作时期"。哈兹立特（Hazlitt）说："此剧很公允的被认为莎士比亚的喜剧中最可爱的之一。其中满是中和的谐谑。也许做（作）为喜剧是太柔和了。其中很少讽刺，绝无愤怒。其刻画的目标是滑稽方面，而不是荒谬方面。它令我们笑人类的荒唐，而不是轻侮，更不含恶意。莎士比亚的戏剧天才像是蜜蜂，能从野草毒花中吸取蜜汁而不遗下一根毒针。"亨脱（Joseph Hunter）认为这部作品有着讽刺英国新教清教徒的意味，他说："虽然在别的莎士比亚戏剧里，我们看见对于英国新教中的清教一派之言行颇有间接的讽刺的话语，但那只是偶然提到的，真正的大肆攻击乃是在这出戏里。在这里有系统的嘲讽，并且把作者所认为是清教徒的性格之黑暗的一面暴露出来，令观众憎恶。此不仅于剧中某一节某一语可以看得出来，对于那些熟知清教的敌人所加于清教的责难者，莎士比亚在此剧中有意的把马孚利欧做成为清教性格的抽象代表，顶坏的特点都在他身上表现了出来，并且把别的荒谬的特色还附加上去，这是很够明显的了。""译文根据的是牛津本，W. J. Craig 编，牛津大学出版部印行。"

1921年12月19日、20日，燕京大学女校青年会在协和礼堂公演《第十二夜》(《晨报副刊》1921年12月25日）。

此剧另有上海达文社（译者未署名，1903年版）、彭兆良（1930年版）、梁实秋（上海商务印书馆1938年版）、曹未风（文通书局1942年版）、曹禺（1942年版）、朱生豪（1947年版）等译本。

## 《速度》

[苏联] 尼古拉·鲍戈庭著，芳信译。
出版者：世界书局（上海）。民国二十八年（1939）九月初版。129 页。

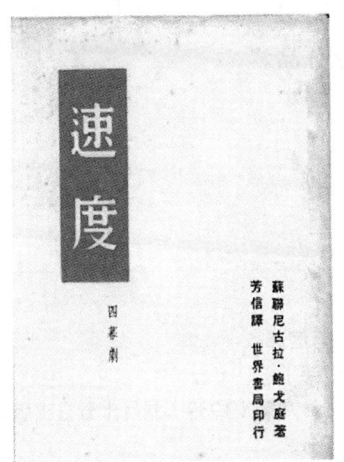

《速度》(Темп，1929，四幕剧)，据英译本转译。英译者爱尔文·太尔玛基在卷首序言中说："在苏联第一届五年计划的艰难的时期，产生了一大批推重机器和工业建设的剧本。剧场，像国民生活的每个其他的部门一样，也被指定负起这种伟大事业的任务。……这些剧本的大部分是没有生命的，正如它们所推重的对象一样的机械。苏维埃的戏剧大致都受到那个时代的妨碍，而现在却逐渐地在使它的内容人性化。尼古拉·鲍戈庭所写的《速度》，是少数例外中的一个剧本。在许多方面，它是五年计划丰收的剧本中的一个典型的剧本，但是它在本质上已起了区别，就是说它在描写活生生的人物方面已经达到了成功的地步，在描写农民第一次出现于工业生产过程中的情形方面讲，鲍戈庭尤其获得了伟大的成功。……为更高的工业的速度而斗争，是这个剧本的根本的主题。"

鲍戈庭 1900 年出生于顿河上游的一个哥萨克镇的贫穷的家庭。从小没有受过正式的教育，20 岁那年，他进入《真理报》报馆工作，起初他担任该报在顿河畔罗斯托甫镇的通讯员，后来调到莫斯科的编辑部工作。他在这个报馆里差不多工作了 10 年，直至他转入剧本写作。英译者说："这是鲍戈庭的最初的一个剧本。它是在一九二九年写成的，算是他在一家报纸委托他的工作外的附带写成的一个作品。"

该书 1949 年 6 月再版。

## 《私生活》

[英国] 诺尔考禾德著，芳信译。
发行者：滔滔出版社（上海）；
经售者：各大书店。民国廿八年（1939）九月十五日出版。137 页。

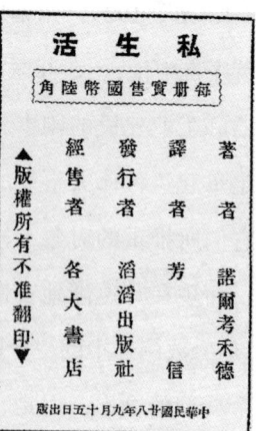

《私生活》(The Private Lives，1930，三幕剧)，原名《私人生活》。无序跋，著者又译考沃德、考窝特、科华德，今译诺埃尔·考沃德（Noel

Coward，1899—1973）。他的"作品与奥凯西的作品形成生动的对照。他将演员、作曲家、歌词作者、剧作者、装腔作势者的天赋融为一体，他漫长的生涯使他每一个方面的天赋都得到了充分的发挥。他在第一次世界大战结束后不久就开始了戏剧创作，在经历了信心不足的几年后，于一九二四年创作了《漩涡》(The Vortex) 和《捕鼠器》(The Rat Trap) 两剧，并因此臭名远扬"。考沃德自称是骚动的20年代的发言人，在他眼里，"那些专门唱高调的客厅舞台艺术已经结束，已经完蛋了……那种思想上的狭隘性、道德上的完美和过分呆板的社会准则都已经消失了"(《牛津简明英国文学史》，第238页)。

他在创作"令人忧虑的婚姻关系的喜剧作品《私人生活》(Private Lives，1930) 和《生活设计》(Design for Living, 1933)"时，曾寻求一种"生硬和奇异"的效果，并在"对白中得到了简练的反应堆；可惜的是，两部剧最终都没有实现考沃德巧妙建立的情境给人们心理的成功暗示。一九三一年，作者说，'戏剧首要的和高于一切的目的就是给人们以娱乐，而不是改造或启发他们'，这句话可以说是对创作上述两个剧本的有限目标的概括"。该剧1930年9月24日首次公演于伦敦凤凰剧院（Phoenix Theatre），劳伦斯·奥利弗参加演出。(杜定宇编《英汉戏剧辞典》，上海译文出版社2013年版，第572页）

# 十一月

## 《结婚》

[俄国]果戈里著，冯驷改编。
发行者：奔流社；
总经售：光明书局（上海四马路二九六号）。民国廿八年（1939）十一月初版。102页。编入《世界名剧丛书》。

《结婚》(Женитьба，1833，三幕剧)，今译为《婚事》，原著为二幕，改编后为三幕剧。

书前有译者冯驷写于1939年9月的《改译者的话》，其中说："本书是照果戈理的原著改译的。""果戈理这剧本原只两幕，第一幕共二十一场，第二幕共二十五场。但第一幕从第二场至第十一场是在鲍国新家里，第十二场起却移到了安小姐家里，这场面的转换如若没有旋转舞台，是很困难的。为了适合舞台条件起见，所以我就把原剧的第一幕区分做两幕，成为三幕剧。""剧中的鲍国新，可说是一种'乏'的脚（角）色的代表，他连一些决心都没有，甚至连结婚这样的终身大事他也拿不定注意，终于跳窗逃走了。这与其说是笑谈，毋庸说是一种深刻的讽刺。在目前的中国，也未尝没有这种'乏'角，口头上牛皮吹得天大，临了却脚底抹油，希望这个剧本能使他们看了，多少有些觉悟过来。"

冯驺在《改译者的话》中说："《结婚》是果戈理继《钦差大臣》后又一讽刺喜剧。开始写于一八三三年，直到一八四二年才完全写成，前后差不多花了将近十年的工夫。""除了死魂灵第二部外，没有一部作品像他写《结婚》时那样句斟字酌的。他曾几次三番把这剧本修改，直到现在，除了一八四二年的刊本外，保留着的手稿，至少还有五种。"并对该剧的演出情况进行了介绍："初次上演于圣彼得堡的亚历山大林斯基剧场，时为一八四二年十二月九日，上演的时候，和《钦差大臣》一样，轰动了首都的整个剧坛。今年四月九日，上海剧艺社也曾在新光大戏院上演过一次，演出的结果，听说很好。"译者认为，如果按照原剧本照搬到中国舞台，"总觉得有些不大妥当"，其中关于时代背景、风俗习惯以及称呼、人名等都是"中国的观众尤其听不惯"的。因此，"我很久以前就想改译这剧本，使它合于小剧团的上演"。

书名页下角有"世界名剧丛书，奔流社藏版"字样。1941年2月再版。1946年5月和1947年12月出第4、5版时改为光明书局出版，编入《光明戏剧丛书》。另有魏荒弩译《结婚》(华侨书店1945年1月初版，5月重庆再版)。

## 十二月

### 《闺怨》

[英国]鲁道夫·培斯亚（Rudolf Besier）著，许子译。
出版者：剧场艺术出版社（上海愚园路231号）；
总经售：光明书局（上海福州路296号）。民国二十八年（1939）十二月初版。144页。编入《剧场艺术戏剧丛书之2》（松青主编）。

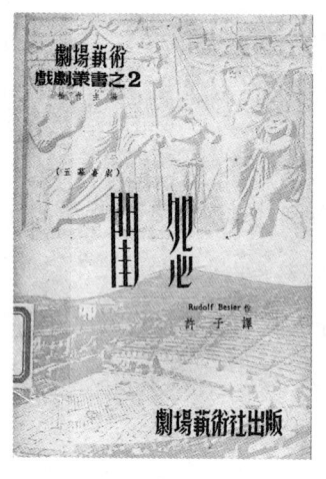

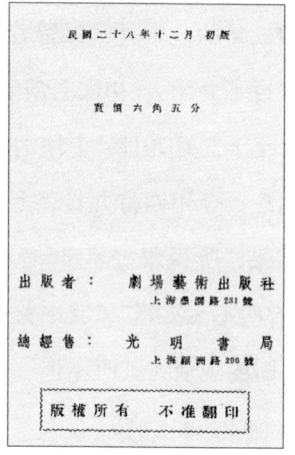

《闺怨》（Plays of Half-Decade，1933，五幕剧），卷首《译者序》（1939年10月29日）中介绍说："五幕喜剧闺怨，不是著者鲁道夫·培斯亚凭想象虚构出的创作，乃是他根据这两位英国诗人——伊丽莎白·巴勒及劳勃·白郎宁——的生活而编写成的史事剧（chronicle play）。在这里面，著者当然也运用其纯熟精练的写作技巧，创造不少个性活跃的辅助人物，穿

插许多生动调和的衔接场面，然而整个剧本的故事发展，在大体上，却与男女主角当时的事迹互相吻合的。"

译者说，译本"采用的原文，选自一本多幕剧选集。原著是舞台剧本，与电影剧本略有出入。后者虽然也是从前者脱胎，不过删改之处颇多。……在翻译闺怨的时候，译者到处碰着忠顺不能两全的困难，尤其是其中三位主要人物——伊丽莎白，白郎宁及巴勒——的剧词，叫我感到棘手。前两个是诗人，后者是深通文学的绅士。他们使用的词句和字眼都是很漂亮精选的，朗诵时又流利，又响亮。但是由译者直接译成中文，在文学上先大打折扣且勿论，念起来也是勾唇格齿，舌头好像结了冰似的。倘若为顾全译文顺口的条件，将句语改一个形式，它又与原文的意义互有出入了"。

该书前另附有节译自《大英百科全书》的介绍——《闺怨的史实》：

> 伊丽莎白于一八四四年发表的一本诗集中（其中载有本剧第三幕贝拉提及之《格莱尔丁夫人的求爱》），以一句显著惊人的断语，批评白郎宁的诗。白郎宁对于她的赏识感到无限的欣慰。约翰·凯渊，伊丽莎白的表亲，鼓励白郎宁写信给她，请求她接见。经过一度犹疑，伊丽莎白乃答应给他一个私人的会晤。
>
> 他们见面之后，俱倾慕彼此的文学天才，因此很快就发生热烈真挚的恋爱。伊丽莎白时年三十七，比白郎宁长三岁，并且是个染有残疾的妇人。她较弱地依附着她的禀性专制的父亲，一个固守着一种怪僻的主义而反对儿女结婚的绅士。
>
> 从这两位诗人的信札里面（此等情书于一八九九年由他们的儿子发表），我们不但可以知悉他们俩互相爱慕的热忱，而且看得出白郎宁在非常难忍的情景中，依然保持着他的豪侠精神。
>
> 然而，在白郎宁的怂恿之下，伊丽莎白渐渐反抗她父亲的不合理

的压迫了。他们终于一八四六年九月十二日秘密结婚。成亲后，白郎宁立即携带他的新妇往意大利，择居于佛洛伦斯。

该剧 1941 年 12 月 13 日由留渝剧人在国泰大戏院演出 10 场，导演为贺孟斧。

## 《祖国》

[法国] 萨度著，江文新译。
发行者：卢芳；
发行所：国民书店（上海九江路 210 号内 405 号）。民国二十八年（1939）十二月初版。258 页。

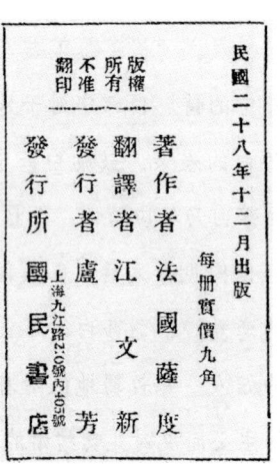

《祖国》(Patrie，1869，五幕剧)，书名页题有"历史悲剧"。

该书卷首有隐霞（即陈西禾）的《〈祖国〉作者萨度评述》一文。在这篇文章中，作者介绍了 19 世纪中叶的法国文学，他说："随着浪漫主义的衰落，国里出现了一种新的文学。由良知与理智所控制，以缜密的观察与细致的表现排斥了过去浮夸与萎靡的精神。……当时在剧坛上，承浪漫派余绪，作现实派先驱的则有风俗剧（Thèâtre de Moeurs）的一派。这一派的戏剧，既无前人高远的理想，又无后人的严正的社会目的，本不能算作文学上的正统，但他们作品结构的玲珑与技巧的高妙，却给后世作者留下恒久不磨的影响。因为它制作的精巧，故有'佳构剧'（Pièce bien faite）之称。……这一派的前辈是斯克荔白（Eugène Scribe），继起而又赋予深刻合理的内容的是小仲马（A. Dumasfils）及奥奇埃（Emile Augier），真正传授斯克荔白衣钵而集其大成的，则是《祖国》作者萨度（Victorien Sardou）。"又说，萨度"以卓越的才能惊人的精力替法国剧坛贡献过将近六十部的剧本"。他所有的剧本，"形式既不一致，价值也有高下，据法国文学史家戴·格兰治（Ch.-M. Des Granges）之意，在萨度的全部作品中，当推《祖国》，《怨恨》，《费朵拉》三剧为其代表之作。《祖国》写弗朗德耳人复国的事，至于《怨恨》与《费朵拉》二剧，一则以一个中世纪意大利女子Ghibelline Cordelia为中心，一则以一个俄国公子为中心，都是写恋爱与复仇的纠纷事迹。错综关系，与《祖国》差相仿佛。……浏览萨度的剧作时，我们必会有感于他技术的熟练，想象的丰富，与精力的过人。避免着蕴蓄理想与刻画内心的戏剧，他拓发了另一种戏剧。那既不是一幅绘画，也不是一个默想，而是一套血肉相搏的行动的表现。……他能悲惨，可又能幽默，能用性格喜剧引人发笑，又能用殊死斗争的热情场面使人血液奔腾"。

译者在书末《书〈祖国〉译后》一文中介绍了翻译此书的目的及过程。据译者说，翻译此书系因上海剧艺社成立后演剧颇丰，而"戏剧组同人以该组之成立主旨原为介绍法国戏剧，而上海剧艺社所公演之法国名剧如《人之初》，《爱与死之搏斗》等，甚负时誉，又为上海法国当局所赞许；爰集议加紧工作，从速翻译其他法国名剧多种，以资公演，方不负沟通中法文化之责。萨度所著《祖国》一剧，写作成功后，轰动一时，其影响世界剧坛者自十九世纪中叶以迄今兹，垂六七十年，尤未稍衰。盖以该剧作者能不为'男女情长，英雄气短'之成见所左右，而另开蹊径，以忠烈为经，节义为纬；剧中人不论男、女、老、少，皆志切为国，莫不以'能执干戈以卫社稷'为无上光荣，正气磅礴，诚足以振颓丧之人心，奋萎靡之士气，适合我国现实情势之作品也。于是决定由上海剧艺社公演该剧"。

该书于1941年6月再版，1945年11月3版。

《世界名剧精选》（第一集）

[俄国、英国、美国、法国、日本] 柴霍普等著，曹靖华等译，舒湮编。
发行者：光明书局（上海福州路二九六号）；
印刷者：光明印刷所。民国廿八年（1939）十二月初版。262页。

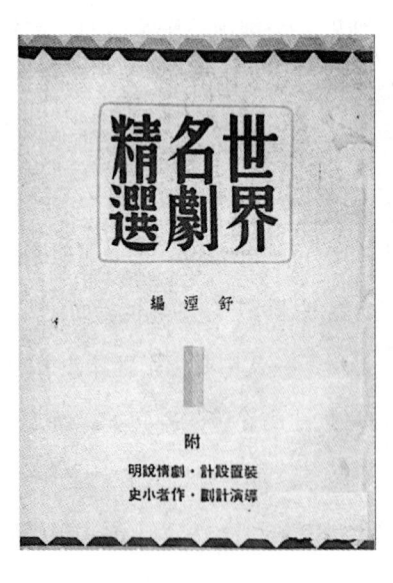

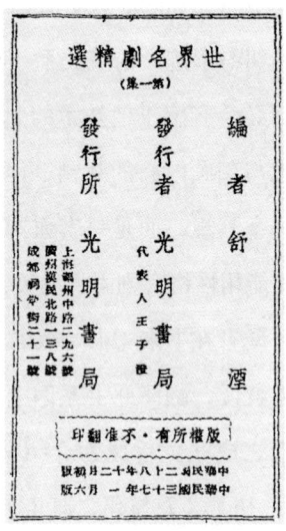

《世界名剧精选》（第一集）收入八部戏剧，包括《求婚》（俄国柴霍普著，曹靖华译）、《锁着的箱子》（英国梅斯斐尔德著，焦菊隐译）、《银包》（法国米尔波著，于伶编译）、《早点前》（美国奥尼尔著，范方译）、《亲爱的死者》（英国霍登著，芳信译）、《奇丐》（美国巴克斯特著，罗家伦译）、《破旧的别墅》（苏联雅鲁纳尔著，贺一青译）、《婴儿杀戮》（日本山本有三著，田汉译）。每部剧前有一幅插图表明舞台的"装置设计"，每部剧作后附有《作者小史》、《剧情说明》和《导演计划》。

卷首有编者撰写的《序》（1939年9月）：

> 编选这本集子的目的是专为供给一般业余的小剧团采用的。剧本的抉择，首先注重它的上演可能性和良好的舞台效果。这里所选的剧本都是经过多次的上演，而合乎选择的条件。并且，译本在演出时为适合搬上舞台起见，曾经略有修改的地方，都依照修改本订正。这完全是为便利上演。编者附加的说明，不过仅欲戏剧工作者为一种参考，帮助他们深一步理解这剧本，以期获得应有的效果。我相信，这是给演出者的一种便利，同时也节省时间上的浪费。

该书至1948年1月再版六次，收录了八个剧本。其中《求婚》曾刊登在上海的《妇女杂志》（1923年第9卷第11期），另有耿济之（《解放与改造》1920年第2卷第12期）、高世华（《文艺旬刊》1923年第15期）、佟斯（《时代中国》1944年第3卷第4期）等译本；《锁着的箱子》另有周华国（《摇篮》1934年第2卷第2期）译本；《银包》另有曾仲鸣（《贡献》1927年第2期）译本；《早点前》于1938年10月由上海剧艺社发行单行本；《亲爱的死者》曾刊登在上海《南风》1939年第1期；《破旧的别墅》于1939年8月由上海业余戏剧交谊社出版单行本。

# 1940年

《骨肉之间》
《纯洁的夜宴》
《红色的新婚曲》
《鲍志远》
《李力昂》
《美狄亚》
《日内瓦》
《贵族之家》
《两个伊凡的吵架》
《海鸥》
《恐惧》
《儿女风云》

《自由万岁》
《理想丈夫》
《旅行》
《农民故事》
《傀儡家庭》
《樱桃园》
《三兄弟》
《费迦罗的结婚》
《万尼亚舅舅》
《马关和议》
《约翰曼利》
《诡辩家》
《过客之花》

《生路》
《浮云流水》
《大雷雨》

# 一月

## 《骨肉之间》

［苏联］高尔基著，郝拔夫译。
发行者：郭少卿；
出版者：文汇出版公司（上海九江路二一〇号大厦四〇五号）。民国廿九年（1940）一月初版。132页。

《骨肉之间》（英文名：Yegor Bulychov and Others，俄文名：Егор Булычев и другие；1932，三幕剧）。原名《耶戈尔·布雷乔夫等人》，书名页标题下有"叶戈尔布莱曹夫及其他"字样。

书末有章泯评述作品的代跋《附在书后》。章泯说："《布莱曹夫》本是计划好的三部曲中的第一部，这三部曲的第二部，《到司基卡也夫及其他》

（'Dostigayev and Others'）已经写出来了，不过本文只想把《布莱曹夫》作为一个独立的剧本来谈论它的方法和材料。……在《布莱曹夫》中，那观念不是硬给塞（注：应为'塞给'）观众的；它是从动作自然而然地出来的，因此它是极可信服而非常动人的。这就是那破坏，腐烂，毁灭人性的'财产'观念。这种主题我们在高尔基的一切作品中都可见到，他常常反对那金钱的掠夺，布尔乔亚的野心，及那随着财产的保守而来的贪婪和庸俗。《布莱曹夫》中的动作是发生在'二月革命'的前夜，可是这剧本却证明着'十月革命'的必然性。这'被描写的社会斗争之未来的历史的解决'不是硬塞给观众的，它是自然地随着那些斗争的表现而来的。高尔基的剧本指示出一个建筑在私有财产上的社会再不能领导人类，也不能在它本身中有更高的发展了。"

书末声明中说："本剧由俄文直译，保有著作权，凡欲排演或改编为电影，均需商得同意。"另有李健吾译本，译名《叶高尔·布雷乔夫和他们》（上海出版公司1949年版）；焦菊隐译本，译名《耶戈尔·布雷乔夫和别的人》（文化生活出版社1949年版）。

## 《纯洁的夜宴》

［法国］拉皮司（E. M. Ladiche）著，洪流改编。
出版兼发行者：正心书店（上海法租界拉都路）；
经售处：东南书店。一九四〇年一月初版。109页。

《纯洁的夜宴》(1861，二幕剧)，今译为《迷惑》。无序跋。书名页上题"现代讽刺剧"。剧本中描写马兰如是一位医道平庸的医生，但他的夫人巧

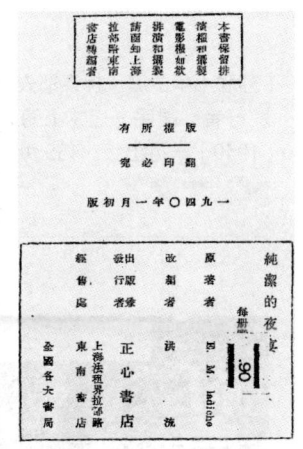

于辞令。他们的女儿马美兰与青年费雷德相爱。费雷德向马兰如夫妇坦诚自己对马美兰的感情，并说已经动员他的父母来马府求婚，同时告诉马美兰，他的父母在正式求婚前会乔装到马府探虚实。费雷德走后，他的母亲果然借看房子的名义前来拜访，马夫人热情地向她炫耀自己的女儿如何优秀，既会弹钢琴，又擅长绘画。费雷德的父亲费基隆也扮成病人来到马府，马兰如借机上演了一场"名医会诊"的戏，使费基隆确信马兰如是一位名医。于是，费基隆夫妇郑重地来到马府求婚。在一系列戏剧化的周旋与交往之后，两家都在愧疚中坦承自己冒充阔人的虚架子，道出了自己真实的家境。本剧结尾以两家和好互谅、共同走入饭厅开始夜宴落下帷幕。

该书的版权页题为"改编者洪流"，虽然戏剧做了"中国化"处理，但剧中人物名字仍未完全改为中国名。另有译本题名《晚餐》，张鸿飞译，无序跋，版权页未见出版年月，一心出版社出版。

## 《红色的新婚曲》

[苏联] 华兰庭·柯泰耶夫著，芳信译。
发行者：国民书店（上海九江路二一○号内四○五号）。民国二十九年（1940）一月出版。155 页。

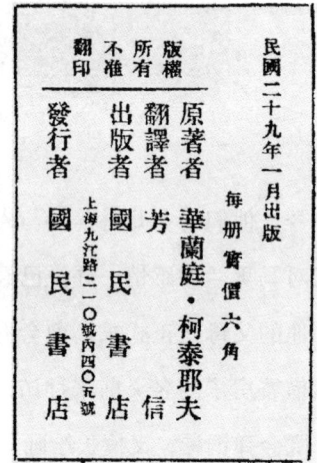

《红色的新婚曲》（Квадратуракруга，1928，三幕剧），据英译本翻译而成。卷首有尤金尼·李央斯所写《〈红色的新婚曲〉的英译本序言》。

英译者说："自从一九二八年，华兰庭·柯泰耶夫的喜剧，《红色的新婚曲》初次上演以后，它就变成苏联的观众底不可否认的爱好物。它写少共追求爱情，浪漫和道德的新的法则的这个可爱的夸张——在过挤的房屋的情形下，进行这个追求的夸张——空前绝后地在观众席上使苏维埃的人民感到好笑。这个剧本的人物和对话甚至是没有看过它上演的千千万万的人们所熟习的。单莫斯科艺术剧院就把它演过七百多次；各省的无数的戏院都把它演过而且现在还在不断地演出。"

在序言中，英译者介绍了该剧的社会意义及作者的生平。他说："在新兴的俄罗斯，就是最引人发笑的喜剧也有它的社会的意义。在这个场合下，它有双重的意义。这剧本一方面对小资产阶级的婚姻和家庭底观念开玩笑，同时它还毫不容情地讽刺把爱情仅认作资产阶级的偏见的那蠢笨的企图。在《红色的新婚曲》中互相抢夺的爱情和婚姻，以及这个争夺的轻便的解决并不是苏联的家庭关系的现实主义的画面。当丈夫或是妻子可以任意结束一桩婚姻的时候，对于这个自由有着社会的和道德的限制，而这限制并不为法律所规定，但是一样地有束缚的力量。一九二七年和二八年间写成的，《红色的新婚曲》中的情节在新经济政策时期的最后几年中显露出来，主要的角色都是少共团的团员。这个剧本有一个快活的证明，证明着这些热诚而年青的马克思和列宁的信徒是完全有人性的，较任何其他的社会制度下的少年，并不避免爱情的刺激和推动。"

关于作者，他说："柯泰耶夫是在一八九七年戴奥沙出世的，他是一个教员的儿子。九岁的那一年，他开始写诗；到十六岁，他在戴奥沙的报纸上发表他的诗篇。可是，他的第一个集子没有出现，直到一九二三年，革命的六年以后。这是一个短篇小说的集子。在革命的内战的几年中，他作为新闻记者和文学宣传员而工作。以文学宣传员的资格，照他自己所详说的。那么，柯泰耶夫发展了显出在这个剧本和多数他的其他的作品中的那种讽刺的笔触。他的第一个剧本，在莫斯科艺术剧院上演的，是把他的小说《盗用公款的人们》改编的，几年以前，这本小说的英译本得到过重要的风行。继这个剧本而写的就是《先锋队》，这是在莫斯科的瓦克坦哥夫剧场上演的。一九二八年的冬末，莫斯科艺术剧院底'小舞台'——那个名剧院的一个实验小剧场——上演了《红色的新婚曲》。以后，这个剧本才正式地搬上莫斯科艺术剧院。自后，除了许多短篇小说，散记和政治的论文以外，柯泰耶夫发表了剧本《无敌的苦难》，小说《前进吧，哦，时间》以及用这小说的同样的题名的剧本，还有一个剧本叫作《花铺的路》，最近会在瓦克坦哥夫剧场上演。几个他的剧本，尤其是《红色的新婚曲》，曾在国外成功地演出了。"

该书 1944 年 2 月以译名《新婚交响曲》由上海世界书局初版，1949 年 7 月再版。书名页大标题下有"三幕喜剧，原名改圆为方"字样，编入《俄国名剧丛刊》（第 12 册）。另有维特译本，译名为《方衲圆凿》，由中华书局 1937 年 5 月初版。

## 《李力昂》

［匈牙利］摩那著，芳信译。
出版者：剧艺出版社；
总经售：潮锋出版社（上海二马路二一〇号）。民国廿九年（1940）一月初版。161 页。编入《世界名剧》丛书。

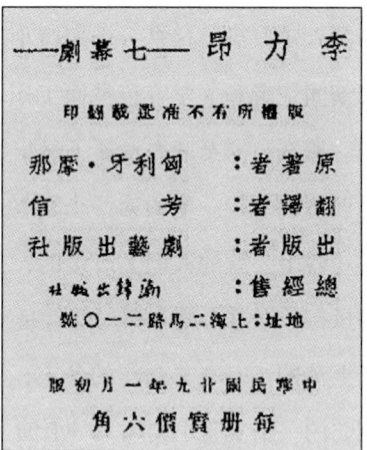

《李力昂》(Liliom，1909，七幕剧)，又译作《天上人间》(李嘉译)。该剧曾连载于《文笔》半月刊 1939 年第 1 卷第 5—12 期。据英译本转译。卷首有斑嘉敏·葛勒塞1921年4月写于纽约的英译本序言。

序言中介绍说："一九〇九年的十二月，'李力昂'初次在布太蒲斯特上演，使观客和批评家双方都感到了一点惊惶。这并不是为匈牙利的京城一向预期它爱好的剧作家摩那所写的那一类的剧本；他的'恶魔'在两年的空前的成功以后，还是使两个大陆的剧场宣告满座。实在，人都期望摩那的每个作品带点儿幻想的意味。他从来没有整个地对日常的实际表示过满足，在他的小说里，或是在他的散记里，或是在他的初期的剧本里；而尤其在'恶魔'里，自然和超自然是差不多荒诞地给混合了。可是在'李力昂'里，他似乎把幻想运用到十分不可捉摸的程度。"

斑嘉敏·葛勒塞认为在所有摩那的创作中，"最伟大的是'李力昂'。……没有一篇可以和'李力昂'的惊人的技巧匹敌，它的想象的大胆，它把自然主义和幻想，幽默和悱恻，温存和悲剧怪诞地混合起来而成为一个坚固的戏剧的结构"。关于该剧的寓意，他说："不能把它归纳为一个教条。摩那不是一个说教者或是一个对任何生活的理论的宣传家。你在他的剧本中看不到寓意或是教义。他的哲学——如果你可以叫这做哲学的话——常常是隐含的。最明白莫过的是：他对于彼方的一个法庭的画面，既不是出于虔诚的，也不是出于讽刺的意向。李力昂的天堂就是他自己的想象的天堂。除了把牧师的涤罪所，警官的裁判，以及他自己对于善恶的行为的有限的概念无理由地混合起来以外，还有什么是更自然的呢？"

译本在1939年的《文笔》第1卷第3—7期连载。李嘉译本题名《天上人间》，由中国书店1942年4月出版。他在《译者的话》开篇说："这个剧本的原名是《李里奥》，而《天上人间》是译者大胆地为这剧本的中译本所改取的剧名。"

# 二月

## 《鲍志远》

[挪威]易卜生著，石灵编译。
发行者：文艺新潮社；
总经售：万叶书店（上海海宁路咸宁里十一号）。民国二十九年（1940）二月十五日初版。139页。编入《文艺新潮社小丛书第一辑之五》（锡金、钱君匋主编）。

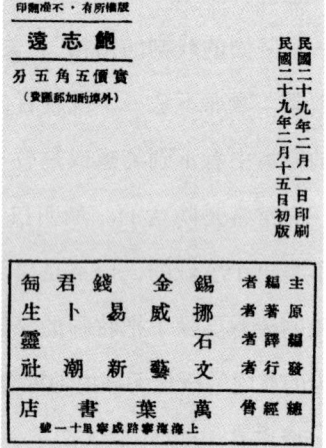

《鲍志远》（四幕剧）。书末有译者写于1939年12月22日的《后记》，说明该剧的翻译情况，转录如下：

> 这戏本由李先生（李健吾）改编。是去年暑期间的事。后来他因

没有工夫，问我可不可以继续下去，我答应可以。所以戏的名字，剧中人物的名字，以及开始八页，都是李先生的成规。

原是上海剧艺社预备用的，编好之后，辗转流传，终于不合国情，遂尔搁下，直到文艺新潮要它。

那时因为天气热，又值假期，白天可以睡觉，所以夜里可以开车到两三点钟，两个多礼拜就弄起来了。要是在现在，即使一样还可到两三点钟才睡，但因时时需停下笔来哈一哈冻僵了的手指，恐怕两个多礼拜是无论如何不会完工的了。

凝起想来，真不免有"光阴似箭，日月如梭"之感。

该剧曾于1939年5—9月在《文艺新潮》第1卷第8—11期连载。

# 三月

## 《美狄亚》

[希腊] 攸里辟得斯著，罗念生译。
编辑者：中华教育文化基金董事会编译委员会；
发行者：商务印书馆（长沙南正路）。民国二十九年（1940）三月初版。
编入《希腊戏剧名著》。

《美狄亚》(Medea，公元前431)，本书未见版权页。该剧最早公演于公元前431年，是当今公认的欧里庇得斯的代表作。该剧选取神话的题材和人物，表达了雅典社会以美狄亚为代表的几乎没有任何权利可言的两个团体的悲剧，流露出一股悲郁沉痛的情思，是以反讽的笔法表达大难过后的幻灭。

据译者说,《美狄亚》是依据由厄尔(M. L. Earle)编注、美国图书公司 1932 年出版的 The Medea of Euripides(《攸里辟得斯的美狄亚》)译出。卷首有《编者的引言》,系厄尔英译本的节译,其中分为"攸里辟得斯的生活"和"美狄亚"两部分,各 16 节。第一部分中介绍了诗人的生卒年月、家世、教育、戏剧活动、在马其顿(Macedonia)的生涯、家庭、容貌与特性、作品,以及作品形式、风格、影响等,其中说:"据说攸里辟得斯写了九十二个剧本,亚历山大城(Alexandria)的学者好像知道七十八个攸里辟得斯的剧本,算是二十三个《四部曲》。"第二部分中详细介绍了美狄亚这部剧的故事情节、人物性格及剧本结构特征等方面。

卷首有作者肖像、插图 6 帧,正文后注解 492 则。附录有《羊金毛的故事》《希腊文译音表》《译剧内的专名词表》《抄本版本与译本》等。其中关于《金羊毛的故事》,译者在译文后说,该剧"是从罗斯(H. J. Rose)的希腊神话手册第一九六到第二〇五页里节译出来的"。

1941 年《图书月刊》第 1 卷第 1 期刊有关于本书的"出版介绍","平装一册一三六面,定价七角"等内容。另有赵家璧(上海生活书店 1935 年版)、石璞(上海商务印书馆 1937 年版)等人的译本。

## 《日内瓦》

[英国] 萧伯纳(Bernard Shaw)著,罗吟圃译。
发行人:许立德;
发行者:大时代书局(重庆临江门川监三里十号)。民国二十九年(1940)三月初版。136 页。

《日内瓦》(Geneva,1938,三幕剧)。陈东林发表在上海《现实》1939

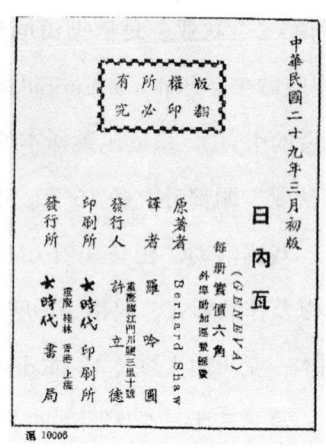

年第 7 期上的文章《萧伯纳的新作"日内瓦"》介绍了该剧,其中说:"沉默了多时的萧翁最近又用他那辛辣的笔调写成了讽刺剧《日内瓦》。这是把日内瓦的国际联盟会的办公厅作为背景,用他独特的主观来批评地解说历来国联所处理的各种事件。该剧目下正在伦敦的圣吉姆斯(Saint James)剧场公演中,自从开演以来已续演至一百数十次以上,可见该剧卖座之佳了。……在这剧本中萧老头子到底想说些什么呢?一句话,在三月十五日捷克事变以前,萧翁以为全能国终于也会出现于'法律'之前的呀!谁能说这只是萧老先生一个人的意思,而非欧美大多数人当时抱着的思想呢。"

该书出版后,《文摘》(战时旬刊)1940 年 5 月第 68、69 号刊登介绍广告:"本书为幽默大师萧伯纳最近力作,以国际政治作背景,各国要人作主角,系一历史性之讽刺三幕剧。全书都十余万言,并附菲立克斯·托波尔斯之漫画数十帧。"1941 年 3 月 31 日重庆出版的《图书月刊》(第 1 卷第 3 期)《新书介绍》栏目中刊有《日内瓦》一书介绍,包括著译者、出版社、定价、内容等信息,并介绍说:"关于萧伯纳之批评,虽见仁见智,或有不同,然其在文学上之地位,久已确乎不拔。其著作国内早有介绍,如《人与超人》,《武器与人》等剧,且均有二三种以上之译本;若此剧亦然,其译成时间，尤与原来发表时间为近。萧氏文字上所有之特殊风趣，虽无法翻译，而其内容自不难传写。萧氏剧著，固无不与社会人生实际问题密切相关，然正面批评国际政治者，此实空前之制造。盖世变日亟，作者亦不能无动于衷，甘于缄默也。"之后，文中详细介绍了该剧的人物及各幕内容，最后说："全剧虽细微之舞台装置及科白之无关宏旨者，亦刻意经营，故极见紧张，……文笔刻画，自不待言，然而与其谓为对今世国际政治之一种咒诅，毋庸谓为最有力之反映。虽不能积极指示将来途径，然于当世积病究深有正确认识。"

1940年，《中和月刊》第1卷第4期曾刊载白林翻译的《日内瓦》。在《前言》中，白林介绍该剧为"萧伯纳之近著，去年六月于伦敦出版，一时洛阳纸贵，重版至再；出版前即曾公演二次，均博得一般人士之好评。……在本篇中，著者仍持其一贯的幽默之刀笔，刻画各登场人物，极尽讽刺之能事"。

书名页题有"菲立克斯·托波尔斯作画"。内附插图16帧：《女书记》《犹太人》《新来者》《寡妇》《新闻记者》《主教》《人民委员》《秘书丈》《外交大臣》《法官》《青年绅士》《蓬巴东》《巴脱勒》《"两位领袖站起来行法西斯礼"》《女执事》《弗朗哥》。

另有署名"戊佳"的译本，副标题为"一页幻想的历史"，未见书。据"民国文献数据库"收录的版权页看，该书初版日期应为1940年3月，由生活书店出版。

## 《贵族之家》

[苏联]屠格涅普著，梭波里斯起可夫·萨马林改编，贺一青译。
出版者：剧场艺术出版社（上海愚园路二三一号）；
总经售：光明书局（上海福州路二九六号）。民国二十九年（1940）三月初版。129 页。

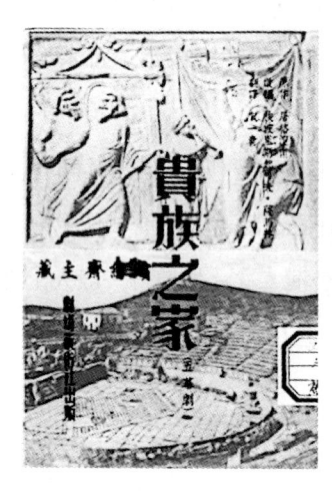

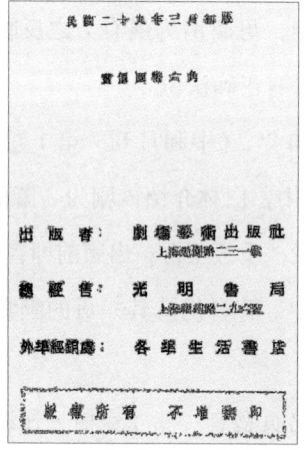

《贵族之家》( дворянскоегнездо，1859，五幕剧)，卷首有《目录》及《演员表》。书后附《译后记》(1940 年 3 月 1 日)，其中说："译文所根据的是梭波里斯起可夫·萨马林（N. I. Sobolschikv Samarin）的改编本。……译文所根据的本子是打字机本，书端有一行字这样写着：'一九一三年第二四一号政府官报许可上演'。可见这戏还是在战前改编上演的。"

译者介绍说："梭波里斯起可夫·萨马林是俄国革命前的一个很出名的导演，并且他自己有几个内地第一流的剧院。他本人还是一个好演员，他所演过的县长（果戈理《巡按》里的），法摩索夫（格里波叶陀夫《智慧的悲哀》里的），都有很高的成就。在他所改编的这本《贵族之家》里，他是演的拉夫列次基。据谢洛夫说，梭波里斯起可夫·萨马林已经七十多岁，现在还活着，住在苏联，不过已经不工作了。"

关于本剧的改编，译者说："改编者几乎完全把屠格涅夫的原作搬上舞台了，除了很少一部分事迹是从剧中人物口头叙述出来之外。因为书中所有的故事，全部都用舞台形式表演出来，所以虽只五幕，但却多至十三场。由于舞台条件的限制，五幕十三场，在我们是不容易上演的，所以译文已经修改了一部分。……因为景有变动，所以戏的进行，要导演者多注意怎样灵活地使剧情适合于新的环境（如第一场的景，怎样平均的使剧情在客厅，露台，花园里进行）。为了演出的便利，实际上还可以把第十二场省去，或把第三场与第二场合并（把拉夫列次基与伦蒙关于丽莎的谈话，也在第二场里发生）。"

该书出版前，《剧场艺术》（1940年第2卷第2期）刊发了一则消息《〈贵族之家〉的上演》：

俄国小说家屠格涅普的作品，在中国译出的已经有好几部，最脍炙人口的有《贵族之家》，《罗亭》，《烟》，《阿霞》等。尤其是《贵族之家》里的丽莎，使人读了印象不能磨灭。因为这部小说特别感人深刻，所以俄国在革命前便早已有人把它改变成剧本，在舞台上演。

上海俄国小剧场（环龙路十一号），一向以演俄国著名戏剧闻名，中国剧人也时常前去观赏，现闻该院定于三月二十三日上演这本不朽名著，也欢迎中国人士前去观看，因此当时将特印中文说明书。

本社也因这本由小说改成剧本《贵族之家》，文艺价值很高，特请人译出，以飨读者，预定在三月十日左右便行出版。现在并闻专门在戏剧艺术方面作深刻造诣的《征雁》剧社，已预定排演这戏。

译文所根据的原文本子是彼得堡大剧院导演梭波里斯起可夫·萨马林所改编的，原书是打字机本子，非常名贵。这次俄国小剧场所演的，也是根据这本子。

《贵族之家》在中国已有两个小说译本，一个是高滔的译本，由商务印书馆 1929 年 4 月出版发行；另一个是丽尼的译本，由文化生活社于 1937 年 2 月出版发行。译者翻译的剧本对话有很多用的是丽尼译本的现成句子。

# 四月

## 《两个伊凡的吵架》

[俄国]果戈里著，夏衍译。
出版者：旦社（上海福州路三十八号）；
经售处：兄弟图书杂志公司。民国二十九年（1940）四月初版。60页。
编入《旦旦戏剧丛刊之一》。

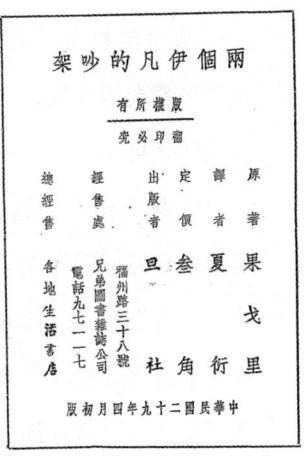

《两个伊凡的吵架》（1834，六幕剧），又译为《两个伊凡吵架的故事》，原名《伊凡·伊凡诺维奇和伊凡·尼基福罗维奇吵架的故事》。

该书是根据日本伊马鹈平改编的六幕话剧翻译的。卷首有夏衍于1939年12月1日在桂林撰写的《小言》，对本书的出版情况做了说明：

××兄：

　　得手书，知沪上友人有意把《两个伊凡的吵架》印成单行本，我同意你已经代我同意了的话：让年轻的演剧同志们手头多这样一册剧本不是无益的。

　　是真的，要不是你来信提起，我可把它给忘了。跟暑中回上海时，你谈起健吾兄在旧书铺中买的《流火》，你代我收集的《乱婚裁判》等剧译品一时记不起来一样。

　　说及这个小剧本的译出，我记起的是那时候对"情节戏"，"服装戏"的小小的反感。先"戏译"了伊马鹅平把果戈理的小说改编的单纯朴素，风趣盎然，神韵逼肖的《两个伊凡吵架的故事》，后来又"戏作"了《上海屋檐下》。

　　从你简短而深长的孤岛演剧通信中，觉得我那时所谓对"情节戏"，"服装戏"的小小的反感，不幸非但未能不存在，而且有"于今为烈"之感。

　　抗战三年来，悲壮热烈，惊天地泣鬼神的现实而神话似的题材，真是写不尽了。可是我们有希望有成就的年轻剧作家，尚"偏爱"着走"出奇"的路，写虚构的"曲折的情节，巧合的人生"之不足，一味复制着"乱伦"型的故事。我想说"太浪费"了。这与"金玉其外"的"服装戏"同样是"不足为训"的吧。

　　基于这，我更同意你已经代我同意了的话：让年轻的演剧同志们手头多这样一册剧本不是无益的。

这篇《小言》后被作者改为《小记》，收入《夏衍全集》。书末附有苏联倍列维尔则夫的《果戈理和戏剧》一文，其中介绍说："从果戈理的诞生到现在，已整整有一百二十五年，就是他的剧作活动，离开现在也已有百余年。……负起剧作家使命的果戈理,在演剧的样式上,也如在小说的样式上,显出了他的伟大的天才。"在这篇文章中,作者介绍了果戈理的戏剧创作及其"高级的戏剧"理念。贝林斯基曾评论果戈理说:"由一八三五年到现在的瞬间中,在俄罗斯诗剧中的果戈理的剧作经验,可比在暗湿的泥洼中长出来的一朵鲜花,又可比非洲沙漠一块碧绿郁苍的沃田。读过果戈理的小说后,再去读别个作家的小说,也还可以得到满意。可是自从果戈理的戏剧出现之后,那就读不到更好的剧本,也看不到更好的演剧。"

《海鸥》

[俄国]柴霍夫著,芳信译。
发行人:陆高谊;
出版者:世界书局(上海)。民国二十九年(1940)四月初版。121页。
编入《苏联戏剧译丛》。

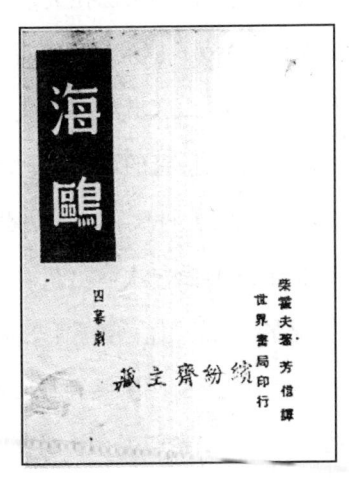

《海鸥》(1896,四幕剧),卷首有译者所写《献辞》:"用全部的热诚和

敬意，感谢允许把他的一篇优秀而生动的译文《柴霍夫与海鸥》给予本书作为一个序言的费明兄；同时还感谢爱好海鸥，像爱好一篇伟丽的抒情诗似的，极力激励我把它译出并且替我服校阅的苦役的维基；最后，还要感谢，正当所谓改编的古装的脚本站在时髦的尖端上的时候，愿意把像海鸥这样可以说是'不热闹'就没有'生意眼'的东西印行的陆高谊先生。"

译者在《献辞》中所说的费明译的《柴霍夫与海鸥》是苏联聂米洛维赤·唐庆果（今译聂米洛维奇·丹钦科）所写，该文刊发在《剧场艺术》1939年第9期。在这篇文章中，作者对契诃夫《海鸥》一剧的创作背景、人物原型、剧情内容、演出情况以及戏剧评论做了详细的介绍与说明。

《图书月刊》1941年第1卷第6期上刊登了《新书介绍》，介绍了该书的印行情况及剧情。

《海鸥》于1896年第一次在圣彼得堡国家剧院公演并没有得到观众的认同，契诃夫在写给丹钦科的信中说道："我的《海鸥》在彼得堡第一场就遭遇了惨败，剧场里呼吸着辱貌，空气受着恨的压榨，而我呢，遵循着物理的定律，就像炸弹似的飞开了彼得堡。你和宋巴托夫，是你们两人劝我写戏的，我埋怨你们。""即使我活到700岁，也永远不再写戏，永远不再让这些戏上演了。"他在写给家人的信中说："这出戏轰然跌落了。剧场里有一种侮慢而沉重的紧张空气。演员们演的愚蠢的可憎。这次的教训是：一个人不应该写戏。"（《文艺·戏剧·生活》，丹钦科著，焦菊隐译）然而在这次公演的第四天，即1896年10月21日第二次演出获得了成功。尼娜的扮演者薇拉·科米萨尔热夫斯卡娅在演出后写信给契诃夫说："刚从剧院回来。安东·巴普洛维奇，亲爱的，我们的《海鸥》胜利了！大获全胜，全场一致喝彩，该成功的总归要成功的！我多么希望现在就能看见您啊！尤其希望您刚才就在这儿，能听到这全场一致的喊声：'作者！'"1898年12月17日，在斯坦尼斯拉夫斯基和丹钦科的联手执导下，《海鸥》在莫斯科艺术剧院重新公演，此次公演获得了巨大成功，从而使契诃夫戏剧在俄国戏剧史上翻开了崭新的一章，也奠定了艺术剧院的基础，因此该院的徽标被定为海鸥。在《剧场艺术》1939年第9期上，特别刊发了一篇文章《柴霍夫与海鸥》（苏联聂米洛维赤·唐庆果著，费明译）和插图《〈海鸥〉与艺术剧院》。

该剧另有郑振铎（商务印书馆1921年版）、胡随（南方印书馆1944年版）等人的译本。

## 《恐惧》

[苏联]亚菲诺甘诺夫著，曹靖华译。
发行人：林文兴；
发行者：文化生活出版社（上海山西路慈丰里）。民国二十九年（1940）四月初版。162页。编入《文化生活丛刊·第二十四种》（巴金主编）。

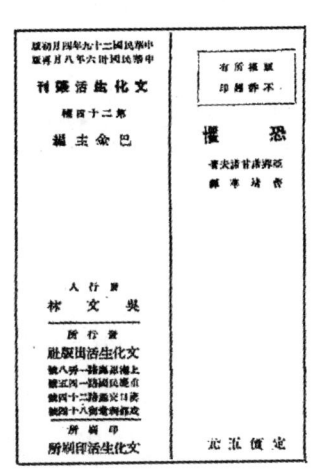

《恐惧》（四幕剧）。在《曹靖华研究专集·年谱》1933年10月1日中有"译四幕话剧《恐惧》（阿芬诺甘诺夫著）寄鲁迅，当时未出版"的记载，而在

鲁迅日记中"330907"条中有"本月三日信收到,《恐惧》稿亦早收到"的记录。二者记录相差一月,故此,本译文应在 1933 年 9 月 7 日前已译毕脱稿。

译文曾在上海杂志公司发行的《译文》新 2 卷（第 3、4、5 期）和新 3 卷（第 1 期）上连载（1936 年 11 月至 1937 年 3 月）。《鲁迅研究资料编目》记载:"当本书准备在'译文'刊载时,鲁迅先生立刻给找了一张希林戈夫斯基铜刻的一九三一年'恐惧'在列宁格勒国立剧场上演的插图。图下端,并亲笔写了说明。该图及鲁迅先生亲笔说明词,刊于'译文'新二卷第四期上。"在曹靖华年谱"一九三六年"中有"译四幕剧《恐惧》在《译文》新 2 卷第三四五期连载"（冷柯执笔、毛粹《曹靖华年谱简编》,收《飞华之路——访曹靖华》,陕西人民出版社 1988 年版）。

黄源在回忆与鲁迅书信交往时对《恐惧》的翻译情况有所说明。鲁迅 1935 年 4 月 25 日写信给黄源说:"后记须由编者重做一段,放在她的泛论之前,但我无关于 A. Afinogenov 的材料,也许英译本《国际文学》中曾有的。Bryusov 的照相或画像,我这里有。俄文本《文学百科全书》中想必有更好的像,昨日已函靖华去借,或者来得及。"黄源在回忆时说:"鲁迅先生叫我根据英文本《国际文学》中的 A. 亚菲诺甘诺夫的材料,重做一段后记,'放在她的泛论之前',可见陈学昭同志译的是苏联亚菲诺甘诺夫的作品。她是在四月二十四日到鲁迅先生家里,把译稿送给先生。二十五日鲁迅先生寄给了我。我接到后,当天就送检查,没有通过。《鲁迅日记》记载二十六日'夜河清来并赠《巴黎之烦恼》二本,还译稿二篇'。这译稿二篇就是二十五日《日记》所说的'谢芬及学昭译稿各一篇'。'谢芬'系茅盾的笔名。'蒲留棱夫的照相或画像',是为配合二卷三期上由稚吾译的一篇蒲氏短篇《割麦人》用的。信中接着说:'俄文本《文学百科全书》中想必有更好的像,昨已函靖华去借,或者来得及。'看前后文,这里说的'更好的像',应该是蒲留棱夫的像。鲁迅先生是在四月十六日收到曹靖华寄赠的

《文学百科辞典》的。二十三日给曹靖华的信中说：'此书极好，要用文学家画像是极为便当的。'但又说：'现想找 Afinogenov 像，不知第一本上有否？尚有，希寄下一用。'这同给我信上说的不同了。这里有个疑问，为什么'现想找 Afinogenov 像'。靖华同志说：Afinogenov'即苏联剧作家、《恐惧》作者阿·亚菲诺甘诺夫（一九〇四——一九四一），鲁迅先生拟发表中译文《恐惧》用的'(《鲁迅书简·致曹靖华》129 页)。《恐惧》是靖华同志译的，译稿在鲁迅先生处。但我们当时还不准备发表《恐惧》，原因是明知道审查通不过的。我想，'现想找 Afinogenov 像'，恐怕是为了陈学昭同一作者的那篇译稿。但这里又有矛盾，《日记》记着四月二十三日'午后复靖华信'，二十四日'学昭来'。这样找像却在前，交稿反在后，又不通了。如其学昭二十四日前早托茅盾先生把译稿先给鲁迅先生那就通了。靖华译的阿·亚菲诺甘诺夫的《恐惧》（四幕剧）后来发表于《译文》新二卷第四、五期，已是一九三六年十二月和一九三七年一月，那时鲁迅先生已逝世。国民党反动派的图书审查委员会上海的检查处，早已不见了。"（黄源《鲁迅书简漫忆》第 42、43 页）

该书 1947 年 8 月再版。

## 《儿女风云》

[法国] 莫里哀著，胡春冰、龚家宝改编。
印刷者：光明印刷所；
发行者：光明书局（上海福州路二九六号）。民国廿九年（1940）四月初版。118 页。编入《光明戏剧丛书》(舒湮主编)。

《儿女风云》( Le Dépitamoureux, 1656, 五幕剧 )，原名《情怨》，又译

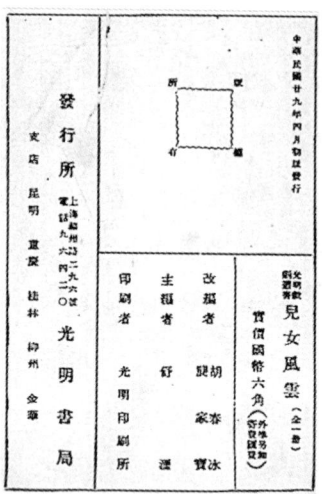

为《情仇》《爱情的怨气》等。卷首有舒湮撰写的《〈光明戏剧丛书〉总序》（1939年11月）和胡春冰撰写的《儿女风云前记》（1940年3月24日），书末附龚家宝撰写的《〈儿女风云〉的产生和演出》（1940年3月1日）及《〈儿女风云〉第一次公演演员表》。

胡春冰介绍说："《儿女风云》是莫里哀名诗剧'Le Dépitamoureux'中国化通俗化的 Version。在剧本荒的今日，在新剧作急切要扩展领域，充实多样内容的今日，在迫切需要吸收世界戏剧优秀遗产而加以中国化的今日，我们愿意拿《儿女风云》做一个例证。这剧的原名是'爱的悲愤'的意思……是莫里哀的初期喜剧之一，在技巧上，还不能跟《吝啬人》或《伪君子》比拟，但是以情节论，以情调论，都是最上乘的作品，为莫里哀剧团立下不拔的基础的也是这出戏。最初这剧产生于一六五三年，在兰克多克上演的，受孔第王子热烈的欢迎，得了很大的声名。后来在法国南方的比西耶和一六五八年在巴黎的上演，都得到很好的影响。"

译者简单介绍了作者的情况，他说："作为一个戏剧家的莫里哀，他终身忠于他的工作，'于二十年之间，编了二十一部喜剧。其中有一半是无可比拟的杰作，其余的一半，也有许多是后世最著名的喜剧作家所不能及的'（莫里哀传）。作为一个市民的莫里哀，'在剧团中，他是一个主脑，指挥领导，已经够他劳瘁了；他又遭了痛苦的侵蚀，他的妻子永远不停止地给他受气；此外还有人妒忌他的光荣与他的天才，因此造了许多谣言去中伤他；又因痼疾缠绵以至于死，有时候不能不停止工作'。一生过着悲剧的生涯，但是他研究哲学，他乐善好施，他重友谊，他爱群众。这种善善恶恶的固执，这种严正不阿的精神，正是戏剧工作者所当效法养成的人格。"

书后附有龚家宝撰写的《〈儿女风云〉的产生和演出》一文，介绍了这部剧作的改编与演出情况："《儿女风云》是供给中国旅行剧团在香港公演而改译的。那时'中旅'正竭力为争取演出而奋斗着。在香港演剧是这样的困难：像《武则天》那么大的节目最多能够连演三天，普通节目必须每天一换！一个职业剧团要想不断演出真是一件万分困难的工作！……本剧是根据莫里哀之《爱的悲愤》改译的，春冰兄对于此剧的排演早有心得，改编也成竹在胸；但是因为他忙得不可开交，所以决定由我和他合作，依照他的意思，归我执笔，当然在改译时掺进了'时代意识'作中心。在工作过程中，并从王了一先生所译的《情仇》里得到了不少参考和指示，在这里也是应当一提的。匆匆稿成，马上就游吟起来，'中旅'编导委员会决定了第一个 Cast……唐大哥（即唐槐秋，'中旅'团长——编者注）特地召集了一个全体团员的谈话会，研讨对于上演莫里哀派喜剧应采取之方式和作风。然后讨论剧情，剧中人个性，对台词，而开排。……民国廿八年除夕，'中旅'开始重莅上海的第一个公演节目《林冲夜奔》，决定第二个节目就上演《儿女风云》。因为春冰兄不在沪乃由我承乏执行排练。……"最后他说："我们从事改译此剧，完全是想作一个投合普遍趣味的尝试；假如因这粗糙拙劣的东西而引起国内剧作者对于这一点意见的注视，不断地产生些适合上演雅俗共赏的佳构，那就算是我们达到了'抛砖引玉'的目的！"

# 五月

## 《自由万岁》

[美国] C. 奥达茨著，穆俊译。
出版者：青年文化出版社（上海）。民国二十九年（1940）五月初版。130页。编入《奥达茨戏剧集（1）》。

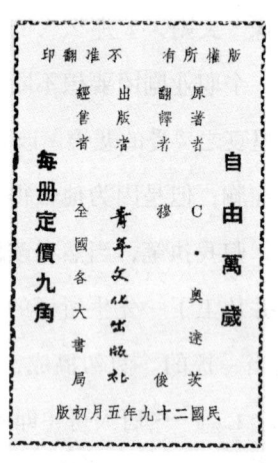

《自由万岁》（1935，七场独幕剧），该书扉页有作者题词"本剧系根据新群众发表的德国来信写作而成的"，署名"C. 奥达茨"，日期为"一九三五年三月"。书后附录《纳粹统治下德国工人的斗争》（Bruno Frei 著，立明译）和《德国工人的反战斗争》（企程译）两文。

据《中国现代文学翻译版本闻见录续集（1901—1949）》（上海远东出版社2014年版）第335页所载，该书1941年6月由文国服务社出版，题名《奥达茨戏剧集之一》，题名下方有"自由万岁"和"生路"字样，正文前有版本来源说明。

卷首仞之所作《序二》介绍说，这部剧的"故事，是无产阶级为着真正民主自由而斗争的一页光荣史。地点，是在反动组织最完密的纳粹国家——德国的京城柏林。时间，是曾被少数泯灭人性，把残酷夸耀为功绩的人们在人类史上留下莫大耻辱与污点的一个时期。根据着这个时间，这个地点，产生的这个故事，写下这个剧本，读者不待翻开书来，谁都会预早想到，里面将有如何紧张的场面激动心弦，将有如何残酷的场面不忍卒读。……在这里，我们看到了奥达茨先生的聪明与前进。他非但冲破了这重威胁，并且还给了崇高的另一面使你得着超越的满足"。接着他介绍作者说："奥达茨先生是美国最前进的作家。从他的处理题材来看最易觉得他和一般的美国作家不同。他留着够多的，够热闹的侦察与提防，破获与脱身的场面不写。他是不愿踏在肤浅的路上，徒作增强场面上的紧张的企图。他在认真地描写着工作的态度与斗争的精神，使你在感到紧张之外更能增加许多的认识而受到深深的感动。但是，他却绝不像一般时下的作品，在频频地'说教'。"在细致分析作者在这部剧中运用的"顿""宕"方法以及"细致的结构，微妙地营造成重重的衬托"后，他认为"戏剧艺术，本不在事实的搬上舞台再现。而那些泯灭人性者们所造成的惨酷场面，又不是容易仿真扮演。即使能扮演其万一，也恐不是我们所堪卒视。所以，从阴暗面来写出惨酷的场面，这正是作者的聪明"。

卷首毁堂所写的《序》中说："奥达茨对于德国纳粹党的残酷的描写，一点也没有过分和夸张，季米特洛夫的反法西斯斗争的报告中，早已有所指陈了。而我们的过去的现实，正也有过这亲切的一课。但制造历史的残酷事件的人，也必然会被历史残酷地否定了的。"

叶素在《读〈自由万岁〉》(《新生》1940年第2卷第6期)中评价说："穆俊先生发愤来翻译奥达茨的全部戏剧作品，我以为这对于我们的戏剧创作和演剧艺术，是一个有意义的事业。……我很幸运的，能做穆俊先生译本《自由万岁》原稿的第一个读者，现在我又从印刷的文字中读了第二次，我相信我还要三次四次的读下去。……《自由万岁》的作者规避了惨毒的刑讯的场面，这不是作者故意要玩弄玄妙的技巧，而是因为他把握住自己的主题，他要描写的法西斯的残酷，是比摧毁一个革命者肉体更残酷的要摧毁一个革命者的精神，而革命者恩斯脱的英勇的斗争，是抵御了比肉体痛苦更大的精神的痛苦，因此，在这里，肉体摧毁的场面是次要的而不是主要的了。同样的我们的抗战戏剧中，为什么不去更深的探索出一些比侵略者在战争中直接暴行更基本的残恶的主题呢？而这些，是今天抗战剧所迫切需要的。"另一篇署名"张钢"的《书报介绍》中说："穆俊先生的译笔，像他自己一样，非常年轻而且活泼，我读完了这册《自由万岁》以后，真被感动得流出了眼泪，也似增加了不少赴死的勇气。我期待着他的上演，并希望在没有上演以前有无数的中国人能够读到它。"

该剧另有赵越改编本，题名《自由颂》，连载于《戏剧与文学》(1946年第1卷第2期，未见后续刊)，标题下有"据奥代茨《自由万岁》改编"字样，背景改为沦陷后的上海。

## 《理想丈夫》

［英国］王尔德（Oscar Wilde）著，怀云译。
发行者：朱炎（启明书局代表人）；
发行所：启明书局（上海福州路328号）。民国二十九年（1940）五月初版。82页。编入《世界戏剧名著》丛书。

《理想丈夫》（An Ideal Husband，1895，四幕剧），扉页题有"英国淮尔特著，怀云翻译"。该剧是王尔德的第三部重要剧本，卷首有译者撰写的《小引》（1939年5月），其中介绍说："王尔德Oscar Wilde是英国唯美派作家的代表。他的作品，除本书外，尚有《不重要的妇人》《少奶奶的扇子》及童话等，都是绅士阶级最欢迎的读物。在《理想丈夫》一书中，他将男女间描写得淋漓尽致，尤其对于女子的心理观察得最透切。在这里，非但做女子的人应当一读，就是做男子的人，也应当一读。怎样做女子的理想丈夫？怎样找理想的妻子，本书中都有详细的答复。"

该剧最初于1895年1月3日在伦敦秣市戏院上演，由路易斯·华勒（Lewis Waller）与莫瑞尔（H. H. Morell）制作。《理想丈夫》虽然不如前两部作品那样具有戏剧性，但是结构上显示出王尔德能够掌握的剧场技巧，同时充满着讽刺与"严肃的胡闹"情节。萧伯纳（G. B. Shaw）曾在《周六评论》（Saturday Review）发表剧评，说："王尔德先生这出新戏的主题十分危险，因为他具有让批评者感到无聊的特质。评论家对他所写的讽刺语感到又好气又好笑，像小孩子一样在看到原本设计要让人愤怒大叫的那幕戏时被骗得乐不可支。他们抗议戏中的把戏太过明显，说任何个性轻浮的人都可以写出这样的讽刺语。而我自己所能确定的是，我是伦敦惟一一个无法写出像王尔德这种剧作的人。王尔德的戏虽然卖座奇佳但仍能保持有其独特性。就某种意义而言，我眼中的王尔德先生是个独具一格、不折不扣的剧作家。他玩弄每样事物——机智、哲学、戏剧、演员与观众，还有舞台剧。"

1933年的《交通杂志》（第1卷第5期）上载有署名"枕"的译者翻译的《理想的丈夫》，题有"莫尔纳原著"字样，该剧曾在上海辣斐剧场演出，1940年上海《中华》第85期中介绍说："讽刺气味，异常浓厚。为法国莫里哀原著，孙樟改编。"

## 《旅行》

[法国] 拉比塞著，柳木森译。
出版者：中国图书编译馆；
印行者：中国图书杂志公司（上海福州路三八〇号）。民国廿九年（1940）五月初版。138页。编入《中国戏剧丛书·第二种》（戈戈、柳木森主编）。

《旅行》（Le Voyage de monsieur Perrichon, 1860，四幕剧），今译为《贝吕松先生的旅程》。作者拉比塞，今译为拉比什。

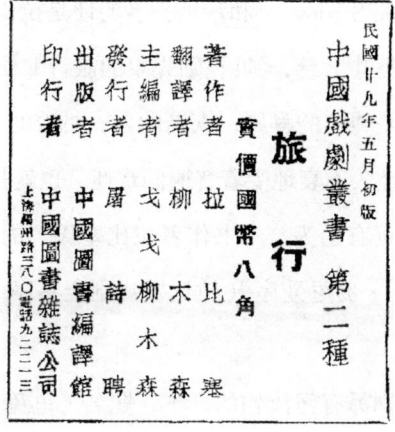

拉比什继承了法国中世纪笑剧和莫里哀喜剧的传统，对社会生活和人物心理有细腻的观察，是近代法国重要的喜剧家之一。据《中国大百科全书·戏剧》载，该剧是拉比什与埃德蒙·马丹合写，1860年首次演出。拉比什的创作大致可分为两类：一类是带有闹剧性质的喜剧，缺乏严肃的思想内容，仅仅为了娱乐，但妙趣横生，演出效果较好；另一类剧本反映现实生活，具有哲理性，数量不多，但文学价值较高，其中最著名的是《贝吕松先生的旅程》。该剧本写的是暴发户贝吕松先生带着妻子和女儿旅游，两个年轻人阿蒙和达尼埃尔争着追求他的女儿。阿蒙在冰川上救了贝吕松的命，还处处为他效劳，结果引起死要面子的贝吕松先生的反感。达尼埃尔却故意让贝吕松先生救了自己的命，阿谀奉承博得他的欢心。女儿爱上忠厚的阿蒙，自私的父亲却偏偏中意达尼埃尔，几乎酿成悲剧，但最后贝吕松先生终于认清达尼埃尔的面目，把女儿许配给阿蒙。

该书的译者介绍说："《贝礼勋先生的旅行》(Le Voyage de monsieur Perrichon) 是法国拉比塞 (Eugène Labiche, 1815—1888) 编的（并由马尔敦 Martin 与之合作），法国十九世纪末的产物。在十九世纪的法国社会里，我们可以看到各种通俗剧，在这一类的作家里，最受欢迎的要推沙度

(Victorien Sardou），和沙度齐名的便是拉比塞，生平著作在一百篇以上，他的剧本集共十卷，《贝礼勋先生的旅行》便是拉氏全部作品中的代表作。这剧本，是纯粹的喜剧，诙谐的多，机警的刺锐，对白的漂亮，剧情的隽永，都使它经久不衰地受着普遍的欢迎，也就是最值得我们玩味的几点。"

扉页有题为"本书作者拉比塞氏"的人像和版权声明，卷首有汪济译《爱弥儿·奥尼爱序》（拉比塞戏剧全集序），详细介绍作者的生平、作品等情况。

该剧另有刁汝钧的译本，题名《龟兔竞走》，商务印书馆1945年11月初版。

## 六月

### 《农民故事》

[苏联] 葛列鲍夫著,夏懿译。
发行者:译文出版社(上海),一九四〇年六月初版。
总经售:五洲书报社。53 页。

《农民故事》(二幕剧),无序跋,正文前有《人物》,介绍本剧人物背景,书后附说明:"本剧最适合原作者大剧政权所采用的乡村布景的乡村舞台。这一个剧虽然借用着政权的几个样子和方式,但并不有损它的完整的和独立的风格。"

作者葛列鲍夫，今译为格列波夫，曾写有《关于独幕剧》一文，由蔡时济翻译，发表在《剧本》1954年第5期。

## 《傀儡家庭》

[挪威] 易卜生（H. Ibsen）著，芳信译。
出版者：金星书店；
发行者：金星书店（上海九江路二一〇号四〇五室）。一九四〇年六月初版。186页。编入《易卜生戏曲全集》。

《傀儡家庭》（A Doll's House，1879，三幕剧），又译为《娜拉》，今译为《玩偶之家》。该书卷首有威廉·阿奇撰写的序。据阿奇说，1879年6月27日易卜生写给马喀斯·葛罗瓦尔德的信中说，要从罗马去阿玛尔费去"完成一个我现在正在从事的剧本"。9月10日，易卜生在阿玛尔费写信给约翰·泊耳生说："刚完成的一个新剧本占据了我许多的时候，所以在过去的几个月当中，我绝对没有空写回信给你。""这个剧本就是一八七九年十二月四日在哥本哈根出版的傀儡家庭。"

阿奇介绍说："由于傀儡家庭，易卜生才作为一个世界诗人踏进他的王国。他以前曾经写过更伟大的作品，他在将来也会写更伟大的作品；但是这个剧本却命定地把他的名誉传到斯干的那维亚的国境以外去，甚至传到德国去，传到最远的文明的区域去。……在傀儡家庭出版两个多礼拜以后，它就在哥本哈根的王家戏院上演了。扮演娜拉的佛鲁·汉妮丝大大地获得了成功。这个剧本很快地在全挪威演出而为大家所诵读。娜拉那惊人的'宣布独立'成为不绝的热烈讨论的主题，以致它终于在社交的集会上受到正式的禁止，就像在二十年以后的巴黎，'杜尔夫斯案件'是被认作一个禁止的话题一样。……经过了十年，这个剧本才传到了斯干的那维亚和德国的国境以外去。"作者详细地介绍了该剧在英国、法国等地的演出及演员情况，并分析了易卜生创作中的人物特点以及作品风格、结构等。

关于《傀儡家庭》其他翻译及演出情况，可参见本书《娜拉》条目。

## 七月

### 《樱桃园》

[俄国]柴霍普著,满涛译。
发行者:文化生活出版社(上海钜鹿路一弄八号,重庆民国路一四五号);
印刷者:文化生活出版社。民国二十九年(1940)七月初版。148页。
编入《译文丛书》《契诃夫戏剧选集》。

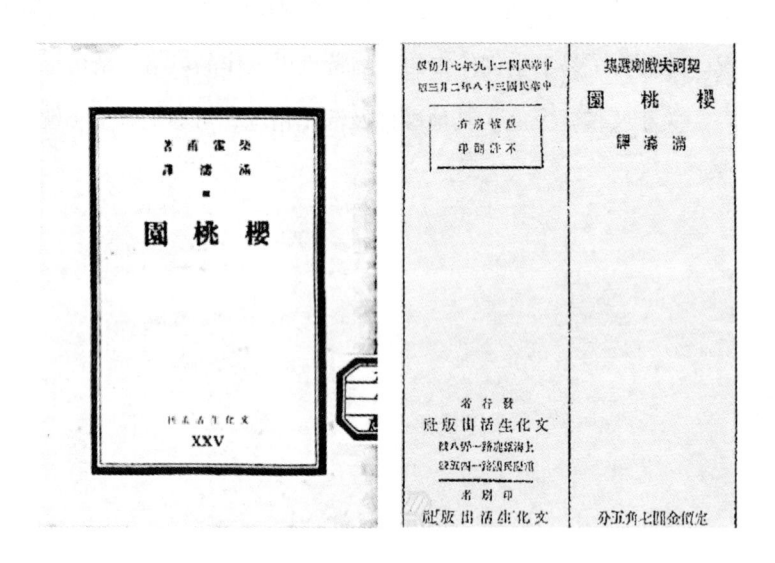

《樱桃园》(The Cherry Ochard,1903,四幕剧),著者为柴霍普,今译为契诃夫。书末附录有 K. S. 斯坦尼斯拉夫斯基撰写的《关于〈樱桃园〉》一文,作者说:"我私自庆幸能够在柴霍夫写作樱桃园的时候,从各方面观察到他构思的过程。"据作者回忆,《樱桃园》剧本的写作起因于一次钓鱼的过程,"我们剧场的优伶阿尔菊有一次和安东·柏夫洛维支谈起钓鱼,他描摹怎样把虫子嵌上钓钩,怎样抛掷沉底的或者带有浮子的钓竿。抱有轶才的优伶把诸如此类的场面表现得非常生动,柴霍夫衷心地抱憾,广大的观众不能在戏园里得到欣赏的机会。这之后,柴霍夫在河边洗澡时碰见我们另一位优伶,就在那里决定道:'听着:我的戏剧里,应该让阿尔菊捉鱼,N君则在旁边浴场里洗澡,撒泼打滚,高声叫喊,阿尔菊因为他把鱼给吓跑了,心里便记恨他。'……再过一些时候,柴霍夫开始在想象中描出了古老地主家庭的窗户,树枝打那儿爬进房里来。后来,它们开满了雪样白的花。接着,有一位太太住到柴霍夫所想象的屋子里来……。"作者在这篇文章中细致而详尽地介绍了柴霍夫创作这部剧本的过程及思想变化,"我们现在知道,哪些照样存留在剧本里,哪些毫无痕迹地消灭了,或者只剩下些微不著目的痕迹"。

该剧是契诃夫晚年的一部力作。剧本展示了贵族的无可避免的没落和由新兴资产阶级所代替的历史过程,同时表现了毅然同过去告别和向往幸福未来的乐观情绪:樱桃园伐木的斧声伴随着"新生活万岁"的欢呼声。该剧于1904年1月17日在莫斯科艺术剧院首次公演,这一天是他44岁生日,剧院为此举办了纪念会,庆祝他44岁生日和从事文学活动25周年。《樱桃园》上演后,许多批评者认为,由于契诃夫的思想立场从未超越民主主义的范畴,他笔下的新人都不知道创建崭新生活的必由之路,他们渴望的"新生活"始终只是一种朦胧的憧憬。关于这种质疑,斯坦尼斯拉夫斯基在文中辩驳说:"柴霍夫为什么会被认为陈腐老朽,不适于生存在我们的时代,不能够了解革命及其一手缔造的新生活?以为柴霍夫所处的时代,就其气氛说来,是离开被革命的一代人创造出来的新时代颇为辽远的,这种说法可笑得很。根据这批家伙的说法,则在许多点上,二者甚至是互相矛盾。今日革命的俄罗斯在破坏旧生活秩序,创造新社会基础的奋斗过程中锻炼出自动性和泼辣的生气,它不接受,甚至不理解八十年代的迂缓惰性,连同悲观的观望派的苦恼。当时在窒息的沉滞的空气之中,没有发动革命的余地。只有在地下室的什么地方,人们准备着,贮积着力量,以便发出致命的打击。前进人们的工作仅仅是造出一般的气氛,鼓吹新思想,说明着旧生活之破产,如是而已。而柴霍夫正是和执行这种准备工作的人们联结在一起的。他善于描写难堪的沉滞的气氛,讪笑由是而生的生活之平凡,这一点是很少有人能够做到的。时光流过去。永远向前进的柴霍夫可不能停留在老地方。相反,他和生活以及时代一同进化。"

该书1946年11月再版(著者署名为契诃夫),1949年2月3版。另有耿式之(商务印书馆1921年)、俞荻(海燕出版社1939年)、焦菊隐(明天出版社1943年)、芳信(世界书局1944年)、梓江(小民出版社1946年)等人的译本。

## 《三兄弟》

[日本]鹿地亘著,夏衍译。
发行者:戏剧书店(上海九江路二一〇号内四〇五号);
经售者:国民书店。民国二十九年(1940)七月出版。64页。

《三兄弟》(三幕剧),作者鹿地亘是一名日本反战人士,抗战前因日本军国主义政府的迫害秘密逃亡到中国,随后参加了中国的抗日战争,至1946年回日本前,一直积极从事反战宣传活动。1939年,鹿地亘在桂林组成"日本在华人民反战同盟西南支部",并在成立宣言中说:"我们认为中国是日本人民之友,我们应该绝对的援助中国的抗战。"(《抗战时代》第1卷第6、7期合刊,1940年1月出版)《三兄弟》是鹿地亘为中国反战宣传

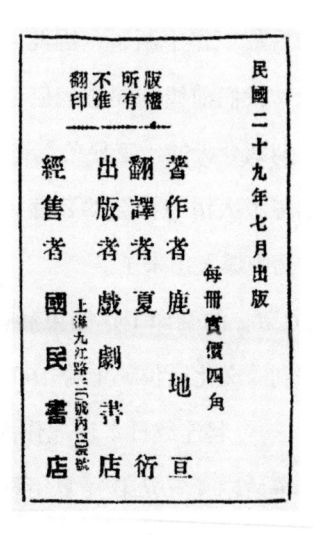

而创作的一部力作，内容以宫本一郎在日本军国主义者的压迫下被逼迫出征前毅然觉醒，发出了"反对侵略战争"的激昂口号为主线。全剧写的是"成了野心家的牺牲品的贫苦的家庭的青年劳动者对榨取者社会的血腥的斗争，病的老母的死，接踵而来的弟弟的死，在这种种阴惨的生活的底层里，拥动着的对压迫者的悲壮反抗，终于因枪击和血腥的刺激而勃发了"。剧本从一个日本家庭的遭遇反映出日本社会在战争中所遭受的苦难以及人民反战斗争的发展。夏衍评价说："这个戏曲把当今日本底可羞的人民生活的实相，惟妙惟肖的反映出来了，我们希望亲爱的中国兄弟们看了这剧，能一清二楚的了解，认识目今日本人民生活的真相，以及日本的压迫者与被压迫者的区别。"

译本卷首有《关于日语剧〈三兄弟〉》（文末落款"在华日本人民反战同盟西南支部"）、《从〈三兄弟〉说起》（文末落款"桂林行营总顾问办公室"）两文。前文中说明了该剧创作及上演情况："去年（1939年——笔者注）十二月二十三日成立的日本人民反战同盟西南支部，早在成立以前就把《三兄弟》当作后方工作之一，在计划准备了。可是我们鉴于突发了的桂林战争的重大性，把支部底主力移到昆仑关前线去开始了前线工作，就把其他的后放工作中断了，因此，当时写了的《三兄弟》便不得不无期延期。现在，我们前线的同志们已经回来，我们重新得到生力军，便决定上演无期延期到今天的《三兄弟》。这戏曲在日本被压迫人民底赤裸裸的生活之中，描写了人情与社会的葛藤，把人民所抱怀的愤懑，在复杂的感情与思想的动荡中爆发出来了。"

《三兄弟》的翻译工作结束后，便于1940年3月3日至18日在《救亡日报》副刊《文化岗位》上分16次连载，并在第1期连载的标题前附有编辑的说明："今起连载日本反战作家鹿地亘在桂林创作的反映日本人民反战立场的三幕话剧《三兄弟》（夏衍翻译）。"3月5日，《救亡日报》报道了该剧演出的工作人员讨论会情况。公演前和首演当日又连续刊载简讯："三月八、九、十日，请到新化戏院去看日本人自己写、自己演的名剧《三兄弟》（鹿地亘力作）。""在抗战中的桂林看反战日本同志演出纯日本戏剧，还是千载难逢的机会"，并号召"你自己去，发动你的亲戚朋友去"！公演当日，《救亡日报》副刊《文化岗位》特别刊出《在华日本人民反战同盟西南支部为慰劳我抗战英勇将士兼筹募基金公演〈三兄弟〉特刊》，其中发表了孟超的《抗战！反战！中国人，日本人，握紧了手！——对于鹿地亘氏〈三兄弟〉演出感念》、新波的《胜利的启示》、陈残云的《受难者的呼声》、黄崇庵的《"反对侵略战争"——看〈三兄弟〉以后》、林林的《祝》（岗语）等评论文章。3月9日，《救亡日报》召集了文化艺术界的知名人士对剧本和演出进行研讨，并在3月14日的《介绍与批评》栏目发表了《〈三兄弟〉座谈记录》。夏衍在《我推荐这个剧本》（《救亡日报·介绍与批评》1940年3月14日）中说："在情节上，我总觉得不是中国的人生。但这剧本可以毫无这种感觉地看下去，因为这是日本现实的人生，不夸大，不添加，在目前非现实主义流行的时候，这是一个值得推荐的剧本。"

在桂林文化艺术界的极大关注和热情宣传下，同时成立了以欧阳予倩、夏衍、李文钊、焦菊隐、孟超等九人组成的"公演《三兄弟》筹备委员会",并且演出布景、服装、音响效果都采用了原汁原味的日本风格,演员也由日本人坂本秀夫、浅野公子等人担纲,演技纯熟,使《三兄弟》的公演获得巨大成功并产生了广泛影响。演员们除了 3 月 8 日至 12 日在桂林大戏院首度公演该剧外,又于 11 日下午在乐群社做了招待演出,后应广西大学邀请于 4 月 12 日到学校做了专场演出,随后前往柳州、重庆等地进行了巡演。署名"桂林行营总顾问办公室"的《从〈三兄弟〉说起》一文中说:"这个剧本是日本国民的真正的心怀的流露,绝不是普通的所谓宣传剧,我们今天,应该大大反省,应该从良心上承认政府的抗战国策是澈(彻)头澈(彻)尾的正确的。"

## 《费迦罗的结婚》

[法国]博马舍著,柳木森、汪济译。
发行者:屠诗聘;
出版者:中国图书编译馆(上海福州路三八〇);
印行者:中国图书杂志公司。民国廿九年(1940)七月初版。239 页。编入《中国戏剧丛书·第三种》(戈戈、柳木森主编)。

《费迦罗的结婚》(Le Marriage de Figaro ou la FolleJovrneé,1778,五幕剧),又名《狂欢的一天》,是作者"费迦罗三部曲"的第二部。该剧既是法国喜剧发展到一个光辉阶段的里程碑,也是博马舍戏剧创作顶峰的标志。其内容写的是好色的阿玛维瓦伯爵企图诱骗费迦罗钟爱的使女,并想在使女身上"赎回"初夜权,于是就有了伯爵和费迦罗之间的冲突。该剧创作于 1778 年,比作者之前的《塞维利亚的理发师》讽刺性更为强

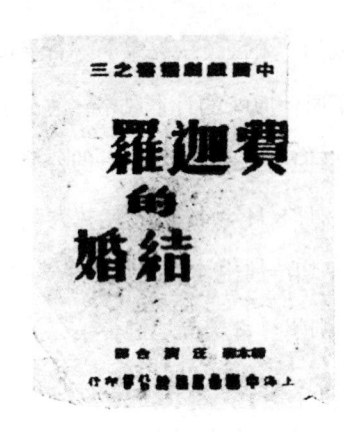

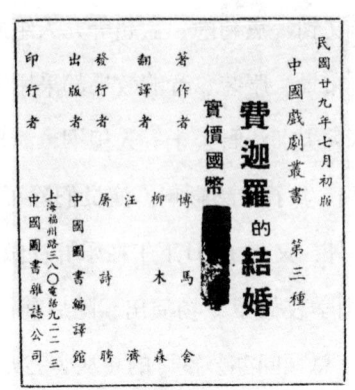

烈，甚至惊动了法国的最高统治者路易十六，导致作品被禁演。经过博马舍的抗争，六年后，《费迦罗的结婚》才得以在巴黎公演，演出获得了极其轰动的效果，成为法国戏剧史上的一件大事。莫扎特后来委托意大利诗人达·彭特将其改编为歌剧脚本，并于1785年至1786年谱写成歌剧，1786年5月1日在维也纳般格剧院演出。

该书末有柳木森撰写的《跋》(1940年7月4日)，介绍了本书翻译情况：

去夏，戏剧杂志排演《娜拉》时，承吴江帆先生介绍本剧，阅读后，渺小的我浮起了一层超乎本能的理想，明知难成事实，却无法驱除这盘踞我整个头脑的理想。

无时间性的世界名著，无经验若我，决难胜任；又忙，又懒，更使我跟理想背道而驰。

偶忆汪济兄，于法文的造就，胜我不啻十倍；他合作的努力，译稿才能在严寒的冬天很草率地完成。

本书，是世界名著，介绍是多余的，省略了。

付印匆促；在喉骨鲠，待有机会时，当圆快一吐。

吴江帆，戈戈，陆沉，古泉，舟顺诸兄，这儿致谢。

## 《万尼亚舅舅》

[俄国]柴霍夫著,芳信译。
发行人:陆高谊;
出版者:世界书局。民国二十九年(1940)七月初版。89页。

《万尼亚舅舅》(Uncle Vanya, 1897,四幕剧),该书无序跋。该剧是契诃夫继《伊凡诺夫》《海鸥》之后推出的第三部重要戏剧作品,表现人们精神解放,描述人物的心灵轨迹。戏剧描写了没有信仰和奋斗目标的知识分子荒废青春年华的可悲命运,他们心地善良、正直、任劳任怨,却被欺世盗名的精神骗子所欺骗。这些可怜的人劳而无功,悲哀地成为无聊的牺牲品,展现了偶像盲目崇拜者的悲哀。

俄罗斯学者叶尔米洛夫在《契诃夫的戏剧创作》一文中解读该剧的主题时说:"《万尼亚舅舅》的主题是一个小人物为了别人卑劣的幸福、为了错误的目标、为了偶像和泥胎而牺牲了自己一生,凶恶的破坏势力摧毁、毁灭着大地上一切美好的事物,美被白白地毁掉了。苦恼于美的凋残和毁灭,憧憬着美在未来的胜利——这就是《万尼亚舅舅》的主调。"

该剧是契诃夫在《海鸥》第二次公演成功后的又一部重要作品,《海鸥》在彼得堡首次公演失败后的第四天,即1896年10月21日,第二次演出获得了成功。尼娜的扮演者薇拉·科米萨尔热夫斯卡娅在演出后写信给契诃夫说:"刚从剧院回来。安东·巴普洛维奇,亲爱的,我们的《海鸥》胜利了!大获全胜,全场一致喝彩,该成功的总归要成功的!我多么希望现在就能看见您啊!尤其希望您刚才就在这儿,能听到这全场一致的喊声:'作者!'"这封信促使契诃夫忘了身体的疾病和"永世不再写剧本"的誓言,又拿起笔创作了这部《万尼亚舅舅》。1897年,这部剧在莫斯科艺术剧院公演,取得很大成功。高尔基在1898年11月下旬写给契诃夫的信中说:"最近看了《万尼亚舅舅》,它使我——像女人似的哭起来了,而我却并不是怎样神经质的人。我被您的戏剧倾倒了,回到家里,立刻写了封长信——我又把它撕破了。我不能恰当而明白的说出这个戏剧在我心头所引起的感想。我只觉得我一边望着这戏中的人物,一边好似被一面钝的锯子锯着我的身体,锯齿无情的在我的心头往来,心在锯齿下收缩着,呻吟着,挣扎着。我觉得——这是可怕的东西,这万尼亚舅舅。这是一种戏剧艺术的完全的新型。您把它当作一个槌子,打击了观众空虚的头脑。但观众的愚蠢是这样顽固,在《海鸥》中,在《舅舅》中,他们都不能充分的了解您。您还打算写戏剧么?您写得多么可惊的巧妙……"[《契诃夫高尔基通信抄:关于万尼亚舅舅(高尔基给契诃夫)》,适夷译,载《笔谈》1941年第6期]半个月后,高尔基在另一封写给契诃夫的信中又说:"有人说,《万尼亚舅舅》和《海鸥》是新的戏剧品种,在这里,现实主义提升到了激动人心的、深思熟虑的象征。我以为这个说法很对。听着您的戏,想到了很多其他的重要问题。别的戏剧不能把人从具体生活抽象到哲学概括,您的戏剧能做到这一点。"(郑克鲁主编《欧美文学名著导读》,复旦大学出版社

2009年版，第194页。）

　　该剧另有耿式之译本，题名《万尼亚叔父》，上海商务印书馆1921年4月初版；焦菊隐译本，青鸟出版社1943年初版，1954年上海新文艺出版社再版；丽尼译本，文化生活出版社1944年9月渝初版和1946年11月初版，1949年2版。1930年，《万尼亚舅舅》曾以《文舅舅》为剧名由上海辛酉剧社演出，导演为朱穰丞，主演为袁牧之。

## 《马关和议》

［日本］藤森成吉著，张大成译。
出版者及发行者：新生命社（上海）。民国二十九年（1940）七月初版。167页。

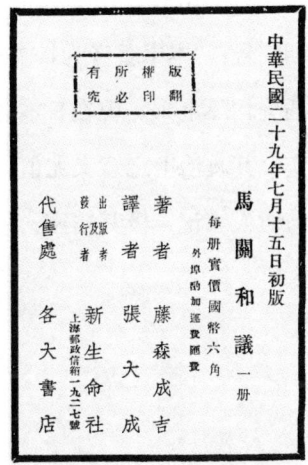

　　《马关和议》，原名《陆奥宗光》（三幕剧），该剧系"日本创作界负有盛誉的藤森成吉氏所编，全剧共分三幕十场"：第一幕，休战（四场）；第二

幕,讲和(三场);第三幕,干涉(三场)。

译者在卷首《序》(1940年6月15日)中说,该剧"曾连续登载于《国际周报》,其中唯略去第二幕第三场未登出。兹改为单行本,第二幕第三场亦补编在内,乃成完璧。此剧原名为《陆奥宗光》,译者易名为《马关和议》。译者读此剧时曾参考正史及李文忠公全书时人札记等,觉与史实极相吻合,除时间地点因编剧与舞台方便上略有更易外,大致可谓根据史实编成。至其艺术上之价值及编剧之技巧等,世间自有定评似毋庸多赘,仅就其公表之后在日本各剧场连续排演,博得万众欣赏以观,以足证其为一成功之作品。译者译此之动机不在其文学上之价值如何,其最主要之着眼点乃在其政治上之涵义"。该译文于1940年《国际周报》第9至20期连载。书序1940年以题名《〈马关和议〉译后记》发表在《国际周报(香港)》第21期上。在第14、15期合刊上还刊登了一篇《马关和议小史》(节自《青鉴》)。

该书出版后在1942年的《中国学生》(第1卷第4、5期)曾刊发过两期广告:"本书著者为日本负有盛誉之文艺作家。其编剧、布局、台词及穿插为均臻上乘。曾在日本各大剧场上演,极博好评。内容大都根据历史事实,其政治上之意义尤值得注意。译者于译述时并考正史及李文忠公全书与时人答记,极其精密,笔调流畅。凡关心中日关系及爱好文艺者,均应人手一篇。"

# 八月

## 《约翰曼利》

［苏联］雅罗涅尔等著，朱端钧等译著。
出版者：剧场艺术出版社（上海）；
总经售：光明书局（上海）。民国二十九年（1940）八月初版。150页。
编入《剧场艺术戏剧丛书之7》《独幕剧集之二》（松青主编）。

《约翰曼利》（独幕剧合集），未见版权页。卷首有松青撰写的《呈献（代序）》（见《放弃》条目）。内收汉语创作《走》（吴天）一篇，另有《古墅之暮》（苏联雅罗涅尔著，冰之译）、《约翰曼利》（朱端钧译）、《佳偶天成》（据A.柴霍夫小说《好结果》改编，T.布拉慈改编，贺一青译）、《一个房间》（苏联 A. Chikarov 著，叔懋译）、《处女的心》（苏联 Y. 雅鲁纳尔著，贺一青译）、《幻灭》（H. Bordeax 著，许子译）六篇独幕剧译作。

收录的作品大都在《剧场艺术》上发表。其中《走》《佳偶天成》《古墅之暮》《约翰曼利》发表于 1939 年第 1 卷第 9、10、12 期；《一个房间》《处女的心》发表于 1940 年第 2 卷第 1、4 期。《古墅之暮》译本后面附有梅叶洛夫斯基撰写的《导演注释》，其中说："Y. 雅罗涅尔的《古墅之暮》是很有演出的吸引力的。极少数的登场人物（一起只有二人），辛辣的剧本结构，剧情发展的曲折，出乎意外的结束以及特殊有意义的'警惕'的政治主题，使这剧本很适合于业余剧团的演出。"《佳偶天成》后附的《导演说明》说："滑稽小说《佳偶天成》，是柴霍夫在一八八七年写的。它登载在幽默杂志《碎锦》上，署名 A. 柴洪吉。这篇小说对于舞台很有演出的效果。苏联人民艺员达尔哈诺夫和莫斯科艺术剧院女演员史库利斯卡雅合演这戏，曾得很大成功。" 1941 年 5 月 25 日，育英话剧团曾在公理会大礼堂公演该剧。

丛书主编松青是戏剧活动家李伯龙（1907—1989）的化名，上海嘉定人，早年曾参加蚁社、青鸟剧社、上海剧艺社等，1938 年化名"松青"创办《剧场艺术》月刊，任主编。

# 九月

## 《诡辩家》

[丹麦] L. 贺尔伯著，穆俊、严珏译。
发行人：陆高谊；
出版者：世界书局（上海）。民国二十九年（1940）九月初版。95页。编入《世界名剧》丛书。

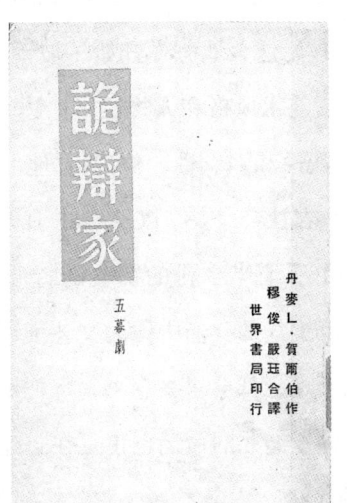

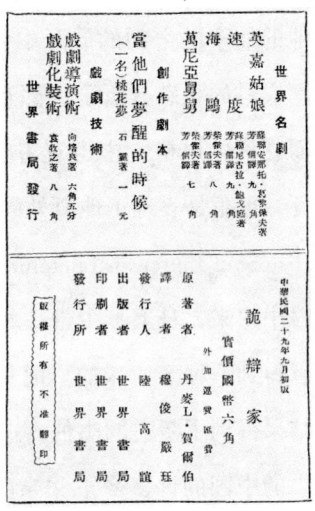

《诡辩家》(五幕剧)，卷首有顾仲彝和楼适夷所写序文各一篇。

顾仲彝介绍作者时说："贺尔伯是丹麦第一个伟大作家，他首创丹麦的国家文学上各方面都有伟大的贡献，历史、散文、诗歌、戏剧，他都有大量的写作；而最重要的是他在戏剧上的贡献。他在丹麦国家剧场里当导演,主持剧场的演出,供给剧本。他所写的戏大半是喜剧,其风格很像法国的莫利哀,故有丹麦莫利哀之称。"《诡辩家》"是他的代表作,讽刺乡村社会的顽固,大学教育的失败,学者的空虚,宗教牧师的迂腐,描写得淋漓尽致"。

顾仲彝说,译者"平素对于西洋文学非常爱好,此次翻译这丹麦古典杰作,文词畅达,传神传色,不但能保持原作的风趣,并且译文流畅美丽,简炼(练)有力,真是不可多得的好翻译"。

楼适夷在序中说:"我对于这位二百年前的丹麦作家,是非常生疏的。但仅仅从这个作品的介绍,也足使我认识一个有巨大才智的纯朴的北欧农民作家的面目。在这作品中所表现的单纯而朴素的风格,很容易使我们联想到十七——八世纪的以小农生产为基础的丹麦的静穆的大地,同样也在他的故事的生动的展开中,看见这大地怎样开始了波动。"楼适夷结合中国农村的状态分析了这部戏的艺术风格和人物性格,认为这部戏在"单纯而朴素的风格"中也有着幽默性和讽刺性,他说:"他的深长隽永的幽默性,也正是表现了他所处的小农社会,——以及如 R. D. Jameson 在 A Short History of European Literature 中所谓半乡村的都会的特质的。大部分从农村中出来,身上多少带一些泥土气的我们中国的文艺读者,在这里是很可以得到一种亲切味的。把儿子送到都会里去念书,寄托了满心的希望,而结果得到了叛逆的杰伯,这种土老儿的命运也正是在封建社会急遽崩溃途中的中国的许多乡下父亲的命运。沾染了一点文化的糟粕,就趾高气扬,目空一切,完全不顾当前的现实环境,到处炫耀他半吊子学问的罗斯莫斯·白葛也很容易使人联想到我们的全盘欧化主义者,和教条主义者的文化青年。守旧的奇诺那谟斯·琪斯皮尔,以农村智多星自炫的副牧师庇尔,敬愿的农民桀可白,用强力征服一切的副官,那些人在我们的乡村里,也都是非常熟悉的面影。作者拉出这些农村社会的人物,而每一个人物都非常恰当的显出了它们的特征，简单明朗地布出了一幕诡辩家的滑稽的失败的喜剧。"

楼适夷同时也指出了该剧创作中的"热骂的讽刺"与"同情的幽默"，"显然是从莫里哀得到它的渊源的"。他最后说道："在我们今天的社会中，事实还充满着这样的喜剧的悲剧，同时在我们文艺的民族形式的创造工程中，我们正需要着多多的参考优秀的外来的风格，特别是接近那种单纯和朴素的，富于幽默情调和讽刺热度的现实探察的态度，所以虽然远在二百年前的北欧小国的这样的作家，我以为还是值得介绍而且应该介绍过来的。"

## 《过客之花》

[意大利] 亚米契斯著，巴金译。
发行者：吴文林；
发行所：文化生活出版社。民国二十九年（1940）九月初版。编入《翻译小文库·第一种》。

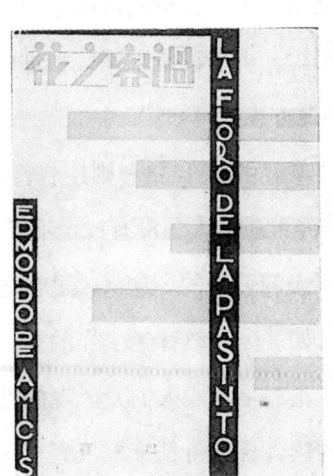

《过客之花》（La Floro de la Pasinto，1906，独幕剧），这本书是开明书店1933年6月初版的修改本，巴金当时译完此剧后发表在《小说月报》（1930年第21卷第1—6期）。译者写于1933年6月的序中说："这篇剧本是三年前翻译的，当初在《小说月报》上发表的时候，我曾在译文的前面写了下面的引言：'本剧的著者亚米契斯（E. Amicis）就是写了《爱的教育》的意大利著作家。'本剧是他晚年的著作，于一九〇六年（即他临死前二年）写成，这年四月罗马上演时，曾得着绝大的成功。同年八月在日内瓦举行的万国世界语大会中，曾将本剧用世界语演过。我是根据这年在巴塞尔（Basel）出版的世界语译本重译出来的。原题为 La Floro de la Pasinto。世界语译者 Rosa Junck 女士在她的译本前面印了一句献辞是：献给亚米契斯，靠了他的高贵的感情，不幸的人得以恢复勇气；靠了他的教训，残酷得以变为善行。""在亚米契斯与我的思想之间显然有一道鸿沟，但并不能阻止我读《爱的教育》而不受感动，同样也不能阻止我译出这篇剧本。不过照我的意思在安娜与阿尔背脱中间没有什么'永别'的理由，我实在不明白为什么阿尔背脱就不应该和安娜再见，为什么就应该让安娜在宗教的信仰中度她的最后的日子。"译者在本书序（1939年9月）的最后说："以上是六年前写的短序，最近翻看这本小书，觉得还可以重印，便费了一天的工夫把它修改一遍，改的地方不少，可以说是重译，不过原文不在手边，无法逐字校阅，或许仍有错误的地方也未可知。"

1933年《社员俱乐部》第5期曾刊登一则广告，其中说："一提起亚米契斯的《爱的教育》凡曾经读过的人，没有一个不崇敬他的作品的力量，同时期望着读他的第二部伟大的著作的。这部《过客之花》便是亚米契斯的第二部名作，在各国，已如《爱的教育》一样的被热烈地传诵。前书是写儿童的爱，这部《过客之花》是写成人的爱。现由巴金先生译成流利的感人的中文，供献给我们的读者，定价低廉，只售大洋三角，上海开明书店,作者书社,生活书店及全国各大书坊均有经售。"1934年的《真光校刊》(第2卷第3期)和1943年的《碧流半月刊》(署名文皓,第1卷第2期)分别刊有对该剧的观后感。亚米契斯的日记体小说《爱的教育》(原名《考莱》)曾由夏丏尊据日译本译出,上海开明书店1926年3月初版。

该书扉页有亚米契斯像。版权页上的发行所地址另有重庆民国路一四五号、汉口交通路二十四号、成都祠堂街八十四号。

# 十月

## 《生路》

[美国]C. 奥达茨著，穆俊译。
出版者：青年文化出版社（上海）。民国二十九年（1940）十月初版。82页。编入《奥达茨戏剧集》丛书。

《生路》（独幕剧），本书未见序跋。书名页上冠有"奥达茨戏剧集之二"，扉页有"封面装帧——池宁"和"This Book is Dedicated to the Everlasting Memory of My Beloved Teacher *Prof. T. F. Soong*"。

著者奥达茨（Clifford Odets，1906—1963），今译为克利福德·奥德茨，美国现代著名剧作家，20世纪30年代美国左翼戏剧代表人物。本书出版后，有署名"魏明"和"毕罕"的两篇介绍文章发表。其中魏明说："《生路》是穆俊先生翻译的，奥达茨戏剧集中的一个独幕剧，内容的感人和文笔的流畅，一点不亚于自由万岁。在冷落的孤岛出版界上，我相信《生路》是一本不可多得的读物。奥达茨是一个成名不久的美国作家。使他一举成名的，除《自由万岁》外，便是这本独幕剧《生路》，像批评家们指出那样，他的作品有太主观的缺点，但它能够抓住观众的情绪，引起普遍而强烈的反响。衡之以《生路》（同样也可衡之以《自由万岁》），这评语是十分中肯的。从全剧内容看来，它是清楚地暴露了美国——所谓'金元王国'——的内在矛盾。被压迫人们在无法生活的时候，在过着一天十多个钟头牛马似的生活而仍得不到温饱的时候，终于也'像人的样子站了起来，为哭着的孩子们和妻子们争'了。《生路》的写法是够技巧的，在整个剧本的开头，来了一个集会的场面，中间，作者又用了六个插曲分别刻画了不同类型的被压迫人们——车夫、实验室助理员、年青的演员、住院医生等等，怎样在榨取、出卖、欺骗等等不同的压迫方式下，不可免地走上了同一的斗争道路，这也就是书名所取的'生路'。在剧终，当读者以紧张的情绪，花了一个钟点读到那'罢工！罢工！罢工！'的呼声时，我想谁也禁不住激动起来的。"（上海《青年知识》1940年第2卷第4期）

该书1949年由海燕书店再版。奥德茨的《自由万岁》由穆俊译出，青年文化出版社1940年5月初版。另一部三幕剧《天之骄子》（又名《千金之子》）由冯亦代译出，刊登在《戏剧月报》1943年第1卷第2、3期，美学出版社1944年出版。

## 十二月

### 《浮云流水》

[法国]米尔波（Octave Mirbeau）著，张宛青编译。
出版者：海天书店（上海北成都路六二〇号）；
总经售：中国图书杂志公司（福州路三八〇号）。民国二十九年（1940）十二月初版。291页。编入《世界文学名著》丛书。

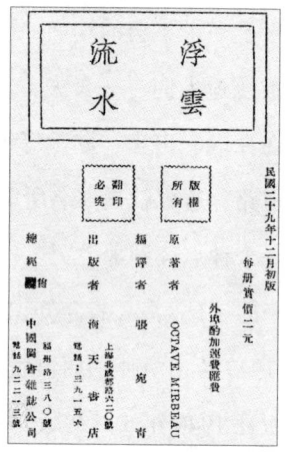

《浮云流水》（Les affaires sont les affaires，1905，三幕剧），该剧是译者改编作品，译者在《自序》（1940年12月）中首先引了韦应物的诗句："江汉曾为客，相逢每醉还；浮云一别后，流水十年间。欢笑情如旧，萧疏鬓已斑！何因北归去？淮上对秋山。"诗中的"浮云""流水"暗指了书名的由来，也表达出作者对戏剧的一种理解。他随后介绍了本书及作者："Les affaires sont les affaires 一书，是法国文豪米尔波氏（Octave Mirbeau）的名著，这本书，是一本充满了现实生活的大悲剧，无论那（哪）一个国家，那（哪）一个社会，都有过这一类的事情发生过。在我静静地读着的时候，每每使我流着感动的泪，于是，我就毫不停留的把他编译起来，而把《浮云流水》冠为书名。"

这个译本并非原本，而是经由译者针对演出的现实环境和人物设置对原剧进行了改编，译者说："为了适应于目前的演出起见，我又大大的修改了一番，这修改，是因为此时此地环境的关系，假使有一天，叫我能够大胆地写出我未写出的对话，也许《浮云流水》，会另换一副面目与骨格。""关于人物的增删，和原著上略有出入，我替主人陈东升又增加了一个女儿，也许，对于剧的雾团，更紧凑些。"

《上海话剧志》记载，民国三十年（1941）"1月23日，复旦大学学生组成的云海剧社在卡尔登大戏院首次公演《浮云流水》（三幕剧），张宛青编剧，吴永刚、周起、傅威廉导演"。这次的演出，由译者担任编剧。导演为吴永刚，1907年出生于上海，1925年就进入上海百合影片公司做练习生。近十年的磨砺，让他掌握了做导演的全面扎实的业务功底，20世纪30年代便成为上海的知名导演。直到1983年去世，他一直没有离开过电影界，践行了他早年立下的誓言——"终我身于电影事业"。另外两位导演——周起与傅威廉，也是20世纪30年代活跃在上海电影戏剧界的重要人物。傅威廉（1911—1981）在30年代知名的《日出》《雷雨》《茶花女》《红楼梦》等影片中都参与了演出或导演。

书名页题头有"世界文学名著　法国米尔波原著"字样，扉页有"本剧排演及摄制电影时须得海天书店同意"的声明。该书于1941年3月再版。

## 《大雷雨》

[俄国]奥斯特洛夫斯基著,芳信译。
出版者:国民书店(上海九江路210号内405号)。民国二十九年(1940)十二月出版。137页。编入《俄国名剧丛刊》。

《大雷雨》(The Thunderstorm,1859,五幕悲剧),著者为奥斯托洛斯基,今译为奥斯特洛夫斯基。该剧是俄国剧作家A. N. 奥斯特洛夫斯基的代表作,写于1859年俄国反农奴制斗争高潮时期。作者通过一个家庭生活的悲剧,揭露了封建农奴制度和宗法家长制的黑暗。剧中塑造了卡杰林娜这一19世纪俄国戏剧中最美丽动人的悲剧女性形象。19世纪俄国革命民主主义评论家杜勃罗留波夫曾高度评价卡杰林娜这一形象的思想艺术价值,称她是"黑暗王国里的一线光明"。

卷首适夷所著《序〈大雷雨〉》中说:"为芳信的《大雷雨》译本作序,最适任的应该是芳信兄自己。对于这个奥斯特洛夫斯基毕生最大的代表作品，在文学介绍事业一向不被重视的中国，也已经有了两个译本，芳信在这样艰苦的时期中，着手于有意识的第三次的复译，这工作的本身，已经有力的说明了，他对于原作与译事的郑重的态度，更无须别人来加以申述，于是被指定作序的我，只能说到一些题外的话。"接着，适夷介绍了上海沦陷后的文艺活动和外国戏剧译介情况，指出："这种不是从舞台上而是从纸面上所传达的世界的戏剧作品，对于中国的演剧运动，是在进行着培栽的功夫的。当然戏剧作品的最大的效果不能与舞台分离，……不仅从纸面上，同时也在舞台上接受西洋艺术的时期，在慢慢的到来了，因此作为介绍西洋戏剧的桥梁的纸面上的翻译工作，也必须到来一次彻底的转变。"《大雷雨》这部戏剧"是经常被我们的剧团所搬演的。在那么害怕外国剧本的中国剧人中，奥斯特洛夫斯基的剧本独被垂青，自然因为他笔下的旧俄罗斯的黑暗阴惨的生活，与愚蠢偏执的性格，在我们今天的现实中，还是活生生的存在的缘故，因此他不但在进步的剧团里受到热烈的拥护，甚至在改良文明戏的戏院里，也博得了不少太太小姐们的伤心的眼泪。但是这些剧团和戏院所介绍的《大雷雨》是不是真实的奥斯特洛夫斯基的面目呢？只消我们看他们所根据的译本，就不得不大吃一惊了。原有译本所有的模糊，删漏以及改译的歪曲，使这个戏剧成为一个纯粹的家庭悲剧的故事，而原作所有的社会关系和社会性格在我们的观众前是完全失掉了影子。芳信因为替中青剧社导演此剧，校阅原有的译本，觉得和原作差异得太多，着手做了一度的修改，但修改的结果仍不能令自己满意，便索性重新来一次复译。由于这个复译，不但使中国的演剧工作者又得到一个好的剧本，而且也使一向被模糊介绍的奥斯特洛夫斯基，重新在中国观众前显出了真实的面目。这样的复译工作是值得称崇的，尤其是对于奥斯特洛夫斯基这样的作家和《大雷雨》这样的作品。"

该书扉页有 A.奥斯托洛夫斯基像、两帧剧照及题词"献给芳子"。译本于1944年由世界书局再行刊印，1947年10月再版，1949年6月3版，编入《俄国名剧丛刊（第5册）》。该版书末附日本米川正夫的《关于奥斯托洛夫斯基》一文；1945年3月由重庆灿烂书店初版，编入《世界名剧选》。

# 1941年

《世界名剧精选》(第二集)
《马格大》
《斗争的插曲》
《钦差大臣》
《孩子们底智慧》
《鹰革尔夫人》
《费嘉乐的结婚》
《生命在呼喊》
《沙杜南》
《卐字旗下》
《魔鞋》

《幸运鱼》
《如此社会》
《巡按使及其他》
《仇敌》

# 二月

## 《世界名剧精选》（第二集）

[美]来斯等著，舒湮编，顾仲彝等译。

发行者：光明书局（上海福州路二九六号）。民国三十年（1941）二月初版。204页。

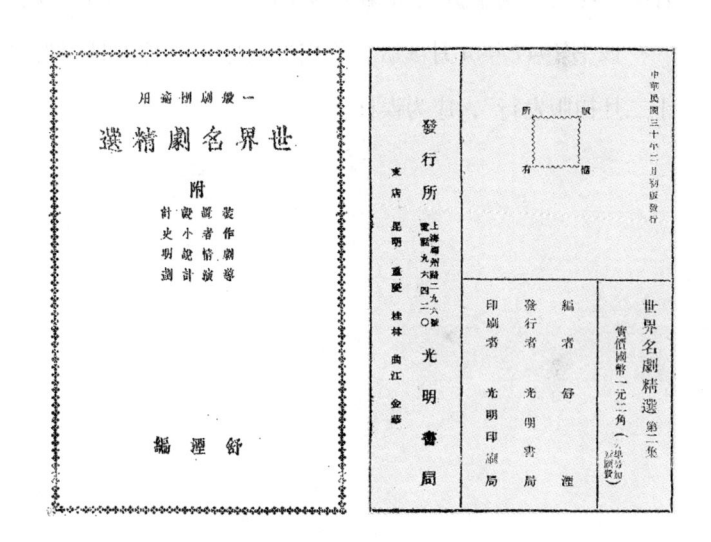

《世界名剧精选》（第二集）收入六部戏剧，包括《雪的皇冠》（美国来斯著，顾仲彝译）、《蠢货》（俄国柴霍甫著，曹靖华译）、《潮流》（美国梅德敦著，罗家伦译）、《结婚》（苏联左勒克著，江水译）、《哑妻》（法国东朵著，刘小蕙译）、《幽会》（美国泰金东著，庸人译）。每部剧前有一帧插图，后附"装置设置"、"作者小史"、"剧情说明"和"导演计划"。

书中收录的剧本大多在刊物上发表过，其中《雪的皇冠》发表于1931年《小说月报》第22卷第1—6期；《蠢货》发表于1933年《青年与战争》第19、20期；《结婚》发表于1937年《光明》第3卷第2期；《幽会》发表于1939年《戏剧杂志》第3卷第3期。译者江水，即姜椿芳的笔名。

该书第一集于1939年12月由光明书局刊行，译者在书末《跋》中说："自从《剧选》第一集刊行后，整整隔了半年，这第二集方才问世。这是因为编者参加剧团实际工作，将搜选的事搁置了。第一集的销路相当好，可见读者对于这种剧选集子认为是需要的。不过，编者对自己的工作，并不能认为满意。好在自第一集出版后，接着另有《独幕剧选》（戈戈，柳木森合编）与《好剧本》（易乔编）的印行，足以弥补我的失败。"

该书1947年4月3版，版权页上标注的初版时间为"中华民国廿八年十二月初版发行"，应为误标。

# 三月

## 《马格大》

[美国]罗克维著,党美瑞修订,潘玉梅译。
出版兼发行者:广学会(上海博物院路一二八号);
广学会昆明发行所:云南昆明北门街七十八号甲。民国三十年(1941)三月初版。44页。

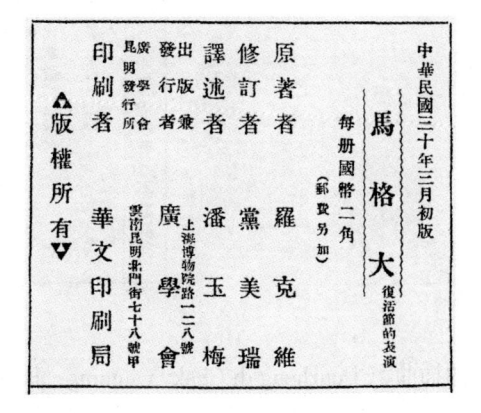

《马格大》(1843,独幕剧),封面页书名上题有"复活节的表演"字样。卷首有中英文对照,介绍了本书内容:"《马格大》是一本短剧,剧的地点是在耶路撒冷城一位希腊人家里的花园,这位希腊人有个女儿,名马格大,已和耶稣的门徒多马订婚,全剧的时间是在受难节的前一星期,最后一幕的时间较后数日。剧中大意系叙述各种人物对于弥赛亚的不同见解,直到大家接到耶稣复活的消息以后对于弥赛亚的意义才有确当的认识。全剧人物并不太多，演出当不烦难。"

本书译述者潘玉梅与《发问者》的译者潘玉粿为同一人（见 1937 年）。

## 《斗争的插曲》

[苏联] 李翁聂·林茨、波立斯·弗尔铁霍夫著，王仲明译。出版者：婴社。民国三十年（1941）三月初版。88 页。

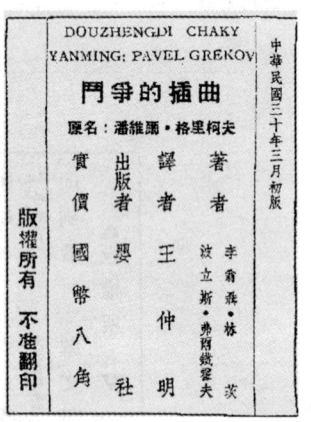

《斗争的插曲》(Douzheng di Chaky Yanming：Pavel Grekov，四幕剧)，原名《潘维尔·格里柯夫》。本书的《代序》是译者翻译的"国际文学编者的按语"，其中介绍说："我们这里发表的剧本《潘维尔·格里柯夫》的作者是两位年青的苏维埃剧作家：波立斯·弗尔铁霍夫是少共团的职员，和李翁聂·林茨。这两个青年是初次写剧本的。"至于为什么选择这个剧本来翻译，按语中说："在《潘维尔·格里柯夫》中没有很严重的艺术上失败；性格的发展不很深刻和曲折；许多地方，作者不能运用适当的字汇，恰好的刻画，使观众感觉舞台上的人物有复杂的遭遇。然而，还是值得一读的，尤其是对这样的人,他希望熟知过去几年中我们人民从事反对他们的敌人,反对托洛斯基派与哈布林派的匪徒及他们的资产阶级的民族主义派的间谍者的韧性的斗争。"弗尔铁霍夫和林茨已写了一个揭露这些敌人的诡计的剧本,叙述一个主要人物——党的青年工作者潘维尔·格里柯夫——的故事,指出怎样认识卑鄙的阴谋家的真正的本质,随便他们隐蔽在什么伪装下面。"

《代序》中说,该剧"第一次是在莫斯科的革命剧院演出,又在国内好几十个大戏院上演,现在变成首都和边境各地许多大戏院经常的节目。这证明它是到处受观众的欢迎"。本书译者王仲明的生平不详,据可见资料,还曾翻译过俄国契尔柯夫卡雅的《苏联文学理论简说》(上海文艺联合出版社 1954 年版)、苏联伊勃拉吉莫夫的小说《总有一天》(时代出版社 1955 年版)等。

# 六月

## 《钦差大臣》

[俄国]果戈理著，芳信译。
发行者：国民书店（上海），1941年6月初版。编入《世界名剧丛刊》。

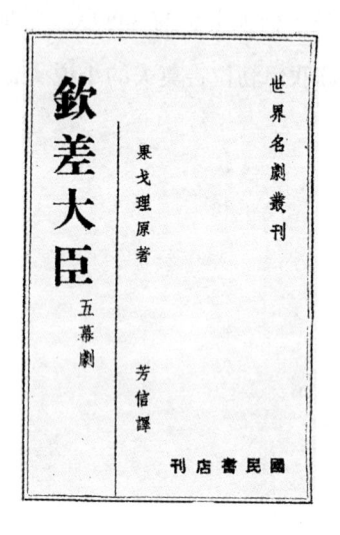

《钦差大臣》（The Government Inspector，1836，五幕剧），又译为《巡按》，"是一部五幕五十三场的讽刺喜剧"，其中描写纨绔子弟赫列斯达可夫与人打赌输得精光，正一筹莫展，却在从彼得堡途经外省某市时，被误认为钦差大臣，在当地官僚中引起恐慌，闹出许多笑话。作品改变了当时俄国剧坛上充斥着从法国移植而来的思想浅薄、手法庸俗的闹剧的局面。果戈理用喜剧这面镜子照出了当时社会达官显贵们的丑恶原形，

从而揭露了农奴制俄国社会的黑暗、腐朽和荒唐反动。（另见《巡按》条目）

果戈理从1834年开始写作《钦差大臣》。1835年10月，果戈理给普希金写了一封信，表示很想创作一部新的喜剧，在这部喜剧里，他要将他当时所知道的俄国的一切好事，将最应该主持公正的地方和场合所出现的所有不公正的事情统统集中起来，一起加以嘲笑。他希望他的挚友能在喜剧题材方面给予帮助。普希金一直热心地帮助果戈理，他把自己耳闻目睹的一切官场上的趣闻逸事统统告诉果戈理。这些富有辛辣趣味的故事就是果戈理著名讽刺喜剧《钦差大臣》最原始的素材。1835年年底，果戈理完成了《钦差大臣》的初稿。1836年4月19日，《钦差大臣》在彼得堡亚历山德拉大剧院演出。

该书扉页有"为纪念四姑刘和珍"字样、"N.果戈理"插画和池宁设计的场景插图。正文前有《性格和服饰（演员注意）》，其中介绍了本剧中市长及其妻子安娜·安德烈芙娜、青年希勒斯太可夫、仆人奥西泊等主要人物的性格与服饰。国内公演情况请参见本书《巡按》条目考录部分。

该书后由上海世界书局（1944年、1947年）、中华剧艺社文学部版（重庆文风书店1942年）另行出版。另有唯明译本（世界出版社1945年版）；沈佩秋译本，译名为《巡按》（启明书局1937年版）。

## 《孩子们底智慧》

[苏联]托尔斯泰（Leo Tolstoy）著，穆俊译。
出版者：少年出版社；
经售处：文国服务社（上海福州路三七九号）。一九四X年（1941）X月出版。81页。

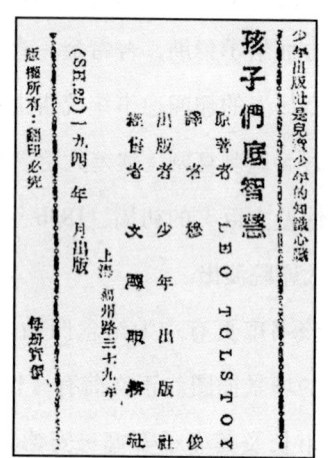

《孩子们底智慧》，该书为托尔斯泰所写童话剧，无序跋。书名页题有"献给在苦难中成长的新中国的孩子们——译者"。版权页侧边写有"少年出版社是儿童少年的知识心脏"。

该书共收入《宗教》《战争》《祖国：国家》《捐税》《谴责》《仁慈》《酒醉》《死刑》《牢狱》《富翁》《爱那些损害你的人们》《报纸》《悔恨》《艺术》《科学》《控告》《刑法》《私有财产》《孩子们》《教育》儿童对话短剧20篇。

# 八月

## 《鹰革尔夫人》

[挪威] 易卜生（H. Ibsen）著，石灵译。
出版兼发行者：金星书店（上海九江路二一〇号四〇五室）。一九四一年八月初版。214页。编入《易卜生戏曲全集》。

《鹰革尔夫人》(Lady Inger of Ostrat，1855，五幕剧)，原名为《厄斯特罗特的英格夫人》。序言作者威廉·阿奇介绍说："一八五五年一月二日，《鹰革尔夫人》(Lady Inger of Ostrat) 产生出来———件的确仍是没有成功的作品，但第一次地显出了一个伟大的戏剧家将要出现的确定的希望。在一八七〇年从德莱士登（Dresden）发出的给丹麦批评家彼得·汉申（Peter

Hansen）的自传式的信里，易卜生说：'《鹰革尔夫人》是一件爱情事件的结果——疾速地落入，剧烈地脱开——我的几首小诗如《野花与盆景》（Wild Flowers and Pot Plants）《鸟歌》（A Bird Song）等，也是归之于那事件的。'"

"在《鹰革尔夫人》里，易卜生从挪威历史上最黑暗的时期选取了主题。斯勿尔王（King Sverre）的开始于十三世纪初的君主立宪，摧残了挪威的旧贵族。那些大族一个一个的消灭，他们的产业集中在少数残存者的手里，那些人把他们的财产看做不受义务限制的特权。到了十六世纪初，贵族中的爱国精神和为公心消失殆尽，同时那旧贵族在它面前败落的君主政体，自己也完了，或竟说它已没入（从一三八〇起）丹麦的王冠。农民在很久以前，也已失去他们对政事的声音；因而挪威是低首屈服，了无生气，听着丹麦主子的摆布。是在这民族最消沉的时期易卜生安放下他的悲剧；事实上那消沉比他表现的还要深切，因为构成剧情制动力的自由的渴望，反抗的骚动，都是诗人玄想出来的，或至少是理想化了的。鹰革尔·基尔登拉伏夫人事实上是当时挪威最大的人物。她出身最高，最有钱，还许是国中最有能力的女人。"作者在序中详细剖析了该剧的历史背景、人物原型、上演情况等，同时也指出了该剧的不足。最后，他说："说《鹰革尔夫人》完全没有价值，远不是我的意思。纵有这一切缺点，在我看来，它显然还是大诗人的作品——在 The Vikings at Helgeland 之前易卜生的唯一的一篇戏，可以这样说。也许是早先的印象引起我的误会的；但我依旧不能不在鹰革尔夫人身上看出了含有真正悲剧之伟大性的形象；在尼尔·赖克身上看出了文学中少数真正地善于引诱者之一；并且在许多对话的段落中看出了大作家的手法。"

书名页书名下有"威廉·阿奇序""石灵译"字样。版权页"著译者"所写"芳信"为错印。

## 《费嘉乐的结婚》

[法国]包马晒著,吴达元译。

发行人:吴文林;

发行所:文化生活出版社(上海福州路三八四弄)。民国三十年(1941)八月初版。264页。编入《文化生活丛刊·第廿七种》(巴金主编)。

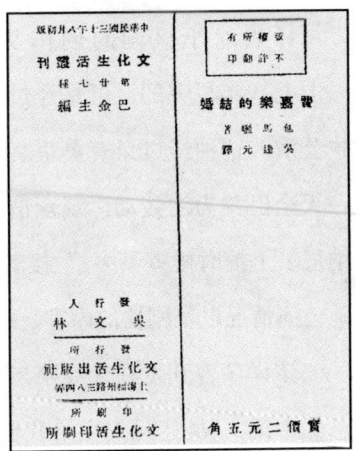

《费嘉乐的结婚》(Le Marriage de Figaro ou la FolleJovrneé,1778,五幕剧),关于该剧的内容及演出情况,详见《费迦罗的结婚》考录。

在本书《序》中,译者详细介绍了作者及译文的情况,他说:"《费嘉乐的婚姻》(注:在《戏剧与文学》1940年第1卷刊发时为'费嘉乐的结婚')的作者原姓卡隆(Caron),一七三二年生于巴黎,后来得志,就改了贵族的姓,叫做包马晒(de Beaumarchais)。他是一个钟表匠的儿子,继承父业,发明了一种机件,能制造很小很薄的表。他又是音乐家,当过路易十五女儿们的音乐教师。他也是理财家,是那时代财政家巴黎杜弗内(Paris-Duverney)的亲信人。他也是阴谋家,暗中帮助过美国争独立,反抗英国。他也是外交家,曾被派到西班牙,英国,德国,奥国办理秘密外交事件。他有雄辩的天才，他经过不少案件。虽然有时也会败诉，下过好几次狱，但是总得着一般民众对他的同情。在情场里他是每战必胜的，他一共结过三次婚；当时甚至于有人疑心他前两位太太是被他谋杀的。他生平无论做什么，没有不成功的，而且他什么事都肯担当，都敢担当；他有大无畏的精神；不怕权贵，连路易十六也不放在心上。他的文学作品备忘录（Le Mariage de Figaro）等也处处十足表现这大无畏的精神。"

译者对于该剧的创作及公演也有所说明："《费嘉乐的结婚》是一七七八年写完的，可是经过七次检查，六年奋斗，才得在一七八四年正式公演。这种经过只有莫里哀的《伪君子》稍微可以比较比较。上演的第一天全巴黎为之轰动。观众情绪的紧张和高乃依的《西德》及嚣俄的《厄纳尼》上演时候差不多。"接着译者详细地介绍了该剧通过检查的过程、各地公演情况以及剧情的内容、结构、人物、风格等。

该译序曾刊发在《戏剧与文学》1940年第1卷第3期，文末《编者附志》中说："吴达元先生给我们译出了《费嘉乐的结婚》，现在又承他答应把译序先在这里发表，使我们知道原作自动笔以迄于争取演出其间经过了多少波折，该剧的作风及意义怎样，等等，这实在是值得浮一大白的快事。闻该剧不久即将由上海剧艺社上演云。"

1944年，《飙》创刊号上刊登了署名"龙彧"的书评《费嘉乐的结婚》，其中说："《费嘉乐的结婚》是一出五幕喜剧，它的刻骨的讽刺性，高度的幽默感，还有浓郁的浪漫气氛都是它成功而为观众欢迎的原因。……在《费嘉乐的结婚》中，我们可以随处觉得这种大无畏精神的表现，他的漫骂他的攻击都出之以嘻嘲的态度，使人有轻松之感而不觉它枯燥严厉。"

该书扉页有包马晒像，注有"费嘉乐的结婚 又名：狂欢的一日"。后附有《剧中人物的个性和服装》一文。该剧另有柳木森译本，题名《费迦罗的结婚》，上海中国图书编译馆1940年7月初版。

## 《生命在呼喊》

[苏联]贝洛·贝尔采可夫斯基著,葛一虹译。
出版者:孟夏书店;
总经售:时代书店(香港皇后大道中八八号)。民国三十年(1941)八月初版。110页。

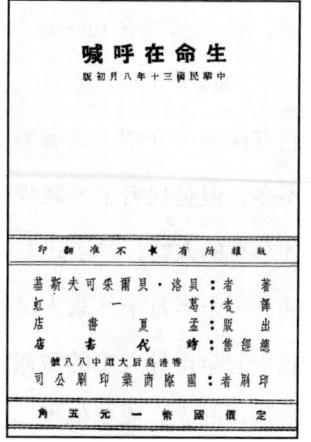

《生命在呼喊》(四幕剧),卷首有译者《前记》,卷末附《苏联电影与苏联戏剧给予了我们什么》一文。

译者说:"译文根据的是一九三六年莫斯科外国劳动者出版社的英译本。""原作者贝洛·贝尔采可夫斯基,按俄语义译是'白色教堂',大概是一个笔名。关于他,在中国好像还没有过介绍。可资参考的材料简直不易多得。所知道的,只有在'拉普'解散,苏联作家协会正式成立之前,他是高尔基法捷耶夫等十余筹备委员之一。此外,费得连科先生告诉我,他曾经在他的祖国见过颇受欢迎的演出。作者是一个负盛名的作家。"

关于剧本的翻译,译者说:"有一次几个朋友聚在一起谈话,觉得我们现时所有的剧目未免有些单调。为要使它丰富一点,便想到了上演外国剧本。自然，这种剧本须与现实多少有关，同时，写作技术也须相当优秀。大家都热望有一次态度严肃，成绩优异的演出。但是剧本在哪里呢？当时我提出了贝洛·贝尔采可夫斯基的《生命在呼喊》。朋友们随着表示了同意。于是决定四个人，每人担任译一幕的工作。这样做法无非为要迅速地实现我们的理想。不久，这个剧本便由中国万岁剧团预告了出来，列为他们上演剧目之一。……在翻译上，我曾经说过《带枪的人》是我的痛苦纪录，那么，《生命在呼喊》在我看来该是一个时代的苦难纪录了。"

1941年10月16日，在茅盾主编的《笔谈》第4期《书报春秋》栏目刊有该书的介绍，著者署名"玄"，他说："这是个四幕剧。这里的人物虽不多，但是代表了苏联现代几种典型，一望而知，这都是社会主义国家中才会有的人物；即使其中弱点最多的一个（尼吉丁），也不是旧世界中所有的。三个半月来苏联人民英勇抵抗了希特勒法西斯军队最凶猛的侵略，已经引起全世界人士的敬佩。对于苏联的一切不正确的估计，已在一点一点被修正起来，成见偏见，武断瞎说，在铁一般的事实前，失去了地位；凡是有理性有正义感的人士，都渴望从事实上去更多的了解苏联。关于苏联的雄伟经济机构，庞大的军事力量，丰富的国防资源等等，成为人们注意的焦点，而且也被论述得相当多了，然而关于生活在这世界六分之一土地上的人民，他们想的是什么，做的是什么，他们所认为比生命更重要的是什么，却还很少知道——至少在一般人是知道得很少的。什么都得人去做，都得人力来完成，所以了解苏联人民也是同样重要的。这一个剧本就可以帮助我们了解苏联人民。"

译者的《序言》经修改后分别在《华商报》（1941年第110号）和《人民世纪》（1946年第7期）刊发。本书另有天下图书公司1946年4月（上海）、1949年5月（北平）出版的两个译本。

# 九月

## 《沙杜南》

[法国] 格莱尔（Henry Grall）著，姜贤弼译。
刊行者：公教出版社（天津马厂道工商学院内）；
印刷者：大东图书局（天津英租界小白楼）。民国三十年（1941）九月初版。100页。编入《黎明文学丛刊》（朱星元主编）。

《沙杜南》（四幕剧），版权页有"天津主教文准"字样。卷首有狄守仁写于1941年9月15日的《序言》，其中介绍说："这个剧本是法国青年作家格莱尔（Henry Grall）的一篇力作，同时在公教文艺界所出版的剧本里，也算是比较优秀的一种，去年冬天我看到了这个剧本之后，便立刻介绍给姜君，把它译成了中文，现在又蒙公教出版社把它编为黎明文学丛刊的第一种，我想，《沙杜南》在中国也许要走一阵红运了。"

该剧"所描写的，乃是一篇悲壮勇毅的故事，是的，《沙杜南》自始至终，都是被'勇毅'的气息交织着。……读了《沙杜南》这个剧本，我们所得到的，乃是一种勇毅的教训。在这个剧本里，沙杜南和若望两个角色，是都可以称做勇毅的，因为他们两个人，都是为大众而牺牲了自己的生命，并且这种牺牲还丝毫不含自私自利的观念。然而这两个人牺牲的方式是不同的。沙杜南，这个不幸的孩子，虽然出身于为普通人所轻视的劳动阶级，可是最后竟摇身一变而成了一个崇高的勇士，他是为了服务大众而死于残酷卑劣的手段之下的，但是，他这种勇敢的牺牲只是激于一时的血气，所以直到临死的时候，他才觉悟出他这种牺牲乃是为了大众的利益。若望的牺牲，乃是渐进的，累积的，好像鲜血一样一滴一滴的从他的身体内流了出来，他是在医院里静悄悄地死去了，但是，这种因长期的对于大众的服务，而牺牲了自己的生命，当然较沙杜南的'匹夫之勇'，更胜一筹了"。

该书版权页印有《发行旨趣》："在这夜色将尽晨曦即现的大时代中，文坛依然是被商人操纵着，不见一线光明，才子佳人的传奇，鸳鸯蝴蝶的小说，忘掉现实的呓语，描写性欲的名著（？）充斥市面，我们不忍坐视青年们受这种毒害，遂有黎明文学丛刊的编印，虽然在这里面并没有一流作家，但是选书宁缺毋滥，定价力求低廉，也可以算作我们的特色。"

## 十月

## 《卐字旗下》

［英国］劳合（A. L. Lloyd）、维诺格拉道夫（Igor Vinogradoff）著，张白山译。
发行人：金长佑、申止固；
发行者：五十年代出版社（重庆新生路四十号），民国三十年（1941）十月初版。282页。编入《五十年代翻译文库·第四种》。

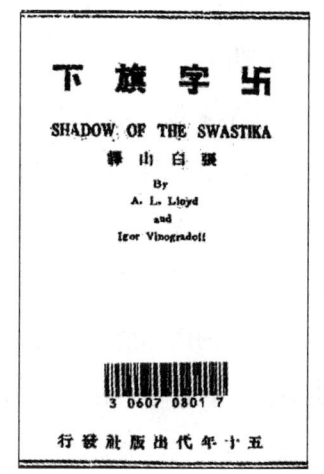

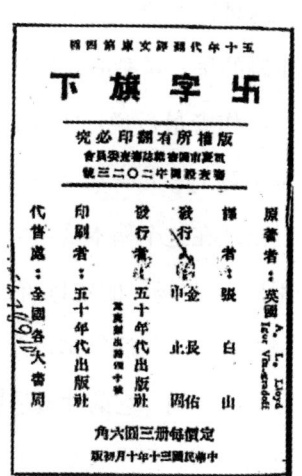

《卐字旗下》(Shadow of the Swastika，1939，六幕广播剧)，卷首有作者撰写的《关于本剧的写作经过及其演出》和《主要人物一览》。作者介绍说该剧的产生是应"英国广播公司"的要求，"一九三九年一月，'英国广播公司'要求我们根据素材的事实，把纳粹党的产生，它的宗旨，以至引起

这次同盟国与德宣战的发展步骤，写成一个广播剧。……这个节目，已经注定每两星期广播一次（一幕），需要用很大的速度写成。这时形象及戏剧都已疏散到省区去了。我们像孤零零的哨兵般被安置在广播大厦的一个临时办公室，开始从百多本英文的，德文的，法文的书籍，剪报，杂志，以及机密的报告中，提取材料，赶写出一个关于国社党历史的，同时是当代的，权威的剧本。……一个月后，初稿（第一幕）完成，并开始预演。但是材料的归集和提用一直到最后一幕写完时才终止。……根据听音检统计（一种记录一个节目的听众之约数的仪器），《卍字旗下》每次的听众总有一千二百多万人。我们觉得我们有权利这样说，没有别的形象节目曾经吸引过这么许多人去听它。……一般来说，为广播而写剧本，要用最大的注意和最大的技巧去为'声音'创造出一种良好的印象。精细的字句修饰在这种短促的传送中还属次要。尤其是当一个人不得不写得很快时为如此。本剧的每一幕都是需要在两个星期内编成"。

作者最后说："《卍字旗下》本来包含八幕剧和一个'收场'。其中两幕是对于一九一八至一九二〇年的全部纳粹历史作一个全貌的描写。它们是出现在这个稿本的主要场面扩充而成，把它们放进这册子里并没有多大用处。'收场'的题目叫做'纳粹在战争中'。它完全是描写欧战从爆发到一九四〇年年底德国以及其占领区的内部情形。它的形式与全稿的其他部分有些不同。它的性质是更为疾驰（走马看花），它的目的是欲使这故事里更为新鲜。但是自从它被广播到现在已经有好几个月，其中所包括的材料大部分已经在更大的事件下变为不足取。因此把它包括在这册子里已认为不必要。这里所剩下的稿本，是特别编排过的，它的内容是把从上次大战到这一次战争之间的纳粹历史，尽可能用客观的态度加以戏剧化，它们只是稿本，广播的成功大部分依靠于佐治·华尔塔的光辉的音乐，演出者罗兰士·基尔廉的同样光辉的劳作，以及大众演员的一致的热情和智慧。他们协助着证明了'英国广播公司'里面和外面的许多人所怀疑的问题，即，'事实'比之'虚构'更为醒目，更能感动，更容易获得戏剧上的效果。"

该书封面题有"广播剧本"字样。六幕分别是《领袖的产生》《权力之路》《纵火国会》《希特勒统治德国》《阴影的扩张》《走向战争之路》。

## 十一月

### 《魔鞋》

[苏联]加·马特维也夫著,梁琼译。
发行人:陈劭先;
发行者:文化供应社(桂林丽君路)。民国三十年(1941)十一月初版。67页。编入《少年文库》丛书。

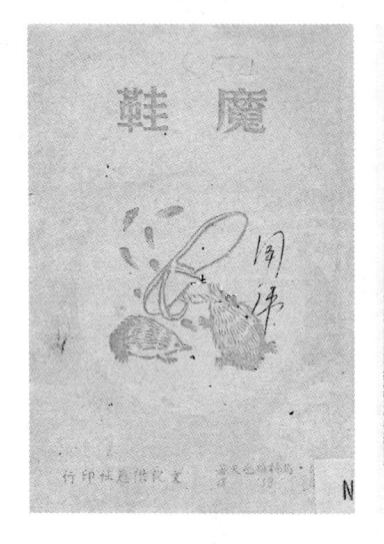

《魔鞋》(二幕童话剧),该书无译者序跋。卷首有《少年文库刊行旨趣》,介绍了文库刊行的情况,摘录如下:

这几年来,在文化界和教育界工作的同志们,都同样的感觉到，少年们的文化食粮实在太缺乏了。抗战发生以后，我们的文化工作，有了长足的进步，但也正因为大家的眼光都集中到动员，注视到抗战上面，对于少年们精神食粮的供给，反而忽略了，以致使我们的少年，长期的陷于精神食粮的恐慌和饥饿之中。……

但这个工作，并不是完全没有人注意到；在上海继儿童书局之后，已经有专门印行少年读物的出版机关出现了，全国文艺界抗敌协会桂林分会，也为这工作特别成立了"儿童文学研究组"，我们这个"少年文库"的出版，并不想夹杂在这中间凑热闹，而是想贡献我们一小部分的力量。

这个文库的内容，包括的范围颇为广泛，举凡适合于少年们阅读的故事、童话、小说、剧本、诗歌、谣曲、游记、以至自然科学、社会科学等无所不包，每册字数略以二万到三万为率，文字力求简洁生动，并具有新鲜活泼的意趣。……

该书封面及正文内有插图，封底印有"广西省图书杂志审查委员会审查证书第七九二号"。1942年4月再版，1947年11月上海文化供应社又版。

## 《幸运鱼》

[苏联] 塔拉科夫斯加著，梁琼译。
发行人：万民一；
发行所：文化供应社（桂林丽君路）。民国三十年（1941）十一月初版。57页。编入《少年文库》丛书。

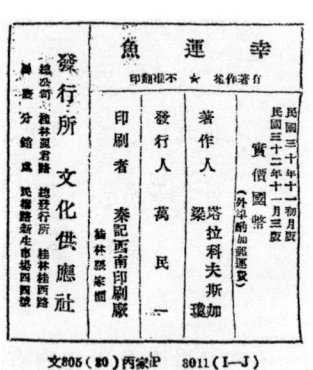

《幸运鱼》（六幕儿童剧），本书无译者序跋，卷首有《少年文库刊行旨趣》（参见《魔鞋》条目）。

该书封面及正文内有插图，封底印有"广西省图书杂志审查委员会审查证书第六九〇号"。1942年5月再版，1943年11月3版。

# 十二月

## 《如此社会》

[英国]康各瑞夫著,王象咸译述。
发行人:王云五;
发行所:商务印书馆(长沙南正路)。民国三十年(1941)十二月初版。169页。收入《世界文学名著》丛书。

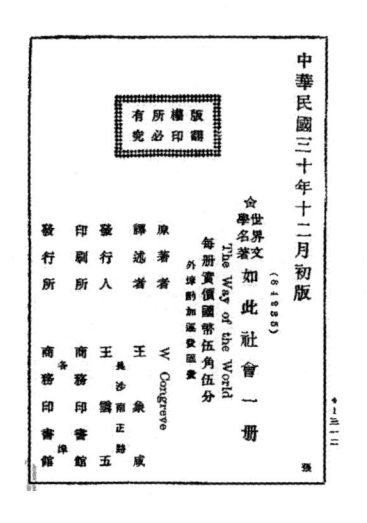

《如此社会》(The Way of the World,1700,五幕喜剧),另有译名《世故人情》,今译为《如此世道》。

书前有译者的《自序》(1937年1月6日),其中说明了翻译此剧的过程及缘由:"三年前我起始翻译《如此社会》,共费五个月的时间,写出最初的草稿,以后又经过多次的修改,终完成现在的译本。"之所以翻译此剧，是因为"中国文坛上戏剧最不发达，尤其是喜剧"。而"英国的戏剧在世界文坛上占主要的地位，在质与量上大大超过中国的戏剧，但中文的译品却寥寥无几。《如此社会》是英国喜剧作家康各瑞夫的杰作，到现在我们还未曾见到它的中文译本。所以译者不揣浅陋，便有这次的实验，虽然剧内的许多精彩很难借第二国的文字传出"。

对于译文的内容，译者认为是"暴露社会一方面的作品"，并介绍说："《如此社会》是一本表达民情的喜剧，共分五幕，每幕又分若干场。它叙述金钱和爱情从中作祟，使人类做出许多奸险及可笑的事，它的材料的丰富，意境的新颖，情节的紧张，比喻的俏皮，别有一番风姿。倘由未曾读过西洋文学的人读来，就好像未曾吃过西餐的人吃西餐，一定会尝到特别的滋味。"

## 《巡按使及其他》

[俄国]果戈理著，耿济之译。
发行人：吴文林；
发行所：文化生活出版社（上海钜鹿路一弄八号、重庆民国路一四五号、汉口交通路二十四号）。民国三十年（1941）十二月初版。360页。编入《译文丛书》（黄源主编）、《果戈理选集四》。

据《作家》第1卷第3号广告，本书原定包括果戈理的六部作品：《狄康卡近乡夜话》、《密尔格拉德》、《鼻子及其他》、《巡按使及其他》和《死魂灵》（第一、二部）。鲁迅在给孟十还的信中提到此事："先生最好先把《密尔格拉特》赶紧译完，即出版。假如定果戈理的选集为六本，则明年一年内应出完，因为每个外国大作家，在中国只能走运两三年，一久，就

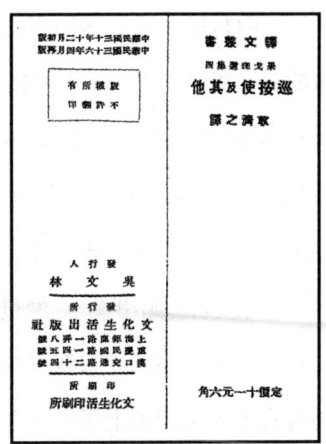

又被厌弃了，所以必须在还未走气时出版。第一本《Dekanka》，第三四本'小说，剧曲'；第五六本《死魂灵》，此两本明年春天可出。《死魂灵》第二部很少，所以我想最好是把《果戈理研究》合在一起，作为一厚本，即选集的结束。×××的译稿，如错，我以为只好彻底的修改，本人高兴与否，可以不管，因为译书是为了读者，其次是作者，只要于读者有益，于作者还对得起，此外是都可以不管的。"文中被收信人涂去的三个字（用"×××"表示），即耿济之，他的译稿，指《巡按使及其他》。本书为戏剧合集，其中包括《巡按使》（五幕剧）、《婚事》（二幕剧）及独幕剧《赌徒》、《官员的早晨》、《打官司》、《仆室》、《断片》。

译者说："在五六年前就想动手翻译的这本集子到现在才算脱稿。《婚事》早经译出，在《译文》上发表过。《巡按使》当时已经译了一半，后来因事搁置，直到最近才继续完成，再译了五种短剧，凑成了这本集子。果戈理的戏剧本来不多，除去著名的《巡按使》以外，只有些短篇的戏剧，有些甚至是未完稿的断片。在这个集子里，除有两篇以外，其余的剧作都已被采入。这两篇是《戏院门前》和《阿里佛莱脱》。译者未予采入本集的原因，乃为了第一篇不能认作真正的戏剧，而'只是在戏剧的形式里的一篇杂志论文'，（白林斯基语），至于第二篇则用英国历史的事实衍译而成。果氏自己不懂英文，所译名词大半不正确。所以这两篇短剧决定不采进去了。"

在《译者前记》（1940年7月）中，译者分别介绍了集中各剧的创作情况，《巡按使》是"从一八三四年夏季起即着手写《巡按使》，次年初稿成，以后迭经删改，到一八四二年方才完稿"。《婚事》是"一八三三年就起意写《未婚夫们》（后改名《婚事》）。经过了一八三四至一八三五年，一八三八至一八四〇年的修改，到了一八四二年才脱稿，将它排演和出版。……在《婚事》的题目底下果戈理加上了一个小题：'完全离奇的事件'。在一方面无聊地硬叫人结婚，一方面本想结婚是终于逃婚的，真是'完全离奇'的故事中间，包含着在每人身上多少隐瞒或显露着的人性的软弱和丑恶，和社会上对于婚姻的观念"。"《赌徒》创作的时间未能确定。出版的日期为一八四二年。它曾和《婚事》同演于彼得堡。这个喜剧不是虚构出来的，却是根据赌徒实在的行为的事实而写成的。""最后的四篇短剧，——实际上说来，并不是短剧，而是几个零段的场面，——本来是从一部未完成的喜剧《三等佛拉地米勋章》里改编而成的。这篇未完成的喜剧的主角，据说以领到三等佛拉地米勋章为一生的大目。在各种勋章中，圣佛拉地米勋章享受特别的优权和尊重，须有特别劳绩和多年服官方有领取这勋章的希望。剧本主角努力领得这勋章的事实成为喜剧的基本的题材，就从这里发展出各种笑料来。最后，主角发了疯，心中幻想他自己就是三等佛拉地米勋章。这喜剧如果写成，以作者富于幽默和讽刺的才能，必能成为一部杰作。……单就从四个断片的短剧而论，它们也各自成为优美的，值得我们欣赏的作品。""《官员的早晨》（作者原题为《官员的早晨》，后来付印时改为《干员的早晨》，但华译本上则仍其旧名），发表在一八三六年的普希金主编的《现代人》杂志上面。《打官司》和《仆室》完稿于一八三九年或一八四〇年春。《断片》则于一八三七至一八四二年间几经修改，最初见于第一版的《果戈理作品集》中。"

该书扉页有"巡按使'哑场'"（果戈理手稿）和果戈里像（万涅齐央诺夫画）。《巡按使》后附"《巡按使》第一次公演后作者致某文学家的书信的断片"。1949年3月3版。

## 《仇敌》

［苏联］高尔基著，适夷译。
出版兼发行者：国民书店（上海九江路210号405室）。民国三十年（1941）十二月出版。125页。编入《高尔基戏剧集2》。

《仇敌》(Враги，1906，三幕剧)，该剧"作于一九〇六年，与《母亲》同时；也跟《母亲》一样是高氏纯粹写叙产业工人斗争的重要作品。……《母亲》和《仇敌》，都是他亲身参加一九〇五年的革命斗争，带着神圣的信心和热情而歌唱出来的近代产业工人阶级的胜利的歌声。在后者中，他特别着重于两个大阶级的强烈的对照。像一幅色彩明显的两面书，写出一个在殆败崩溃下去的阶级，和一个在勃兴成长起来的阶级"。

  针对该剧，译者认为："在戏剧的艺术的造就上，它不像《下层》一样富于哲理的诗的气氛，但是正和《母亲》跟他的其他小说作品不同一样，他在这里是特别着重于明快跃动的大众化的姿态。尤其是《当太阳的孩子们》，《野人们》等戏剧博得一般的恶评以后，《仇敌》的出现，又是正对高氏戏剧才能衰弱的评语的一个有强烈的答复意义的作品。"

  在这篇序言中，译者摘译了普列哈诺夫的《工人运动者的心理》一文，作为译本的代序。该文的开篇说："《仇敌》正在社会心理学的意义上有着特殊的兴味，我愿意把这个戏剧推荐与对近代工人运动者的心理有研究兴味的人。"接着作者从工人运动者的心理层面分析了该剧的人物、剧情等方面，最后说："在《下层》常常上演的柏林，这个戏没有得到成功，这事实并不使我惊奇。描得很美的'赤脚人'，可以拉住资产阶级的艺术爱好者，可是描得很美的意识工人，必然要在他们心里引起最不愉快的观念体系。至于柏林的无产阶级，他们在这样的冬天，是没工夫来看戏的——"

  译者接着普列哈诺夫的话说："这最后的一节，也同样可以解释为什么《下层》有那么多外国的翻译和公演，而《仇敌》却在国外一般的不被人所提起。但这样的情形显然已在变动了，不单十月革命后的俄国，这个剧本常常被苏联的演剧工作者所公演，同样，我也能在这样民族战争的苦难的时期，有机会把它介绍过来。"

  该书另有芳信译本，旅大中苏友好协会 1949 年 5 月初版。

# 1942年

《吉祥天女》 《三姊妹》
《钦差大臣》 《苏伏罗夫元帅》
《仲夏夜之梦》 帅
《中国孤儿》 《苏伏洛夫元帅》
《马门教授》 帅
《天上人间》 《苏瓦洛夫元帅》
第十二夜 帅
《微尼斯商人》 《光荣》
《浮士德》
《暴风雨》
《新木马计》
《莫扎特》
第五纵队
《凡隆娜二绅士》

# 一月

## 《吉祥天女》

[匈牙利] 莫鲁那尔著，尚希文译。
发行者：驹越五贞；
印刷兼发行处：满洲图书株式会社（新京特别市西七马路一四号）；
总批发处：满洲书籍配给株式会社。康德九年（1942）一月二十五日发行。259 页。

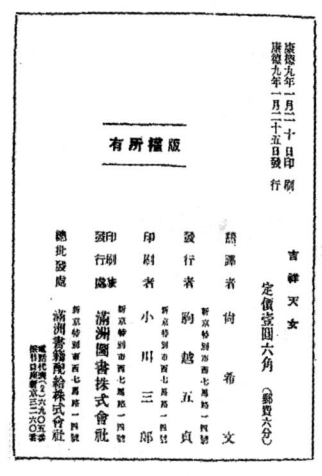

该书收录《吉祥天女》（三幕剧）和《元帅》（独幕剧）两个剧本。书末附《后记》。译者说："本剧原作者'莫鲁那尔'Molnar Ferenc 一千八百七十八年生于匈牙利首都布达陪斯特 Budabest。""他自从一九〇二年的处女作问世以后，已经写了二十几篇的戏曲。以外还有许多小说。……

这《吉祥天女》原名Ajótündér，英译名The Good Fairy是'莫鲁那尔'，一九三〇年的作品。当年十月十一日在布达陪斯特的'悦乐剧场'初演，在美国也上演过，并且曾经拍制影片。在日本筑地小剧场也曾以饭岛正氏的翻译本上过舞台。"

译者在《后记》中首先介绍了匈牙利剧坛的情况，认为"现在（第二次欧战前）的匈牙利剧坛，第一次欧战前那种阴郁沉闷的悲剧已经绝迹，轻快的喜剧有很大的势力在流行着。这也许是因为经过那大战后精神上、经济上千辛万苦的时代，人们都欲求着至少要在舞台上有一番精神上的转换，关于这一点和其他欧洲诸国有共通的情形"。他评价说："'莫鲁那尔'的戏曲，他细部的处理是写实的。不过构成各场面的空气，却是澈（彻）底浪漫的，甚至于可以说完全是空想、美的梦、诗和憧憬。'莫鲁那尔'并不讲哲学，也没有思想的议论。倘如在他的作品里想要寻一些北欧文学里的夸张、和俄罗斯文学里沉闷的恶梦，那一定要使你失望。但是他却有独特的世界。那是优美的、梦幻的场面的展开。那是漂亮的、洗练过的、轻快的、可喜的事件的堆积。并且有着他独到的滑稽、谐谑、讥诮、讽刺、和织细的动人的哀愁。""关联在这种事件里的人物，不论男女，都在憧憬着人生，追求着人生的幸福和享乐。所有的男人，不是轻快的忧郁家，便是爱也爱不得，有着苦恼而感伤的热情家。所有的女人，不是轻薄的美丽的少女，便是熟悉了一切恋爱的手段、性的魅力在燃烧着的中年女子。'莫鲁那尔'是追求人生所有一切的生活，快乐、安逸的诗人，他有着恶魔的聪明和冷静的睿智。他是一个口齿伶俐的说客，喜好恶作剧的小丑，同时是含着讥讽的冷笑家……""假使现代的匈牙利剧文学，可以说是欧洲摩天的金字塔。那么建设这金字塔唯一的功劳者，要算是'莫鲁那尔'。"

该书封面页有插图，书名上题有"世界名著"字样。

## 《钦差大臣》

[俄国]果戈里著，中华剧艺社文学部译。

出版兼发行者：文风书店（重庆民权路新生市场内三七号）。民国三十一年（1942）一月初版。87页。

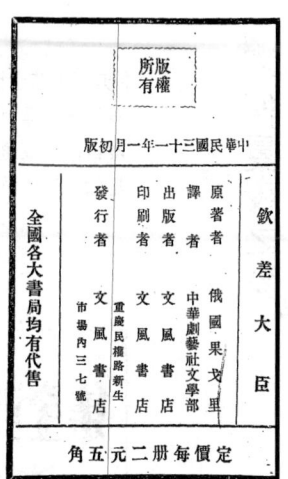

《钦差大臣》(The Government Inspector，1836，五幕剧)，又名《巡按》。关于该剧创作过程及演出情况，详见1941年6月《钦差大臣》考录。

该书封面有插图，书后有《儿女春秋》和《浮士德》新书预告。

## 二月

### 《仲夏夜之梦》

[英国]莎士比亚著,曹未风译。

发行人:华问渠;

发行所:文通书局(贵阳中华北路五七号)。民国三十一年(1942)二月初版。190页。编入《莎氏比亚全集》。

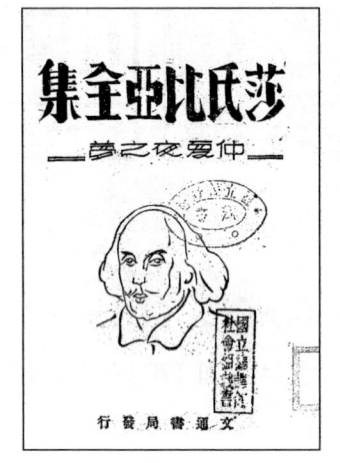

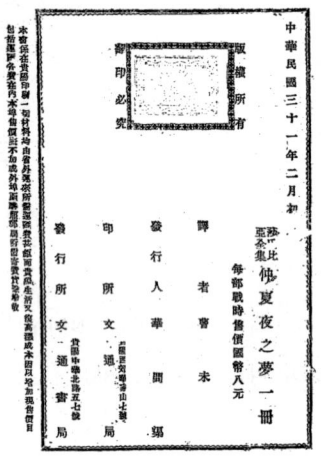

《仲夏夜之梦》(A Midsummer Night's Dream,1594,五幕喜剧),无序跋。该剧是莎士比亚青春时代最为成熟的喜剧作品,首次上演是在1594年5月2日托马斯·赫尼奇爵士和骚桑普顿伯爵夫人结婚前夕,地点是在骚桑普顿庄园,由此可见该剧是婚礼助兴之作。

封面页有莎士比亚肖像图。版权页印有定价"每部战时售价国币八元",侧边注有:"本书系在贵阳印刷,一切材料均由省外运来,所需运输费甚巨,而贵阳生活又复高涨,成本因以增加,现售价目包括运输各费在内,本埠售价暂不加成,外埠函购照邮局所需寄费实际增收。"封底注有"贵州省图书杂志审查处审查证图字第〇五三号"。

曹未风是现代时期翻译莎士比亚戏剧为数不多的译者之一,他从1931年便开始翻译莎剧,历经十余年完成了《汉姆莱特》《马克白斯》《李耳王》《威尼斯商人》《安东尼及枯娄葩》《该撒大将》《暴风雨》《仲夏夜之梦》《第十二夜》《凡隆那二绅士》《错中错》等11种剧本,曾以《莎士比亚全集》为丛书名,由贵阳文通书局于1942年至1944年陆续出版。1946年,上海文化合作公司出版的《曹译莎士比亚全集》收入其中的9个剧本,并加进新译本1种。1949年后,他又重新校译,1955年至1962年由上海新文艺出版社重新出版了《罗米欧与朱丽叶》(《罗密欧与朱丽叶》)、《奥赛罗》(《奥瑟罗》)、《马克白斯》(《马克白》)、《汉姆莱特》(《哈姆莱特》)等单行本。

该书另有朱生豪、梁实秋、方平等人的译本。

## 三月

## 《中国孤儿》

[法国] 福禄特尔（Voltaire）著，张若谷译。
发行人：王云五；
发行所：商务印书馆（重庆白象街）。民国三十一年（1942）三月初版。
54页。

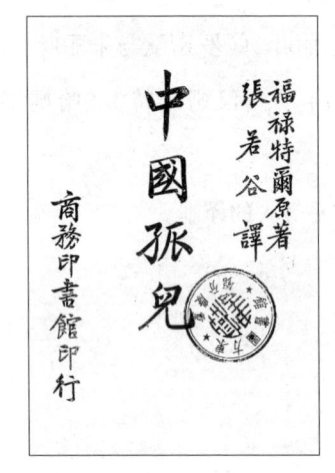

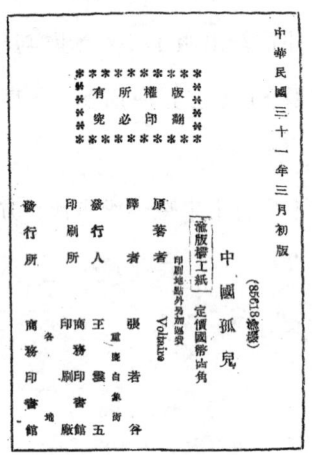

《中国孤儿》（L'orphelin de la China，1753，五幕剧），卷首有"蒋委员长语录"、《中国孤儿本事》和《译者自序》。该书系作者读中国元杂剧《赵氏孤儿》法文译本后，深受感动而仿其意旨创作的。译者在《自序》中介绍了译文翻译的缘起，得张菊生《中华民族的人格》一书，"卷首述程婴立赵氏孤儿事，仆受而读之，莫敢忘国士之亮节遗风"而起意翻译。又说

"乾隆元年，法人杜哈尔德撰中国祥志，选译元曲赵氏孤儿，彼邦文豪福禄特尔诵而爱之，制为戏曲，名曰中国孤儿。（译者注：此剧译本初稿，曾逐日排登中美日报。易名成吉思汗，现仍袭用原名《中国孤儿》）曲中故事情节，与赵氏孤儿迥异。如言成吉思汗霸占中原江山惨戮宋朝帝后等事，均与史实不符。又剧中有涉及日本民族之处，亦属不实；剧终以盛悌受元禄事为结束，似有玷污其人格之讥，故皆予以删节"。

译者在写于1940年12月12日的《译者自序》中介绍，该剧为五幕历史悲剧，"出于法国文豪福禄特尔（Voltaire）的手笔。在一七五三年八月间，福禄特尔写信告诉亚尔尚德，他正在写作一部'充溢着爱情'的悲剧；这部悲剧就是《中国孤儿》，原为有韵的戏曲，如今改译为无韵的白话剧本了。福禄特尔在原作献词中申明：他创作这部戏曲是看了伯莱玛尔（Prémare）教士译的元曲《赵氏孤儿》后所得的灵感。伯莱玛尔教士译的是一个节译本，其后，又经汝利恩（Julien）加以补充，才有了一种完全的译本。在元曲中这部原作名《赵氏孤儿大报仇》。……《中国孤儿》最初在日内瓦试演，并未引起人家的注意。一七五五年八月二十日正式在巴黎上演，却得到意外的成功，前后共公演十六次，并在宫廷中作御前表演，博得法国朝野一致的赞美。福禄特尔开始写这部戏曲时，原来只打算写四幕，后应他友人的要求改成五幕剧。……译完《中国孤儿》剧本，看到作者福禄特尔在结尾所提出来的一句警句：'那是你们的人格！'这是一个异国作家对于中华民族道德的一种评价：也可以窥见我们中国文化受西方学者崇拜的一斑"。

译者最后说："福禄特尔看了《赵氏孤儿》，就编成了《中国孤儿》五幕剧，原题下有注释：'孔子的教训编成五幕'，福禄特尔写这一本戏曲，他并不是欣赏艺术上的价值，而是对于中国的道德表示了深切的共鸣；他曾赞美孔子的人生观道：'我已经留心读过他的书了，我还把里面的一些话摘录下来；我发现里边的话纯粹是关于道德的教训，他只讲德操'。"

该书版权页有"渝版机工纸"字样。封底页注有"重庆市图书杂志审查委员会发给审查证世图字第二三三〇号"。6月再版，1945年5月3版，1942年12月赣县初版。

# 四月

## 《马门教授》

[德国]沃尔夫（Friedrich Wolf）著，萧三译。
发行人：方学武；
出版者：文林出版社（重庆冉家巷十三号）。民国三十一年（1942）四月初版。97页。

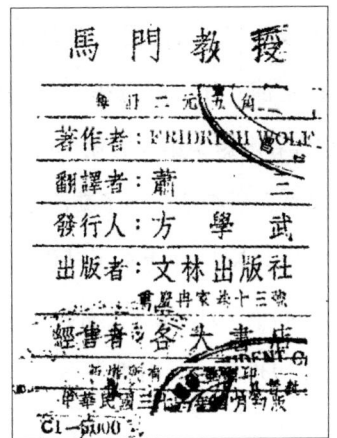

《马门教授》（Professor Mamlock，1933），又译为《马汉姆教授》《希特勒的"杰作"》《马姆洛克教授》，无序跋。

《开明少年》1946年第15期刊登有斯人译写的小说《马门教授》，文前引用了夏衍《法西斯细菌跋》中的话："许多善良的，真纯地相信着医术之超然性的医师们，被法西斯强盗从科学之宫驱逐到现实中来。他们被迫离开实验室，离开显微镜，而把视线移向一个满目疮痍的世界。"

《中学生》1947年第192期刊登有《读"马门教授"》一文，该文介绍道："《马门教授》是华尔夫以希特勒上台以后国社党用武力剥夺人民的生存自由，消灭社会主义者以及其他善良人民的故事为题材写成的。在这部作品里，刻画出了那些残忍者的面目，使生活在'象牙之塔'里的善良者知道怎样去认识人生应走的路向。"

苏联根据剧作将其拍摄成电影，抗战时期在中国上海等地上映，观众反响激烈，普遍认为："这是一个描写在法西斯德国压迫下犹太人的一幅惨无人道的写实影片。这是一个激发人们的心情去勇敢争取被压迫民族的解放而斗争的影片。"(《新华日报》1939年8月16日)该影片1939年8月在重庆公开上演时，曾因德国大使馆以"有碍邦交""煽动复仇"为由提出抗议被禁演，由此促使大后方的文化界和电影界纷纷撰文来支持《马门教授》的上演，比如《新华日报》当月发表的《〈马门教授〉影片事件的始末》、《青春电影》第4卷第26期发表的《名片在重庆：'马门教授'始末记》等文章，详细地介绍了禁演事件的全过程。

该剧另有译本《马汉姆教授》，由洪为济、陈非璜合译，新路出版社1936年7月初版；《希特勒的"杰作"》，由吴天、陈非璜合译，潮锋出版社1939年8月出版。

## 《天上人间》

[匈牙利] 玛尔讷著，李嘉译。
发行人：王冠英；
发行所：中国书店（重庆民生路六十四号）。民国三十一年（1942）四月初版。164页。编入《戏剧电影文库第一种》。

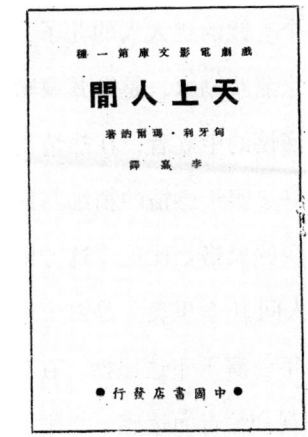

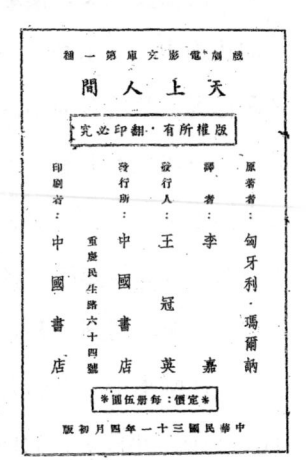

《天上人间》（Liliom，1909，七幕剧），又译为《李力昂》（芳信译）。

译者在卷首《译者的话》中说："剧本的原名是《李里奥》，而《天上人间》是译者大胆地为这剧本的中译本所改取的剧名。"他介绍该剧的翻译是缘于孟斧的"劝说"："他劝我读匈牙利莫尔纳的作品，并且鼓励我翻译他的名剧《李里奥》。……这剧本的翻译不过费了我六七个整天的时间（后两幕在回到重庆后译完的），虽然是很短的一个时期，不过译者自己相信并没有疏忽，敷衍，赶译，或是不忠实的地方。当然，关于'忠实'两个字译者是有着自己的解释的。如果站在逐字直译的立场上来解剖这译本，或许会有被认为不'忠实'的地方的。总之，译者是尽了自己的能力来翻译这剧本的，如果在译者能力之外，语文上，对话上有欠妥，欠流利的地方,译者是非常期待地希望读者的指正,有可能的话,将我再版本内校正过来。"

该书卷首另有《关于作者》一文,其中介绍著作时说:"从许多方面来看,匈牙利的莫尔纳,比洛,莱思格尔,伐琪达,福特尔及其他剧作家的戏剧可以当作是维也纳戏剧的一流的。由于匈牙利气质中的那种似乎无法改除的浪漫主义,使那些戏剧家不自主地摘取了浪漫的精神。在感情主义的戏剧中,莫尔纳,一个有钱的犹太人的儿子,最初曾经作过短时期的新闻记者,其后转为小说家兼戏剧家,是尤其禀赋有这方面的气质与才能的。……在政治上是一个谨慎的中立者,在热情支配的世界中是一个浪漫的犬儒主义者,莫尔纳始终忠实于感情的精细与讽刺。他所包含于他的剧本中的这种异常熟练而轻快的风格是比他在这方面的名声更多的。……莫尔纳的早期的喜剧《天上人间》(李里奥)是二十世纪浪漫主义的最恰当的例子。这剧本于一九〇九年公演于布达佩斯,在他第一个成功的剧本 The Davil 上演二年以后。它使观众惊奇而迷惑了,主要地是因为这戏在它的主人翁进入大国以后,突然从一个足以与左拉相比拟的自然主义的场面一转而为奔放的幻想的王国了。莫尔纳经过了差不多完全消声灭迹的十年以后,这剧本又重演于布达佩斯而获得了不可遏制的喝彩。"

封底页注有"重庆市图书杂志审查处审查证世图字第二三八六号",殷明装帧。

# 五月

## 《第十二夜》

[英国] 莎士比亚著,曹未风译。
发行人:华问渠;
发行所:文通书局(贵阳中华路五一二号);民国三十一年(1942)五月初版。186页。编入《莎氏比亚全集》丛书。

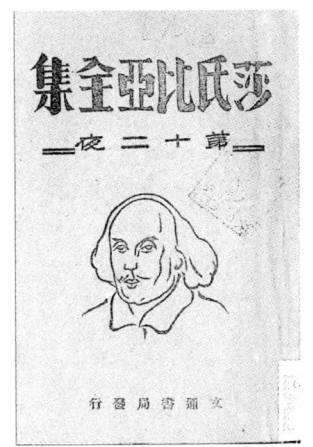

《第十二夜》(Twelfth-night or what you will,1601,五幕剧),无序跋。封面页有莎士比亚头像。版权页印有定价"每部战时售价国币八元",侧边注有"本书系在贵阳印刷,一切材料均由省外运来,所需运输费甚巨,而贵阳生活又复高涨,成本因以增加,现售价目包括运输各费在内,本埠售价暂不加成,外埠函购照邮局所需寄费实际增收"。封底页注有"贵州省图书杂志审查处审查证图字第一〇〇号"。

另有梁实秋译本,商务印书馆(长沙)1939年9月初版。

关于译者曹未风,详见《仲夏夜之梦》考录。

# 六月

## 《微尼斯商人》

[英国]莎士比亚著,曹未风译。

发行人:华问渠;

发行所:文通书局(贵阳中华路五一二号)。民国三十一年(1942)六月初版。186页。编入《莎氏比亚全集》丛书。

　　《微尼斯商人》(The Merchant of Venice, 1596),又名《威尼斯商人》《乔装的女律师》。该剧是莎士比亚早期创作的一部具有极大讽刺性的喜剧,大约创作于1596年至1597年。剧中歌颂了仁爱、友谊和爱情,反映出资本主义早期商业资产阶级与高利贷者之间的矛盾,表现作者对资产阶级社会中金钱、法律和宗教等问题的人文主义思想。

该书无序跋。封面页有莎士比亚头像,版权页印有定价"每部战时售价国币九元六",侧边注有"本书系在贵阳印刷,一切材料均由省外运来,所需运输费甚巨,而贵阳生活又复高涨,成本因以增加,现售价目包括运输各费在内,本埠售价暂不加成,外埠函购照邮局所需寄费实际增收"。封底页注有"贵州省图书杂志审查处审查证图字第一〇三号"。1946年6月上海文化合作股份有限公司另版。

译名为《威尼斯商人》的有曾广勋(上海新文化书社1924年版)、顾仲彝(新月书店1930年版)、梁实秋(上海商务印书馆1936年版)、朱生豪(1947年版)等人的译本。另有陈治策译本,译名为《乔装的女律师》,1933年版。

## 《浮士德》

[德国]歌德著,刘盛亚编译。
发行者:文风书店(重庆中一路一七〇号)。民国三十一年(1942)六月初版。118页。

《浮士德》(Faust,1808—1831,二卷,四幕剧),无序跋。书后附录有译者改编本剧时参考的《浮士德民间传说(一五八七)》《古英文浮士德叙事诗》《西沙路克:浮士德本人剧本》,以及包括海涅、屠格涅夫、安德生等人的25部作品书目。1938年5月20日译完。

伍蠡甫译本(上海新生命书局1934年版)《前言》中介绍说:"但丁的《神曲》代表十四世纪,而哥德的《浮士德》,则把古今将来,都综合在内了。《浮士德》原书共有二卷,第一卷出版于一八〇八年,第二部出版于一八三一年,而在第一卷出版前之三十年,他已着手编著此书了。哥德之

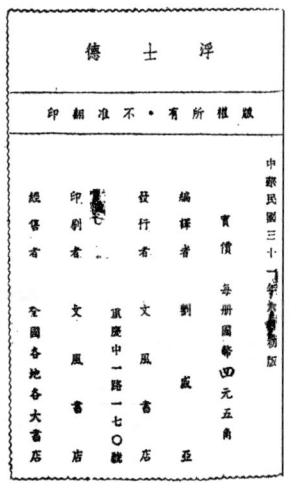

写此书，原来共费了五十八年的时间，真不蒂（啻）是他毕生的力作。浮士德本是一个中世纪欧洲传说中的人物。相传他因求取真理，把灵魂出卖于魔鬼靡非时特。这表是一种从中世纪的禁欲主义解放出来，而对于现实人生的要求。这个故事，在哥德时还很流行。本来，在哥德以前，已有人把它编成戏剧诗歌的了。但到了哥德手中，乃顿改旧观。哥德在这书中，借着浮士德说明人生的得救不能根据学说，而必须由于实际的经验。这使浮士德从书文中出来而皈依魔鬼，来到俗世。但是一切的经历，如恋爱、势力、财富，都仍不能使他满意，最后乃觉得人生唯一的目的，乃是为人类服务。不过这也只是奋斗的阶段，不能算是目的。我们的目的是在人生的本身，而人生是无穷尽的。我们要努力奋斗不绝的创作新生命，浮士德这样终于从魔鬼之手脱出而上升天国。——这可说是《浮士德》一书的主旨所在。"

另有顾绥昌（小说，上海北新书局 1928 年）、郭沫若（诗剧，上海创造社出版部 1929 年）、伍蠡甫（诗剧，上海新生命书局 1934 年）、周学晋（小说，长沙商务印书馆 1938 年）等人的译本。

# 七月

## 《暴风雨》

[英国] 莎士比亚著，曹未风译。
发行人：华问渠；
发行所：文通书局（贵阳中华路五一二号）。民国三十一年（1942）七月初版。195页。编入《莎氏比亚全集（1）》。

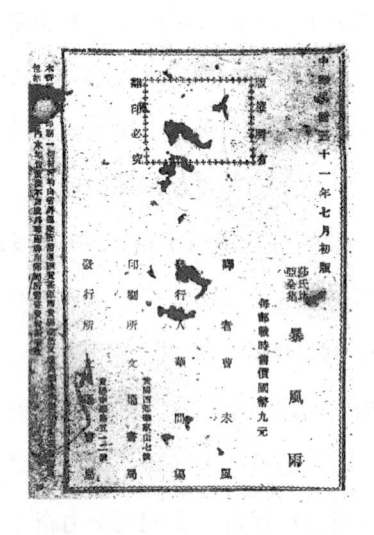

《暴风雨》（The Tempest，1612，五幕剧），无序跋。封面页有莎士比亚头像，版权页印有定价"每部战时售价国币九元"，侧边注有"本书系在贵阳印刷，一切材料均由省外运来，所需运输费甚巨，而贵阳生活又复高涨，成本因以增加，现售价目包括运输各费在内，本埠售价暂不加成，外埠函购照邮局所需寄费实际增收"。

该书 1946 年 6 月由上海文化合作股份有限公司出版普及本。扉页有第三出第三景插图一帧及《译者声明》："一、此译本尚非理想译定本，希望能有不断改善的机会。二、译此全集，得亲友之协助与鼓励实多：容待全集完成时，一起道谢。三、改编或上演，请先得译者同意。"

## 《新木马计》

[德国] 华尔夫（Friedrich Wolf）著，萧三译。
发行人：方学武；
出版者：文林出版社（重庆冉家巷十三号）。民国三十一年（1942）七月初版。132 页。

《新木马计》（四幕剧），无序跋。卷首有《登场人物》表，封底页印有"重庆市图书杂志审查委员会审查证图字二五三八号"。延安文化俱乐部"业余剧团"于 1941 年 10 月 25 日演出了萧三翻译的剧本，陈波儿导演。在 1941 年 10 月 23 日的《戏剧评论》上刊登了署名"成思"的评论文章

《介绍〈新木马计〉》。丁玲在1941年10月的《〈新木马计〉演出前有感》中说:"他们(指延安业余剧团——笔者注)在夏天曾经演出两个小戏,现在又在准备一个四幕剧《新木马计》。剧本的内容是反法西斯的,是《马门教授》的著者沃尔夫的另一名著,大体已为成思同志所介绍,是一个很好的剧本。……我也同他们一样有着颇大的信心,在这一次戏剧节的演出中,《新木马计》可能是一个比较好的节目。"(《丁玲全集》第306、307页)

1941年11月20日的《解放日报》刊载了一篇署名"陈亦"的《论〈新木马计〉》,除了介绍演剧的内容和技巧之外,还说:"如果说,《马门教授》是表现了马门洛克这一个性格的话,那么《新木马计》则表现了一群人的性格,一个共同的反希特勒的性格和意志。……尤其当德国法西斯蒂疯狂的向苏联进攻的今天,这戏的演出是有重大的意义,而那种在最残酷,最凶狠的特务之下的秘密工作的方法,和坚决,却实在是我们今天革命工作者的一种有力的教育。"

封底页印有"重庆市图书杂志审查委员会审查证图字二五三八号"。

# 八月

## 《莫扎特》

[匈牙利] B. 拔拉希著，沙蒙译。
发行兼出版者：集美书店（桂林）。民国三十一年（1942）八月初版。编入《戏剧春秋翻译丛书》。

《莫扎特》（Mozart，三幕剧），初版本无序跋，未见版权页。据《民国时期总书目·外国文学》记载，本书"据法译本转译"。

该译本曾发表于《戏剧春秋》第 2 卷第 1、2 期。《戏剧春秋》是抗战时期国内颇有影响的大型艺术刊物，也是全国为数不多的戏剧月刊。1940年 11 月 1 日创刊于桂林，由田汉主编，编辑主要有欧阳予倩、夏衍、杜宣、许之乔等。自第 2 卷第 1 期起，洪深加入编辑。1942 年第 2 卷第 4 期后，被国民党勒令停刊。

该剧另有焦菊隐译本，译名为《安魂曲》，文化生活出版社（重庆民国路一四五号）1943年5月渝一版。

## 《第五纵队》

[美国]海明威著，冯亦代译。
发行者：戴行逢；
发行所：新生图书文具公司（重庆民族路二二四号）。民国三十一年（1942）八月初版。144页。编入《新生戏剧丛书》（徐昌霖主编）。

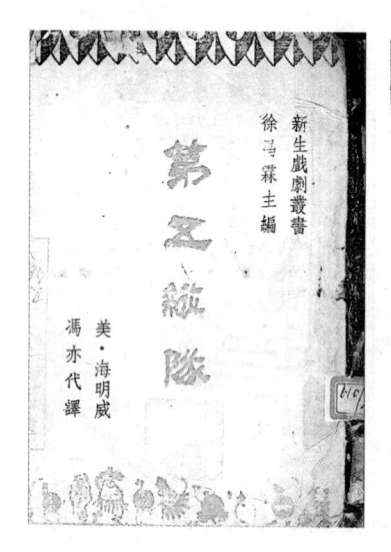

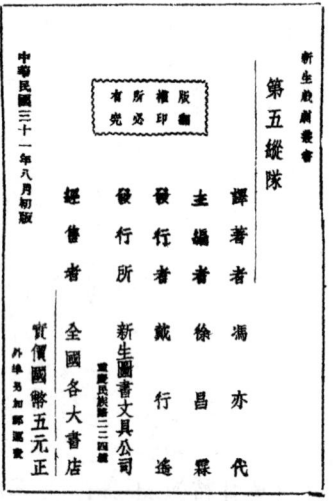

《第五纵队》(The Fifth Column and the First Forty-Nine Stories，1938，三幕剧)，该剧是海明威的唯一剧作。首次发表在1938年10月14日斯克莱纳出版的《第五纵队与首辑四十九篇短篇小说》里。1940年6月3日，该社出版了《第五纵队》单行本。在这个本子中，海明威详细地说明了创作的过程（Charles Scribner's Sons，1938）。据查，"第五纵队"在国际上通常指称或代表内奸叛徒等，这是有历史原因的。1936年，西班牙爆发内战，以佛朗哥为首的叛军勾结德、意法西斯联合进攻马德里，潜伏在市内的破坏分子和奸细活动猖狂、乘机暴乱。一名叛军头目摩拉在广播中叫嚷"我们的四个纵队正在进攻马德里，市内还有一个'纵队'在待机接应"。当被问及谁先攻入马德里时，他回答"第五纵队"，意指那些在城内暴乱的奸细、破坏分子。此后，"第五纵队"便成了内奸和间谍特务的代名词。

书末《译后记》中，译者介绍了翻译此剧的过程："我之开始翻译这个剧本，是在一九三九年的春天。自幼憧憬于西班牙的生活，可是一直到西班牙人民争自由的旗帜快要倒下来的时候，才开始对于西班牙比较有点认识，同时对于西班牙人民悲惨而又英勇的斗争，寄予十二万分的同情。因此，在读了海明威的《第五纵队》之后，颇想译出来作为自己生命中爱好事物的纪念。可是自从动手翻译了几页之后，因为人事奔波，就一直没有再动过笔。去年八月间和李嘉陈鲤庭二兄谈起了，觉得在全世界反法西斯蒂的高潮里，第五纵队已经成了个相当严重的问题，比（此）时此地而介绍这个剧本，并不是件无意义的事。便在病里清闲时日中，将全剧翻译完毕。"

译者介绍海明威时说："他是新闻记者出身，曾经参加第一次世界大战，在战争里他体验了生命的残酷，同时几年的腥血生活，使他的神经麻痹，不复健全。对于生命感到倦怠，视人生之平淡无奇如一杯白开水，在这种心情里他写了有名的《再会吧武器》，这书里的主人翁便是为战争所麻痹了神经的人物，正如在日生活中的作者自己一样。战后他在西班牙住了许多时候，酷爱着西班牙的斗牛。因为在斗牛的场面里包含所有一个人神经可以担当住一切的刺激，惊奇，恐惧，欢乐等等的情感。西班牙内战发生，他担任了几家美国报纸驻马德里的通讯员，以西班牙人民之喜为喜，以西班牙人民之忧为忧。就在这一次残酷的反法西斯蒂的斗争中,他逐渐地理解到真理之所在。但至少从他在西战中的作品看来,如《桥上的老人》,《蝴蝶与坦克》,《告发》,《大战前夕》,和《第五纵队》,他还不曾完全脱离那种冷眼看世界的旧心情。《第五纵队》的主角菲力泊劳令斯充分地显示了对于战争的倦怠,对于工作的疲乏,和《再会吧武器》里主人翁的心情是分不开的,所不同者即菲力泊劳令斯是个斗士,虽然他倦怠,他退缩,他动摇,但最后他还是坚强地奋斗下去了。……海明威的文笔有着一种特殊的风格,便是口语化。在他的小说里就是用这些看来极为平淡的口语里,深刻地描画了故事的氛围和人物的性格,在《第五纵队》里也是如此。看来故事是简单的,但人物的性格的起伏变化却从口语里明确地显示出来。"

该书卷首有《"新生戏剧丛书"总序》,介绍了丛书缘起、内容及旨趣。"'新生戏剧丛书'除了刊行较长的多幕剧外,其他便于规模较小的各战区剧团和学校剧团上演的独幕剧,我们也打算搜集。此外,把世界各国最优秀的不朽作品介绍到我们剧坛上来也是'新生戏剧丛书'的任务之一。"

## 九月

### 《凡隆娜二绅士》

[英国]莎士比亚著,曹未风译。
发行者：文通书局（贵阳中华路五一二号），民国三十一年（1942）九月初版。190页。编入《莎氏比亚全集》。

《凡隆娜二绅士》(The Two Gentlemen of Verona，1594，五幕喜剧)，又译为《维络那二绅士》《维洛那二士》。该剧创作于文艺复兴时期，来源于葡萄牙诗人豪尔赫·蒙特马约的散文体诗《多情的戴安娜》，是莎士比亚第一部以爱情和友谊为主题的浪漫喜剧。该剧抛弃了传统闹剧的模式，注重人物性格的塑造和心理描写。

该书无序跋,未见版权页,是曹未风译《莎士比亚全集》中的一部。封面页有莎士比亚头像。版权页侧边注有"本书系在贵阳印刷,一切材料均由省外运来,所需运输费甚巨,而贵阳生活又复高涨,成本因以增加,现售价目包括运输各费在内,本埠售价暂不加成,外埠函购照邮局所需寄费实际增收"。

1946年6月,上海文化合作股份有限公司出版了普及本,扉页有"第四出第二景"插图一帧及《译者声明》:"一、此译本尚非理想译定本,希望能有不断改善的机会。二、译此全集,得亲友之协助与鼓励实多:容待全集完成时,一起道谢。三、改编或上演,请先得译者同意。"

另有朱生豪(译名《维洛那二士》1947年版)、梁实秋(译名《维洛那二绅士》,台湾安东图书公司1967年版)等人的译本。

## 《三姊妹》

[俄国]柴霍夫著,曹靖华译。
编辑者:罗荪;
发行人:方学武;
发行者:文林出版社(重庆冉家巷十三号)。民国三十一年(1942)九月初版。157页。编入《文学集丛》。

《三姊妹》(ТриСестрbl,1901,四幕剧),1925年8月,商务印书馆(上海河南中路)初版。封面页著者为"柴霍甫",版权页为"А. П. Чежовъ"。该书后附译者所作《柴霍甫评传》(一九二四年十二月)。

这篇评传共分九部分:包括一、"柴霍甫传略";二、"柴霍甫是社会凡庸时代的一位讽刺作家""柴氏的生之悲剧""生活的凡庸""生之恐

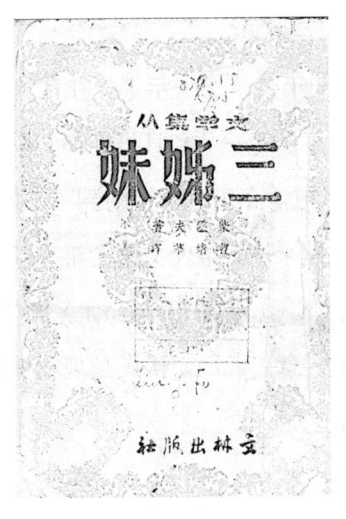

怖""柴霍甫与李门托夫";三、"柴氏的社会凡庸主义时代的理想""伊凡诺夫""对于凡庸主义之憎恶与受凡庸生活之窘迫""柴氏第一期作品里的悲观主义(到一八九二年)";四、"《烦闷的故事》《旷野》《我的生活》等小说";五、"柴氏对于托尔斯泰主义的倾向"《赌博》《发作》等小说""柴氏在一八九四年一封信里的自白""反对托尔斯泰主义的时期"《第六号病房》《好人》《我的生活》等小说";六、"柴氏第二期的创作"《信仰进步》是柴氏悲观主义的救星"《经过二三百年》的世界上的黄金时代";七、"阿斯特罗甫,韦世英,屠怎霸荷的意见都是柴氏自己的意见""对于美丽自由生活的要求";八、"《信仰进步》果为柴氏悲观主义的救星吗""乐观主义实验的失败"《樱桃园》《未婚妻》""失败的原因""柴氏的信仰进步为'当代反个人主义'的表现""伦理的反个人主义""柴氏的终难离开悲观主义,是他伦理的个人主义的感觉的因果,是伦理的反个人主义的无意识的反对";九、"柴氏的个人主义与反个人主义的矛盾""对于工作的呼声是使自己心灵麻醉的一种手段""我们不过是后人到幸福之路上去的一道桥梁""柴氏的

矛盾"等内容。

译者最后说："柴氏去世，到今年整整二十年了，在他这二十年纪念的时候，莫斯科的杂志——如《探灯》等——和日报，都刊着专号，轰轰烈烈的来纪念他！我现在郑重的来把他介绍过来，附到《三姊妹》后边，聊表纪念的微忱！这篇文章，大意是采取《柴氏文集》第一卷上的《柴霍甫传》及伊凡诺夫—拉祝母尼克（Nвалов-Pазумнил）的《俄国文学》（Русская Литература）上论柴霍甫一章而成的。伊氏是现在俄国文坛上很有权威的批评家，所论很有独到的地方！"

《文章》1946年第4期刊登的《艺术剧场重演〈三姊妹〉》一文中介绍道："《三姊妹》一剧在廿世纪的第一个年头初次献演于莫斯科艺术剧场，该剧乃是柴霍普特为该剧场编写的。大革命后剧场曾将古典剧一度剔除，但离初次献演四十年后，本剧又在涅米洛维赤，唐庆果——史旦尼斯拉夫斯基的合作者——的主持筹策下作了一次划时代的重演。……最近艺术剧场又重演《三姊妹》了，这次的导演是卡却洛夫（Kachalov），是剧场的基本人员，他曾先凯麦也夫饰演过屠怎霸荷。本次演出曾由美苏联谊会摄取名贵的舞台照多页。"

该书封底页注有"重庆市图书杂志审查委员会审查证世图字二五三二号"。文化生活出版社另有1945年3月重庆版和1946年11月上海版。

## 《苏伏罗夫元帅》

[苏联] I. 巴克梯利夫、A. 拉佐莫夫斯基著，瞿白音译。
发行者：立体出版社（桂林）。民国三十一年（1942）九月初版。

《苏伏罗夫元帅》(Field Marshal Suvorov，九幕剧)，又名《百胜将军》。据《民国时期总书目·外国文学》载，1942年9月初版，但笔者未见版权页（据查，中国社会科学院图书馆、北京大学图书馆收录纸版）。扉页有献词"谨以此剧献给战地演剧队的弟兄们，作为他们写作上的规则——译者"。该剧共分十场（含序幕），分别为序幕《青年军官》、第一场《寄寓者》、第二场《不速之客》、第三场《伊兹曼尔之夜》、第四场《皇恩》、第五场《放逐》、第六场《意大利的烈日下》、第七场《魔鬼桥》、第八场《祖国》、第九场《苏伏罗夫活着》。

据查，该书另有新华书店晋察冀分店（张家口市解放大街）1945年版、东北书店（哈尔滨道里地段街）1947年11月初版、晋察冀日报社版（出版日期、地点不详）、东北中苏友好协会编译部1945年版（未见版权页)、山东新华书店总店1947年10月初版、华北新华书店(河北邯郸、邢台)1946年12月版等译本。上述版本的译名均为《苏沃罗夫元帅》,卷首的《译者前言》均为同一版,转录如下:

  沙俄自十八世纪初彼得一世维新后,已跨于强国之列,雄视东欧。苏沃罗夫(Alexander Viusilyoh Suvorov, 1729—1800)将军生当其时,厉卡德琳娜二世及保罗一世二朝,任野战元帅,先后击败普、土、法诸军,尽瘁国家,功勋盖世,为沙俄一代名将。但苏沃罗夫之伟大,当不仅在其战功,而在其治军之方法。彼出身行伍,终生与士卒同甘苦,治军不重形式,而重士气之激励,与士兵素质之提高。由此种训练方法之结果,彼曾以二万五千之众,击败土耳其十万大军于伊兹(兹)曼尔要塞,以无上之勇毅精神,在同盟者普奥之阴谋交胁下,在饥饿与险境中,击败拿破仑于阿尔卑斯山隘,挫其凶锋。但此盖世英雄因生性严峻,嫉恶如仇,不肯媚上,故屡遭诡诬,终无宠幸。此剧描写苏沃罗夫之毕生事迹,自一七六〇年俄普之役起,中经俄土之役,含冤被逐,后经起用,远征拿破仑于意大利烈日下,归国而蒙诬病休止,共垂四十年之史实。此剧在苏联备受重视,曾在斯摩林斯克红军剧场上演,获得重大效果。在苏德战争之目前,更充分显出其积极的现实意义。至于写作技术方面,则更属希(稀)有之力作,全剧连序幕共十场,虽始终描写一个伟大的军人生活,其中毫无不必要的,为效果而存在的廉价插曲,而情致细腻,意趣丰饶,绝无枯涩之感,盖因作者将苏沃罗夫作为人来描写,而不是作为神来表现之故。结构十分严密,性格描写生动完整,允推近年来世界剧坛之瑰宝。译载于一九四〇年第一号国际文学英文版,本书即根据该书译出。

——译者

该书另有徐坚译本，译名为《苏伏洛夫元帅》，第七战区司令长官部编纂委员会 1942 年 9 月初版；丽尼译本，译名为《苏瓦洛夫元帅》，上海杂志公司（桂林）1942 年 9 月初版；陈国桦译本，译名为《苏渥洛夫大元帅》，商务印书馆（重庆）1943 年 5 月初版。

## 《苏伏洛夫元帅》

[苏联] 巴根吉列夫、拉佐莫夫斯基著，徐坚译。
出版者：第七战区司令长官部编纂委员会（广东坪石）；
总发行所：汇文供应社（广东坪石上街二〇四号）。民国三十一年（1942）九月一日初版。101 页。编入《阵中文艺丛刊 1》（许崇清主编）。

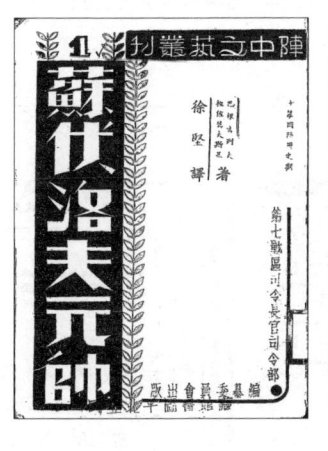

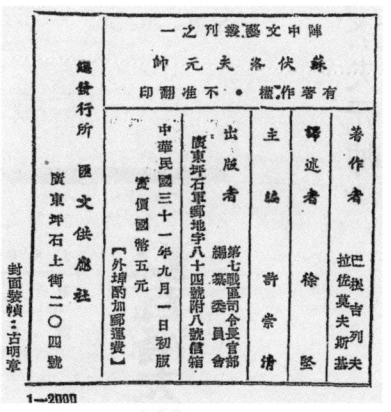

《苏伏洛夫元帅》(Field Marshal Suvorov，九幕剧)，又名《百胜将军》。无序跋。封面题为"十幕国防历史剧"，扉页有"本篇译后承许崇清陈原二先生校正，特此致谢"。该剧共分十场（含序幕），分别为序幕《青年的军官》、第一幕《寄宿者》、第二幕《不速之客》、第三幕《伊士麦之夜》、第四幕《钦赐的报酬》、第五幕《在充军中》、第六幕《意大利日光下》、第七幕《魔鬼桥》、第八幕《祖国》、第九幕《苏伏洛夫不死》。译文后注有"译自英文本国际文学一九四一年第一期,罗丝·普洛可菲也华的英译文,一九四二·七"。封底页有"广东省图书杂志审查委员会"审查证号。译文曾在1944年6月25日的《新华日报》发表。

该书另有瞿白音译本,立体出版社(桂林)1942年9月初版;丽尼译本《苏瓦洛夫元帅》,上海杂志公司(桂林)1942年9月初版;陈国桦译本《苏渥洛夫大元帅》,商务印书馆(重庆)1943年5月初版。

## 《苏瓦洛夫元帅》

[苏联] 巴克特列夫、拉苏莫斯基著,丽尼译。
发行人:张静庵;
发行所:上海杂志公司(桂林桂园路八号)。民国三十一年(1942)九月出版。202页。

《苏瓦洛夫元帅》(Field Marshal Suvorov,九幕剧),又名《百胜将军》。

书名页题有"国防历史剧"字样，译文中有译注。

译者在《后记》中说："本来应当留在这里说的话，已经零零碎碎在每一幕里面的译注里都说了，在这里，似乎不必再添说什么。剧本的本身便是它自己的最好的说明和评价。如果说我们的戏剧界目前正对于历史性而又富于国防意义的剧本发生了空前的兴趣，那么，我胆敢推荐这个剧本出来，不是为了凑热闹，而是作为我们学习上的一个参考。这剧本不仅是历史的，同时也是现实的。作者是两位新人，但所得的成绩，却可以置之于任何古典的名剧中而无愧色。……对于剧本，翻译者的工作并不是最后的，因为剧本的最后处理，究竟属于舞台工作者。但这并不就减轻了翻译者的责任。在翻译完了以后，我也曾预备在若干地方略加注脚，以供导演者和各个演员的参考，但这计划不能不放弃。翻译者的工作，到底是应当止于翻译的。那么，我的工作，也便止于这里，其余的留待舞台工作者罢。原剧系由露斯·普罗科费叶瓦女士译为英文，发表于一九四一年一月号的英文版《国际文学》。这里的译文便是根据该译本译成的。"

版权页左侧印有"重庆市图书杂志审查处审查证世图字第二八四六号"。

该书另有瞿白音译本，立体出版社（桂林）1942年9月初版；徐坚译本《苏伏洛夫元帅》，第七战区司令长官部编纂委员会1942年9月初版；陈国桦译本《苏渥洛夫大元帅》，商务印书馆（重庆）1943年5月初版。

## 十一月

### 《光荣》

[苏联]古舍夫（В.М. Гусев，1909—1944）著，萧三译。发行者：中苏文化协会编译委员会（重庆）；重庆方林出版社（重庆冉家巷13号）。民国三十一年（1942）十一月初版。174页。编入《苏联文学丛书（2）》(曹靖华主编)。

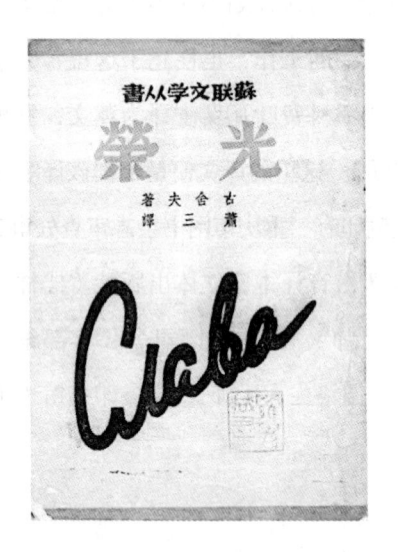

《光荣》( Cдава，三幕八场诗剧)，本书未见版权页，据读秀数据库所录。另有天下图书公司1949年10月华北第一版，著者署名"古燮夫"。译者在该版《前记》中介绍说："维克扎尔·古燮夫（Viktor Gusief）是有名的苏联诗人兼剧作家。他年纪还轻，中等身材，白胖，经常戴着眼镜——

有一点儿近视，为人活泼而又严肃，和蔼的很。他曾经在《真理》报上常发表诗，给许多电影片子写过歌子。《光荣》这个剧本也是用诗写的。我译的时候除几首歌词外，只是意译、直译，力求保存那里面的节奏，但是韵脚却没有工夫完全讲究了，也省得勉强，只求其能够作台词念就罢了。这个剧在莫斯科'小戏院'首先演出，曾经连演过二百多次。这次战争之前，全苏联各地的戏院，很多演出这剧的，它的演出的次数超过当时所有的剧本。作者古燮夫在反法西斯的伟大爱国战争的时候还写过一个电影剧本——《战后晚上六点钟》，也是用诗句写的。影片是拍制成了，放映了，很受欢迎。但是很不幸，作者自己在前线英勇地牺牲了！现在再出版《光荣》这个译本，也是纪念他这位同志和朋友的意思。"据《前记》所言，此版应为1942年版的再版本。

在天下图书公司版扉页有"苏联名剧译丛"的广告，除《光荣》外，还有《幸福》（巴甫洛柯著，孔珂为译）、《在某一国家内》（魏尔塔著，安娥译）、《带枪的人》（包哥廷著，葛一虹译）、《广场上的狮子》（爱伦堡著，张团、帅鹦译）、《栗子树下》（西蒙诺夫著，荒芜译）、《生命在呼喊》（贝尔·贝洛采可夫斯基著，葛一虹译）。

# 1943年

《造谣的社会》 尼娜
《如愿》 《男子之悲剧》
《解放了的 《樱桃园》
董·吉诃德
《人鼠之间》 《前线》
《总建筑师》 《康蒂姐》
《苏渥洛夫大 《风雨满城》
元帅》
《弥撒奥义》
《安魂曲》
《阿尔刻提斯
《亨利第四
《审判日》
《安娜·卡列

# 一月

## 《造谣的社会》

[西班牙] José Echegaray（1832—1916）著，王鹤仪译。
发行人：王云五；
发行所：商务印书馆（重庆白象街）。民国三十二年（1943）一月初版。114 页。

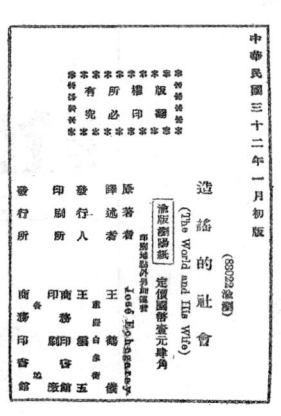

《造谣的社会》(The World and His Wife，三幕剧)，著者又译为埃切加赖，今译为厄奇迦里。叶圣陶在1943年4月15日的日记中有"午后，看翻译三幕剧《造谣的社会》，颇满意"的记载。《新运导报》刊发的余上沉的《戏剧与新生活》(1936年11月25日在中央广播电台播讲) 中有"本校最近上演过的《造谣的社会》作者以'流言可畏'这一中心意念发展为剧本"的评论。

该书另有商务出版社1944年2月赣初版本。

## 二月

## 《如愿》

[英国] 莎士比亚著,曹未风译。
发行人:华问渠;
发行所:文通书局(贵阳中华路五一二号)。民国三十二年(1943)二月初版。202页。编入《莎士比亚全集》。

《如愿》(As You Like It,1599,五幕喜剧),无序跋。原名《皆大欢喜》。该剧系莎士比亚创作的"四大喜剧"之一,故事场景主要发生在远离尘世的亚登森林中,描述被流放的公爵的女儿罗瑟琳到森林寻父和她的爱情故事。

封面页有莎士比亚头像，版权页印有定价"每部战时售价国币十元"。封底页注有"贵州省图书杂志审查处审查证图字第一七六号"。1946年6月由上海文化合作股份有限公司另版，封面页题有"曹译莎士比亚全集"。

另有张采真（上海北新书局1927年版）、梁实秋（上海商务印书馆1936年版）、朱生豪（译名为《皆大欢喜》，1947年版）等人的译本。

# 三月

## 《解放了的董·吉诃德》

[苏联]卢那察尔斯基著,何凝译。
编辑者:胡风;
出版者:文学编译社(桂林福隆园第三十三号)。民国三十二年(1943)三月版。159页。编入《世界文学译丛》。

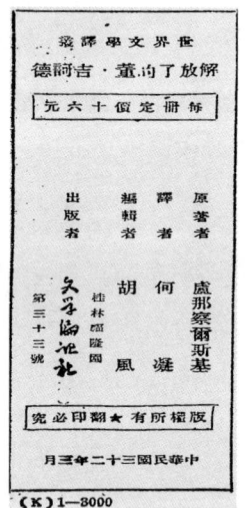

《解放了的董·吉诃德》(九场剧本,另尾声一场),无序跋。扉页有"贡献给我亲爱的知己——安娜·亚列山大洛夫娜·卢那察尔斯嘉"。封底页注有"广西省图书杂志审查处图书原稿审查证处字第七九六号"及"每册定价十六元"。何凝,即瞿秋白的笔名。

《学习》杂志(1941年第5卷第5期)《批评介绍》栏目刊登了金麦穗的《解放了的董·吉诃德》一文,介绍了该译本的内容,题下注"A. V. 卢那察尔斯基著,瞿秋白译,海上书屋版"。文中说:"西班牙名作家西万提斯的《被解放了的董·吉诃德》和中国不朽的思想家兼革命家鲁迅的《阿Q正传》,这两部伟大的作品,对于中国的读者,绝不会是生疏的名词,而它们在国际文坛上亦占据了应有的崇高的地位,这绝不是偶然的。虽然它的年代背景,离开我们一个较长的距离,由于它的典型刻划的深刻性,使我们读起来,仍是那么的饶有丰趣,而作品中的主人公跟着作者的笔生动地显现在我们的眼前,是那么地红而熟悉。现在所介绍的是苏联已故作家卢那察尔斯基根据原著而改编的十幕剧,这对于广大的中国青年,亦许是一服兴奋剂和营养剂,它不但使我们在这幽默和讽刺中感到可笑,而且在严肃的教诲中使我们受到很深的感动。"

《青年生活》(1943年第4卷第3期)《新书评述》栏目刊登了秦芬的《解放了的董·吉诃德》一文,该文系评论本译本,题下注"卢那察尔斯基著,何凝译,文学编译社出版"。文中说:"卢那察尔斯基的文艺论文,早已为我们所熟悉,但是他丰富的戏剧作品,被介绍到中国来的还很少见。著名的《浮士德与城》虽然曾经有过中译本,不久也似乎绝版了。还有许多,连书名对我们都是陌生的。本文所介绍的《解放了的董·吉诃德》是战前就译出的,但因为刊载这剧本的集子未能再印,几乎又将与读者绝缘,现在经改作单行本编入世界文学译丛,得重与读者见面,这是一件值得欣慰的事。卢那察尔斯基的戏剧,和他的论文一样,在新俄的艺坛上曾经占了一个重要的地位。关于他对戏剧创作的见解,简明一点,可以参阅刊在文学译报一卷四期静闻译的《卢那卡尔斯基的文艺思想》一文。他主张勤劳民众的艺术,不仅仅是描写他们自身的实生活和环境的东西,必须是更内面的,悲剧的而且预望来的东西。而这种艺术必然是象征的。"

鲁迅在 1933 年撰写了《中译本〈解放了的董·吉诃德〉后记》，论述了西万提斯笔下的堂·吉诃德的人物形象。在介绍本剧时，说："原书以一九二二年印行，正是十月革命后六年，世界上盛行着反对者的种种谣诼，竭力企图中伤的时候，崇精神的，爱自由的，讲人道的，大抵不平于党人的专横，以为革命不但能复兴人间，倒是得了地狱。这剧本便是给与这些论者们的总答案。"（见《鲁迅全集》第七卷，第 826 页）

另有《吉诃德底解放："解放了的董·吉诃德"读后感》（胡风，《新语林》1934 年第 3 期）、《"解放了的董·吉诃德"读后》（刃车，《学谊》1947 年第 4 期）和《论人道主义及其他：介绍解放了的董·吉诃德》（楚耘，《风下》1948 年第 108 期）等评论介绍文章。

据查，该书另有上海联华书局 1934 年 4 月版译本，译者署名"易嘉"；生活书店 1946 年 6 月版、1948 年 8 月东北版及华北新华书店 1947 年 8 月版译本，译者署名"瞿秋白"；上海海上书屋版本，未见版权页，出版时间不详，未署译者名。

## 《人鼠之间》

[美国] 约翰·史坦倍克著，楼风译。
编辑者：叶以群、臧克家、田仲济；
出版者：王畹莩；
发行所：东方书社（重庆林森路 84 号侧中和巷四号）。民国三十二年（1943）三月初版（渝）。126 页。编入《东方文艺丛书之三》。

《人鼠之间》(Of Mice and Men, 1936, 三幕剧)，著者"以写《愤怒的果实》一书，提供了美国自耕农急速毁灭的现象，并沦为农业工人后的严

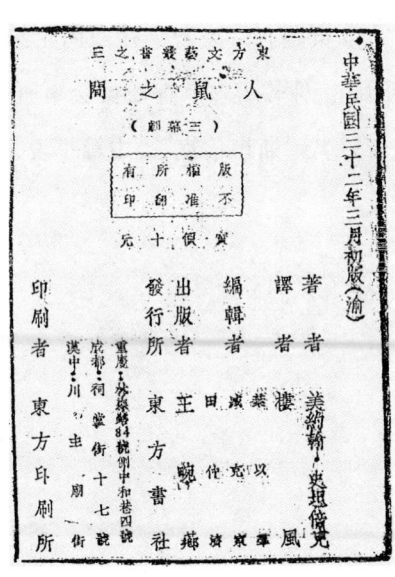

重失业问题，而被誉为美国文坛的新星……他从十二岁起就写小说。第一部《黄金之杯》在一九二九年出版。一九三二年以后接连出版了《天堂牧场》和《给未知之神》，这两本书为批评界评价极高，却为读书界所完全漠视。一九三六年他写了《人鼠之间》和《胜负未分》。另外又以自传体裁写了本《赤驹》，此书得到一九三八年的奥亨利文艺奖金，最近的《愤怒的苹果》则获得了普立兹文艺奖金"。

"《人鼠之间》是部描写两个加里福尼亚农业工人，两个无家可归的流浪汉乔其和莱尼间友谊的小说。他们没有家庭，没有住处，没有什么爱恋，除了这坚实地维系着他们俩长年的友谊。这友谊是他们生活唯一的快乐，它把他们消失在广大而冷酷的世界里的小世界温暖了。'……《人鼠之间》的小说，以前曾由柳无垢先生译出一部分刊在香港新流文艺社出版的《新的道路》上，译名是《人鼠皆然》。最近则有秦似先生的译文刊在《文学译报》上。这小说由原作者改编为剧本，于一九三七年冬季在百老汇上演，内容未改，只是对话上略有增删。"

扉页题有"凌云学社四周年纪念，海燕社敬讫"字样。封底页注有"重庆市图书杂志审查委员会审查证安图字第八七号"。另有秦似译本，著者署名"斯坦倍克"，中篇小说，桂林远方书店1942年12月初版。

## 五月

## 《总建筑师》

[挪威] 易卜生著，马耳译。
发行人：唐秉彝；
发行所：建国书店（重庆林森路特二十四号）。民国三十二年（1943）五月初版。174 页。编入《欧洲当代名剧选集（1）》。

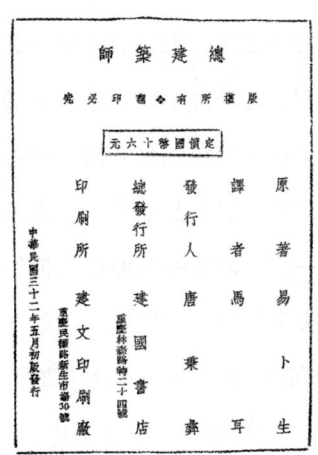

《总建筑师》(Master Buflder，1892，三幕剧)，原名为《建筑师》。译者认为，易卜生真实地代表了他的时代。易卜生晚年的时候，"回头望望他那些戏剧和他那个轰轰烈烈的青春，现在不禁要流一堆感伤的眼泪。这一出为他逝去的青春而淌的热泪，我们在他的晚年的杰作《总建筑师》(Master Buflder) 里面，便可以亮晶晶地看得出来"。

译者介绍剧本时说："建筑师苏尔纳斯，在他年青的时候曾经有一个理想——建筑教堂。他用一种极大的热忱来从事这种工作。他不仅有热忱，而且还有他同时代工业家的那种'勇敢的专业精神'：他不惜摧毁他的同行老布洛微克，不惜牺牲他妻子的幸福，已达到他的成功。他是成功了，但别人为此而受的牺牲也太大了。所以当他一醒觉时他就发出绝望的呼声：'建筑教堂有什么用呢？'他于是不建筑教堂，而要建筑为父母儿女可以住得欢乐的'人类的家'。但他妻子的家和小孩，早就为他而牺牲了。'家'倒是可以建筑得起来的，但那是没有欢乐的，空洞的'家'。这是那位建筑师的第二次幻灭，但建筑师究竟还（是）一个'匠人'，一个艺术家。这正是他跟他那时代的工业家不同之一点。他有'山神的精神'，——创作的冲动；他有一种'脆弱的良心'。后者使他幻灭；前者鼓动他去继续创造。在失望之余，他又要去追求新的东西——他所认为尽善尽美的东西：空中楼阁。这是每个诚实艺术家的本色，也是每个诚实艺术家的悲哀！……建筑师青春的锐气是有的，但他已经没有了那青春的活力。而同时，年青的一代是在生长起来了。个人主义的建筑师苏尔纳斯没有勇气来领导这新兴的一代。最糟的是他害怕他们，硬要把他们压在自己脚下，而不让他们伸出头来跟自己共同作伟大的艺术工作……极端个人主义的苏尔纳斯，在这自觉的旧意识中，在这年青的一代面前，吉诃德式地要表示他的伟大……"

"这剧本，很明显地，可以当作是易卜生的一个自传，他老年心境的写真。……作为一个剧作者，易卜生不是一个单纯地写舞台故事的人，他同时还是一个戏剧哲学家，跟他的先行者不同，他在戏剧里注入了思想。不像莎士比亚，他没有采取古代的传说，写为故事而故事的剧本。也不像后来的宣传家，他没有把他的人物拿来仅仅当作他说教的工具，作为一个舞台艺术专家，他有一个唯美的头脑，他的社会学和伦理学方面的观念，他是用了生动的故事和活的人物无形地衬托出来的。他是用了艺术的力量，唤起观众的共鸣，而不是对于观众作演讲。"

封底页注有"重庆市图书杂志审查委员会审查证安图字第十号"。1943年《国民（桂林）》第1期、《文学修养》第2卷第1期分别刊登了本书的介绍，其中署名"云"的作者说："易卜生绝不庸俗地宣传，绝不明目张胆地说叙。只是用艺术的力量，把抽象的东西加以形象化，并注入浓烈的情感，使人们思索，在思索里对作者起共鸣，在思索里认识自己所生活的人生，社会，时代并寻求出路。"秦牧在介绍时说："这是易卜生象征自己精神历史的作品，技巧的圆熟，在欧洲有口皆碑，把它当作易卜生的'忏悔录'读是适宜的，但决不能拿它与《国民公敌》，《傀儡家庭》诸作等量齐观，看做是挪威社会的写照。"

该书另有沈子复译本《建筑师》（上海永祥印书馆，1948年6月初版）。

## 《苏渥洛夫大元帅》

[苏联]巴克特列夫、拉苏莫斯基（I. Bakhterev、A. Razumovsky）著，陈国桦译。
发行人：王云五；
发行所：商务印书馆（重庆白象街）。民国三十二年（1943）五月初版。134页。

《苏渥洛夫大元帅》（Field Marshal Suvorov，九幕剧），又名《百胜将军》，无序跋，卷首有《序曲》，书末附《中西译名对照表》，1946年3月再版。剧本有序曲和正剧九幕：序曲《年轻的军官》、第一幕《寓居者》、第二幕《不速之客》、第三幕《易斯姆尔之夜》、第四幕《策勋十二转》、第五幕《放逐》、第六幕《在意大利的阳光下》、第七幕《鬼门桥》、第八幕《祖

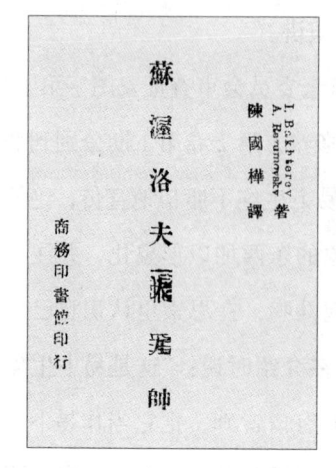

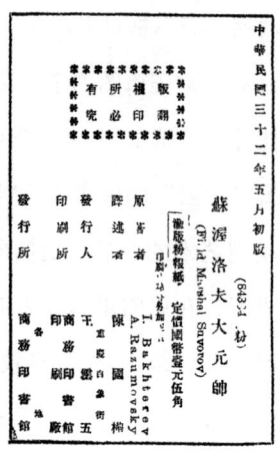

国》、第九幕《苏渥洛夫是永生！》。

译本据苏联英文版《国际文学》1941年第1号所刊文本译出。另有瞿白音（桂林立体出版社1942年9月初版）、徐坚（译名《苏伏洛夫元帅》，第七战区司令长官部编纂委员会1942年9月初版）、丽尼（译名《苏瓦洛夫元帅》，上海杂志公司1942年9月初版）等人的译本。

## 《弥撒奥义》

[西班牙] Calderon 著，唐贵珍译。
发行者：顾若愚；
印刷兼发行所：保禄印书馆（山东兖州）。民国三二年（1943）五月初版。32页。

《弥撒奥义》（独幕剧），书名页题名下有"西班牙名剧"字样，卷首有《对于戏台布景的几句话》、《剧中人物的服装》及《剧中人物》。据正文后注，该剧译完的时间为1941年9月14日。

该书著者卡尔德隆是西班牙"黄金世纪"的重要剧作家。他继承并发

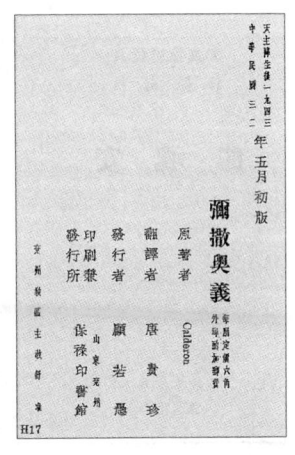

展了其前辈洛佩·德·维加德戏剧传统。作品结构严谨、内容紧凑、含义深刻、诗句优美,以人的荣誉和命运为主题,在其后的两个世纪内几乎无人匹敌。自1623年创作第一部戏剧《爱情、荣誉和权力》开始,他一生写过120部剧作,另有80部宗教剧和20篇幕间剧。

《安魂曲》是著者以戏剧的形式来描写莫扎特生命的最后岁月。

《安魂曲》

[匈牙利]贝拉巴拉兹著,焦菊隐译。
发行人:吴文林;
发行所:文化生活出版社(重庆民国路一四五号)。民国三十二年(1943)五月初版。编入《文化生活丛刊第三十一种》(巴金主编)。

该剧在出版前即由中央青年剧社以怒吼剧社的名义在重庆国泰戏院首演,由焦菊隐翻译,张骏祥导演,曹禺饰演莫扎特。《曹禺传》中描述道:"1942年底,在山城传出了'曹禺要演戏了'的消息,这成为当时一条重大的

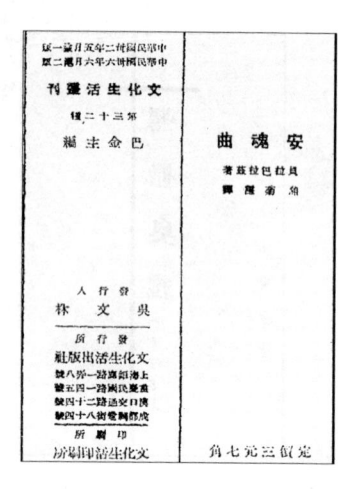

社会新闻。……他早就读过贝拉巴拉兹的《安魂曲》，他读的是英文本。这个剧本并不能说是十分杰出的剧作，但是，它却有一种感人的力量。这因为莫扎特的事迹本身就是感人的……贝拉巴拉兹的《安魂曲》，是紧紧地环绕莫扎特的死而写的，特别是最后一幕，写得诗意盎然，充满哲理，感人至深。……这次，曹禺又是接受老友张骏祥的邀请，他们再一次合作，不过，不是张骏祥导演他写的戏，而是在张骏祥导演下演戏了。……焦菊隐译出了剧本，很快就把剧组建立起来。……排演这出戏是很困难的，官方百般刁难，不准动用中青社的财务。演出资金是电机工程师于克稷从多方筹集来的，他担任了此剧的'演出者'。名义用的是怒吼剧社。经过20多天的紧张排练，于1943年1月9日在国泰戏院首演。"（田本相《曹禺传》，北京十月文艺出版社1988年版，第309—311页）

1943年2月20日的《中国青年月刊》第8卷第2期《剧评》栏目上刊登了敏求的《安魂曲观后感》，作者说："演剧，我素少研究，但有深深的爱好，我常常被它感动，为它流泪，但从来没有像《安魂曲》使我感动得那么多，流泪那么频，……《安魂曲》描写奥国大音乐家莫扎特抱稀世奇才，遭受社会黑暗势力的压迫，短命而死，是一个大悲剧，一般人说悲剧容易感动人,然而《安魂曲》感人之深决不仅在悲剧的单纯意义上。……全剧三幕七场,描写出心灵的冲突,社会恶势力的澎湃,利欲,虚伪,欺诈,黑暗,残贱他的健康和幸福,剥削他的生命,然而莫扎特所以能有伟大的成就,即在其独立特行的崇高品性,产生了坚定的意志,伟大的力量,发为万丈光芒,在黑暗的腐朽的社会里,加倍烁耀,加倍灿烂。在如此错综复杂包罗宏富的涵义里,作者运用他的大手笔,化为惊心动魄一气呵成的场面,使他的琴声,感动了观众的心弦,震起了共鸣;汲出观众内心深处的灵感的泉源,涌流而为晶莹的泪珠;更启发人们的心灵,仿佛藏在净瓶里的甘露,濯垢除污,感觉到无上清凉,文学家的心是空明的,寓有同情的,惟其具有这种心灵,才能感应到伟大的音乐家的精神,感化世俗,《安魂曲》所赐给我的,不是暂时的愉悦,而是人生真谛的永恒的体验。"

秦瑾在《忆焦菊隐》一文中也提到焦菊隐"在给怒吼剧社翻译贝拉巴拉兹的《安魂曲》时,是很动感情的,他含着眼泪一气译完这个剧本,深深地体会到一个真正的艺术家,在反动势力统治的社会中贫病而死时的心情。这次演出,曹禺同志和张瑞芳同志担任主角,由张骏祥同志任导演。焦菊隐曾说:'莫扎特的乐章,给人们带来了艺术的享受,他的艺术成就,将世世代代延续下去;可是人们在听他的乐曲时,有谁知道他死得那么悲惨?'"

该书由文化生活出版社(上海巨籁达路一弄八号)1945年12月再版。另有沙蒙译本,译名为《莫扎特》,集美书店(桂林)1942年8月初版。

# 六月

## 《阿尔刻提斯》

［希腊］攸里辟得斯著，罗念生译。
发行人：林劲风；
发行所：古今出版社（重庆中三路二五七号）。民国三十二年（1943）六月初版。178 页。编入《古今文艺名著译丛》（马耳主编）。

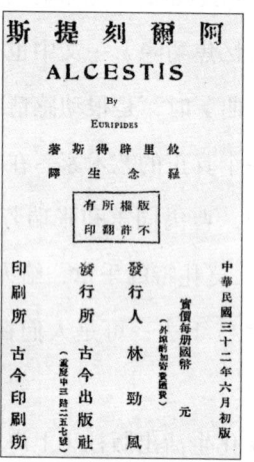

《阿尔刻提斯》（Alcestis，公元前438，希腊悲剧），译者在卷首《译者序》中说："意大利诗人阿尔非阿利（Alfieri）读毕了现存的希腊悲剧后这样结论：'阿尔刻提斯'要算是最美丽，最动情的剧本。想来这译事不致白费功夫。这译本是根据泽拉谟（C. S. Jerram）编注的《攸里辟得斯的阿尔刻提斯》（Euripides：Alcestis）译出的，那是一八八〇年牛津书局印行的版本。

此外还参考过厄尔（M. L. Earle）编注的《攸里辟得斯的阿尔刻提斯》，那是一八九四年由马克密兰（McMillan）书局出版的。未拉尔在他的《理性主义者攸里辟得斯》(Euritfideslic Rationalist) 一书里有长文论本剧，那许多新异的见解给译者不少的指示。"

封面页有插图。卷首有《本剧译者译著各书》、《攸里辟得斯传略》（取材于《特洛亚妇女》的引言）、《编者的引言》（原著者泽拉谟，一八八〇年，本文为节译）。正文后有注解325条。附录有《希腊文译音表》《译剧里的专名词表》和《抄本版本与英译本》。

## 《亨利第四》

[意大利] 皮蓝德娄著，徐霞村译。

发行人：叶波澄；

发行所：南方印书馆（重庆民权路三十七号）。民国三十二年（1943）六月出版。126页。编入《近代名剧译丛》。

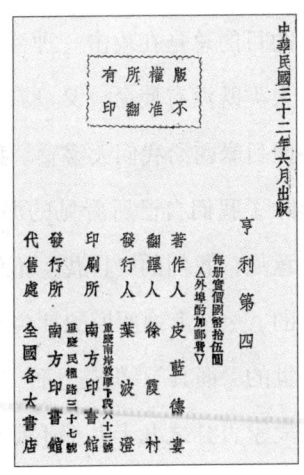

《亨利第四》（Enrico IV，三幕剧），译者在卷首《关于作者》（1942年2月重庆）中介绍说："皮蓝德娄（Luigi Pirandello）以一八六七年生于意大利的西希里省，先后在本省，罗马，和德国的彭城受教育。他所专攻的是哲学和语言学。……从十八岁起便开始写作。他的最早的文学作品是诗。但是他的几本诗集在我们现在看来并没有什么可注意的地方。接着他又写了许多长篇小说和短篇小说。他的短篇小说多半是写西希里岛的景物和风俗的，其中最早的一些短篇现在已经很难找到，一直到前几年有一位弗罗命其的出版家把他的短篇收集了三百六十多篇，出了一个全集，定名为《一年的故事》（Novellepar un Anno）。他的长篇小说，在他的作品中的地位仅次于他的剧本，其中如《故巴斯加》（Il fu Mattia Pascal），《老年与青年》（I Vecchie I Giovani），《电影摄影师日记》（Si Gira），都是现代欧洲文学中的重要小说。"

"皮蓝德娄一直到五十三岁（一九一三年）才想到以戏剧为表现的工具，这条路不久便使他成了一个世界闻名的作家。他的剧本在我们乍一看来似乎很晦涩，很艰深，其实我们只要稍微用一下我们的脑子，便可以发现它们并不如此。……从前的欧洲剧作家，从小仲马一直到伯纳萧，写剧的目的总是在攻击一种社会制度，宣传一种社会思想。但是皮蓝德娄对于人类既没有使命，又没有教训。他只完成了一件事：就是把人类的真正的面目暴露给我们大家看。我们平常总是觉得我们的'自我'是一个整个的，除了我们自己所看见的那个之外，并没有其他的'自我'。照皮蓝德娄的意见，我们的'自我'不但不止一个，而且有许多个连我们自己都不知道的。……上面所说的社会的'自我'，照皮氏的说法，只是一种我们用以处世的'面具'。但是这种'面具'并不一定是自觉的，欺骗的。反之，我们大家百分之九十九都不觉得它是'面具'，而错把它认为真的'自我'。当我们的'面具'一旦被别人或自己揭穿时，那便是人生的悲剧。……皮蓝德娄的最大杰作是《亨利第四》(Enrico IV)，因为《亨利第四》不只是干干地表现出了皮蓝德娄的基本观念，并且它的壮丽，它的魄力，它的舞台效果都超乎皮蓝德娄的一切剧本之上。……正如皮蓝德娄的大多数的剧本一样，《亨利第四》的中心思想也是在'面具'与'自我'的冲突。《亨利第四》在清醒之后本想恢复他以前的生活，但是因为他的'疯人'的'面具'已经造成了，他四周的人已经不会相信他不是疯人了，所以经过了几次挣扎，他仍旧回到他的'疯人'的'面具'之后去了。"

## 七月

### 《审判日》

[美国]埃尔茂·拉西著,袁俊译。
发行人:缪振鹏;
发行所:联友出版社(成都祠堂街一一七号);
重庆总经理:建国书店(重庆林森路特二十四号)。民国三十二年(1943)七月初版。114页。编入《联友剧丛之四》(潘子农主编)。

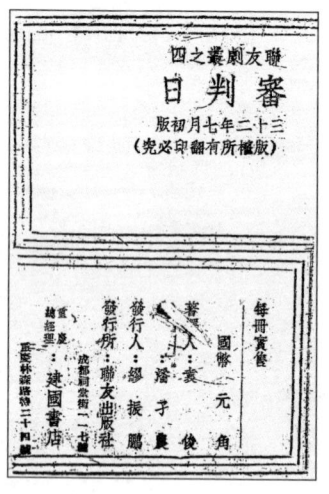

《审判日》(Judgement Day,1934,三幕喜剧),卷首有《译者手记》,关于著者介绍道:"是美国当代几位知名的剧作家中之一,同时也是一个戏剧运动的领导者。他的作品中最著名的是《计算机》(The Adding Machine)和《街景》(Street Scene),前者是表现主义戏剧的代表作,后者是写真式

自然主义的样品，但是 Rice 没有让自己陷入这二种形式中任何一种，他后来的作品，宁可说都是采取一种比较洗练的写实主义的手法，如《辩护士》（Councilor at Law）、《左岸》（Left Bank）以及这本《审判日》（Judgement Day）皆是。"

译者说："这本戏是一九三四年写的，那时希特勒刚刚上台，世人都在侧目而视，Rice 这本戏在那一年的九月，由他亲自导演，在纽约 Belasco 剧院演出，很受美人欢迎。当时美国政府还和德国保持密切邦交，所以剧中人物都不能用真名姓，但是所指的究系何人，却是任何读者或观众皆可一目了然的。"

该书卷首有潘子农的《〈联友剧丛〉总序》，介绍了剧丛的创刊旨趣及出版内容。封底页注有"四川省图书杂志审查处发给图字四六八号审查证"。

据查，该书另有万叶书店（上海天潼路宝庆里三九号）版，封面页著者署名为艾尔玛·莱士，版权页为 Elmer Rice，版权页未注出版时间，编入《万叶戏剧新辑》。

## 九月

### 《安娜·卡列尼娜》

[俄国]托尔斯泰原著,沃兹尼生斯基编剧,北鸥译。
发行所:五十年代出版社(重庆新生路四十号)。民国三十二年(1943)九月初版。88页。

《安娜·卡列尼娜》(五幕剧),该剧改编自托尔斯泰同名作品。剧中以女主人公安娜追求爱情的悲剧和列文在农村面临危机而进行的改革与探索为两条线索,描绘了俄国从莫斯科到外省乡村广阔而丰富多彩的图景,先后描写了150多个人物,是一部社会百科全书式的作品。

译者在卷首《前记》(1943年4月22日)中说:"一八七〇年二月托尔

斯泰曾向友人表示想以同情心写一部描述不贞妻子的长篇小说。两年之后，托尔斯泰在火车站的一个小站上看到邻居的地主的妻子跳到火车的路轨上自杀，托尔斯泰留下了一个极深刻的印象，于是决心来写《安娜·卡列尼娜》。"这部伟大作品搬到舞台上去也和小说的创作过程相类似。第一次在莫斯科上演的《安娜·卡列尼娜》是 N. D. 佛可夫改编的，所改编的剧本中也只有：安娜，卡列宁和佛朗斯基这三个角色，因为剧本相当长，当时分为上下两部两天连续地把《安娜·卡列尼娜》演完。到了一九三七年四月二十一日在莫斯科艺术座开始上演的《安娜·卡列尼娜》五幕剧，主要部分完全是依靠托尔斯泰的语言所改编的剧本，以安娜·卡列尼娜悲剧的命运为主干，用连续的对话展开进展中的情节。沃兹尼生斯基采取了小说中的精华，所有小说中的精华几乎是没有遗漏地都放到这个剧本里去了。所有省略的部分，从对话中大都是可以推测出来的。同时更因为是由莫斯科艺术剧院中苏联最负盛名的纳米洛维奇·丹青柯导演，经过三百零六次的排演，这个世界名剧果然轰动了全世界。"该剧导演纳米洛维奇·丹青柯后来说："托尔斯泰所创造的诸人物中，不曾解决的问题，仍然是我们现在需要提出解决的问题。这戏剧中最意味深长的是道德问题，创造新道德是苏联的演剧任务。"

该书于 1944 年 3 月再版，1946 年 5 月北平 3 版。

# 十月

## 《男子之悲剧》

[瑞典]施特林堡著，危之译。

发行人：彭健华；

发行所：中华正气出版社（江西赣县生佛坛前四十八号）。民国三十二年（1943）十月初版。82页。编入《文艺丛书》。

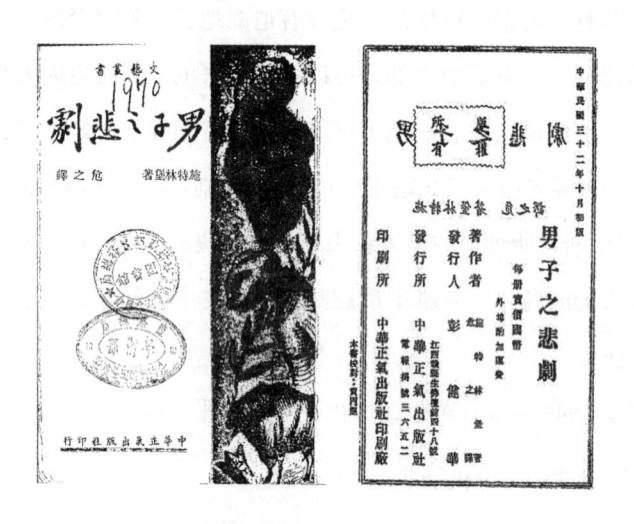

《男子之悲剧》，原名《父亲》（1887）。关于该剧，译者说："可算是施特林堡一篇重要剧本，从《父》里面，可以看出他的才力，他的风格和他的思想。我将《父》改名为《男子之悲剧》。"书内另有一篇译剧《火之玩弄》（独幕剧）。

关于该书的出版经过，译者在卷首《关于施特林堡和〈男子之悲剧〉

（代序）》(1943年4月赣州)中说："闲着无事做，所以离开重庆，到东南各省跑跑。路过赣州，因某种理由，稍微勾留了几天，时代中国主编人彭健华先生是多年的旧友，便趁这个机会约我替他弄点文学的稿子。我本是文学的门外汉，从来弄的都是粗笨干燥的学问，贸然动手来泡制这细腻的东西，必然是劳而无功。然而又不能不试一试，所以才避重就轻，选了施特林堡的两篇戏剧，翻译出来，一则可以报答老友的善意，二则可以换几个钱作我旅行的食费。这就是这本小书出版的经过。"

译者介绍道："施特林堡是十九世纪末年一个最重要的剧作家，在欧洲，没有几个人能比得上他。……施特林堡是一个文学的奇才。他的气魄很大，想象力很富，观察力很强，表现技巧亦极高明。他又十分忠实坦白而大胆，看到什么，想到什么，便说什么，决不作伪，决不粉饰。他的文笔泼辣，尖刻，里面充满火样的热烈，剑样的锋利，并多少夹杂一点歇斯特(底)里。他那强劲的风力吹倒了许多读者，甚至丹麦诗人德拉赫曼(Drachmann)称他为'暴风雨之王'(Storm King)，可以想见施氏著作的威力之大了。在思想上，他是个女性厌恶者。所以他的作品充满了对女性之攻击与责骂。若干文学史作者承认，他的三次结婚都不满意，因此造成了他的女性厌恶论。这种看法，自然有些道理。但是，如果把施氏厌恶女性的思想完全溯源于他个人的遭遇，就未免太小看他了。事实上，结婚制度之不健全及男女两性之冲突是现代社会上一个普遍现象，是一个极严重的社会问题。施氏是个感觉敏锐的人，自然深深地感觉到此中的痛苦，自然要发出不能忍受的呻吟。但施氏究竟是个文学家，他不大知道经济制度和社会法则对于男女问题的影响。他只从男女两性的差别上去了解两性的冲突。因此，男女的冲突便成了先天的，自然的，生理的，永远无法调和的。因此，他的结论便是悲观的。……我译这本东西，并不是同情于施特林堡之女性厌恶论，却是想从他女性厌恶论中使读者看出十九世纪末叶欧洲社会之走投无路，使读者了解，施特林堡之绝望与悲观正是欧洲当权者之绝望与悲观之代表，使读者明白，不跳出现存制度的圈子，便无法解除施特林堡之烦闷，使读者看出资本主义制度之黑暗方面。"

该书未见版权页。该书1948年1月由新中国出版社（南京）再版。

# 十一月

## 《樱桃园》

[俄国]契诃夫著，焦菊隐译。
发行人：郭孝昌；
发行所：明天出版社（重庆民生路九七号）。民国三十二年（1943）十一月初版。148页。编入《明天戏剧丛书第一册》(寇嘉弼编)。

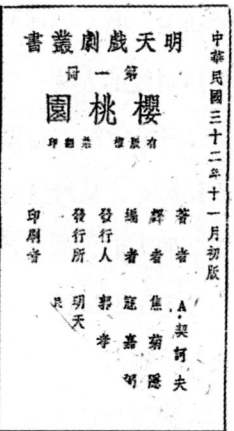

《樱桃园》（The Cherry Ochard，1903，四幕剧），该剧是"契诃夫的'天鹅歌'，是他最后的一首抒情诗"。据译者描述说，该剧的产生是因为1899年，契诃夫被邀请参加艺术剧院开幕剧《沙皇费多尔》的彩排时，"认识了丹钦柯的学生，女演员克妮波尔（Olga Knipper）。克妮波尔渐渐和契诃夫的妹妹玛丽雅熟识起来之后，就和这位夙所崇拜的作家，发生了亲密的友谊……一九〇〇年八月，他们订婚；次年夏天，结婚……这一段恋爱的故事，在契诃夫的心情上，确是发生了很大的影响：他在肺病的缠困和孤独寂寥的打击之下，生活上又降临了第二次的青春；他的衰弱的身体，又被幸福支持起来，才愉快地成就了更多的创作。也许没有这个幸福，《三姊妹》，至少是《樱桃园》，也许不会出现。所以，《樱桃园》是契诃夫最后的一个生命力的火花"。

"《樱桃园》初演于艺术剧院的契诃夫命名日……《樱桃园》里的人物，和他的其他剧本一样，都有现实中活人的模型，作它们产生的源泉……契诃夫的《樱桃园》，写得这样精练，结果成了一首社会的象征诗。不再生利的樱桃园，代表着旧而即将崩溃的封建制度，寄生在这个制度里边的人物，各代表着一个阶层，一种力量，而都活生生地反映出那个时代里那些阶层的动态。郎涅夫斯基太太是一个徒有热情而无理想，苦苦抓住正在崩溃的封建制度的人物；她的弟弟，则代表一般智识阶级的代表的懒惰，喜好安逸，只尚空谈，只做梦想；罗巴金是由农业社会当中崛起的商业资本主义；皮什契克，是封建的残余，借着寄生于突然浸入的资本势力而残喘些时日；其余的人们，如夏洛蒂，杜尼亚莎，也都是旧社会的寄生物，既已被旧社会注定了悲惨的命运，又不知道自己的命运是在被玩弄着。只有特罗费莫夫和阿妮雅，是较新的一代，天真，怀着不久将临的光明之幻想，只有他们才懂得歌诵春天，歌诵太阳，歌诵鸟鸣；最后，费尔斯象征着世纪末的悲哀，是封建制度的太息，低头，降服，和死亡。新的势力在兴起，新的势力，在费尔斯临终的时候，正用斧子无情地在砍倒那些无用的樱桃树。"

译者在文中具体分析了该剧的人物形象、主题意义、艺术情绪以及语言特色，认为"契诃夫的意识是积极的，态度是愉快的。……契诃夫的戏剧题材，从来是现实的，而主题的积极性，就没有一篇比《樱桃园》更强烈"。他"像普希金与屠格涅夫一样，所用的虽不是口语，然而，他的语言也并不是金粉所装饰成的躯壳。这虽然是文艺的对话，而对话已经简练成了珠玑。简练并不是简陋，更不是潦草。契诃夫以至高的文艺口味，把最深刻最有力最特征的字句洗练出来，往往只用一句话，甚至半句话，或者以两个字，把人物内心那些用千言万语所无法讲清楚的感觉，完全给透露出来"。最后他说："要想了解契诃夫，必须懂得欣赏诗，懂得欣赏他的作品所包含的抒情因素；必须先把寻求'舞台性'的虚伪戏剧观摒除；必须懂得在剧本里去寻求真实的人生。而要了解这个人生，要了解这个契诃夫式的人生观与世界观，就又必须先去全面地了解现实生活的全貌。要了解生活的全貌，必须扩展自己生活的宽度，而不要站在高处；必须主观地去透澈地经验人生，把握住它的脉动与形态，而不是客观地去分析它的表面。必须这样，才能懂得契诃夫的真价值，才能知道《樱桃园》的伟大。"

该书1947年8月由作家书屋（上海中正中路六一〇号）又版，编入《世界名剧选》。另有满涛（文化生活出版社1940年）、耿式之（商务印书馆1921年版）、俞荻（海燕出版社1939年版）、芳信（世界书局1944年版）、梓江（小民出版社1946年版）等译本。

《前线》

[乌克兰] 亚历山大·科尔涅楚克著，军事委员会外事局译。
发行者：军事委员会政治部（重庆）。民国三十二年（1943）十一月初版。编入《抗建戏剧选集1》。

《前线》（Фронт，1942，三幕剧），未见书。据《民国时期总书目·外国文学》载，本书系非卖品。内封题有"本剧本仅供高级军官阅读参考，不准上演"字样。

该书另有萧三（新华书店1944年6月版）、聊伊（上海新知书店1944年11月版）等人的译本。

# 十二月

## 《康蒂妲》

[英国] 萧伯纳著,陈瘦竹译。
发行人:李旭升;
发行者:中西书局(成都祠堂街三十四号),民国三十二年(1943)十二月初版。175页。编入《中西文艺丛书》(赵清阁主编)。

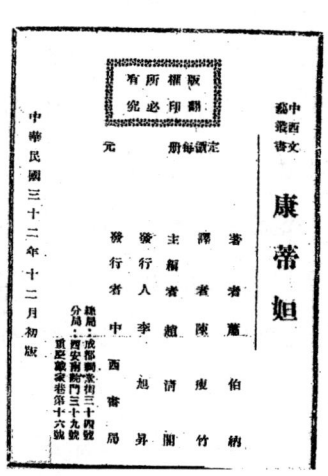

《康蒂妲》(Candida,1897,三幕剧),卷首《萧伯纳及其〈康蒂妲〉》(未署名)一文中分别从"走进剧场""新女性观""不朽著作"三个方面介绍了本书著者戏剧创作的历程及艺术风格。

在"新女性观"的介绍中,因萧伯纳曾说:"我若仅因'为艺术'之故,便懒得费力去写一句。"(注:序文后有作者注释"见 Man and Superman

卷首萧伯纳致 A. B. Walkley 函第 24 页 Corstanco and Co., London.1931"）所以作者说："他并不是为了娱乐观众而写剧本，却是为了教化观众而写剧本。他像易卜生一样，心上先有某种观念，而后编排情节以证明他的观念，寻找角色作他的代言人……可是他到底是一个剧作家，并不专以说教为能事，他另有一套剧作家的本领。他仿佛用'笑'的糖衣，包着'教训'的丸药，塞进观众的喉咙里去……萧伯纳具有明察秋毫的眼睛，渊博精湛的知识，而又天性诙谐，富于机智，所以他要攻击人间的愚昧虚妄时，皆以嘲笑的笔墨出之。他不像写实派一样，纪录人生的真相，他亦不像理想派，描写他所理想的世界。他只抓住了人间的缺点，以及实际生活中与他的思想背驰之处，便单另提出来，夸大其词，逗人看了啼笑不得。……除了讽刺人间的虚妄以外，他对于男女两性关系尤多创建。他描写恋爱，一扫伤感浪漫的滥调，大胆发挥他的一套哲学……"作者从萧伯纳的两性观的立场，具体分析了《康蒂妲》这一剧本，认为："萧伯纳的两性观，概如上述，在《人与超人》一剧中，尤发挥尽致。……在两性的斗争中，女性一定胜利。因为女性是人类的母亲，而且唯有她才确实知道所生子女是真正属于她的。在易卜生的《傀儡家庭》中，娜拉离家出走；在史特林堡的《父亲》中，劳拉实行斗争打到她的丈夫，而在萧伯纳的笔下，康蒂妲更近一步，在家保护她的丈夫了。"

"不朽著作"这部分中说："萧伯纳的《康蒂妲》并非喜剧，而是神迹剧（Mystery 或称 Miracle Play）。按：神迹剧原系中世纪的一种宗教剧，题材以圣经故事和神徒的平生事迹为主，概用韵文写成，每逢宗教节日，在教堂中演出，其后离教堂而至各大村镇，将简单布景道具装在车上来回公演，故亦名游行剧（Pageant）。剧词长自一八〇行至八〇〇行不等。这种传达神之使命的剧本，并非全部严肃正经，反而异常诙谐，插入滑稽的附属情节，如《第二个牧羊人剧》(Second Shepherds' Play )，即其佳例。《康蒂姐》一剧，或许是在传达一种新的使命，且带喜剧风味，所以萧伯纳沿用这个旧名。"

封底页注有"四川省图书杂志审查处审查证图字第一○一○号""中央图书杂志审查委员会剧本审查证安剧字第一四七号"。

## 《风雨满城》

[美国]史坦贝克著，苔藓改编。
发行人：华封；
发行所：天行社总社（福建南平中山路）。民国三十二年（1943）十二月初版。90页。编入《天行丛刊复版第十六号》。

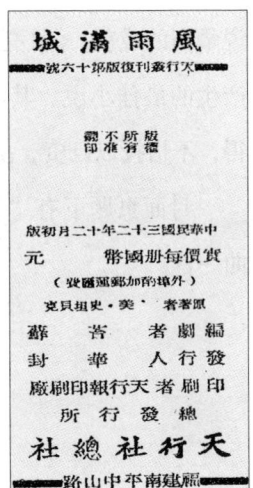

《风雨满城》(社会三幕剧)，译文的原版本为斯坦贝克的中篇小说《月落》，写于1941年，出版后被译成多种文字，在欧洲德国占领区广为流传。1946年，著者因此书获得挪威国王哈肯顿七世颁发的"自由十字勋章"。该书在中国也有很多译本,最早为马耳(叶均健)所译,题名《月亮下落》(载《时与潮文艺》1943年3月15日创刊号)。另外还有刘尊棋译本,译名为《月落》(重庆中外出版社);赵家璧译本,译名为《月亮下去了》(桂林良友复兴图书印刷公司);胡仲持译本,译名为《月亮下去了》(开明书店);秦戈船(钱歌川)译本,译名为《月落乌啼霜满天》(重庆中华书局)四个译本。据小说改编成戏剧的就有三个,除本书外,另有谷夫改编的《月亮下去了》(四幕剧,福州林炎藩印务局1945年8月)、包起权改编的《残雪》(重庆正中书局1945年11月)。

该书译文即是根据小说改编,编者说:"本剧系根据马耳先生所译之美国名作家史坦贝克(John Steinbeck)小说《月亮下落》改编而成的,史坦贝克是近来美国最出风头的作家,他继承了美国小说主流路易斯,安特生,特莱塞等所发展的社会小说类型,而更尖刻,更深入到民间,代表美国小说最高的成就。《月亮下落》于一九四二年春出版,即被认为这次大战中所产生的最佳小说。其电影摄制权,已为二十世纪福斯公司以三十万美金购得,不惜投以巨资,摄成伟大的影片。"

封面页题下有"天行丛刊复版第十六号"字样。书末附《怨妇曲》词曲一首。

# 1944年

《解放了的普》　《丹东》　《汉姆莱特》
罗米修斯》　《希德》　《特罗亚妇女》
《千金之子》　《蒌洽》　《雅典人旨满》
《良辰》　《错中错》　《知法犯法》
《康第达》　《撒旦的悲哀》　《望穿秋水》
《名门街》　《黑暗之势力》　《圣路易》
《下层》　《大学教授》　《哀尔帝》
《海鸥》　《前线》　《理智之胜利》
《马克白斯》　《为国争光》　《李柳丽》
《好望号》　《墨索里尼的　《樱桃园》
《乔婉娜》　审判》　《前线》
《沈茜》　《烟草路》　《少校夫人》
《爱与死之赌》　《侵略》　《母爱与妻爱》
《群狼》　《万尼亚舅舅》

## 《解放了的普罗米修斯》

[英国]雪莱著，方然译。
发行者：雅典书屋（桂林苑家园三十三号之二）。民国三十三年（1944）春初版。349页。

《解放了的普罗米修斯》（Prometheus Unbound, 1819, 四幕诗剧），译者在卷末的《译后记》中介绍说："雪莱此诗成于一八一九年。这时期正是拿破仑垮台，维也纳会议之后，梅特涅操纵欧洲。后三年，雪莱死，又二年，拜仑战死希腊，又六年，法兰西二次革命起。此后，欧洲资产阶级民主革命更是七处冒火，八处生烟。这个时代，用雪莱底话来说，就是'社会制度与大众意见之间不平衡'。于是，普罗米修斯被写入歌德，拜仑，雪莱之诗中，作为主题。"并认为雪莱"诗中精致而幽深的抒写自然的倾向。这篇诗可充分证明。这里面，有法国大革命底口号；有高山，大海，微风，细草……雪莱把普罗米修斯当作'道德与智慧的天性底最高完美的典型'，当作一个最高道德原则；虽然把他当作'战士'，然并不把他当作一个'人'出发而写的。'他是可以被描写成纯洁的，而无野心，嫉妒，报复，以及自我光大的热望'。存在，是为着显示最高道德原则底精神的。因此，他尽力写'忍受'，'爱'与'希望'；特别是'爱'，各色的'爱'洋溢着，用深幻的语句与象征表现着；而邱比特之沉落深渊，乐园之获得，这却委给'时间之神'来作，而且作得那么简单而抽象"。

该书卷首有雪莱自序，未见版权页。书末附注释、《雪莱小史》、《〈解放了的普罗米修斯〉之时代意义》（灵珠著）和《出版人的几句话》。

# 一月

## 《千金之子》

[美国] C. 奥达茨著，冯亦代译。

发行人：俞世堃；

发行者：美学出版社（重庆民国路特字五五号）。民国三十三年（1944）一月初版。165 页。编入《海滨小集之六》。

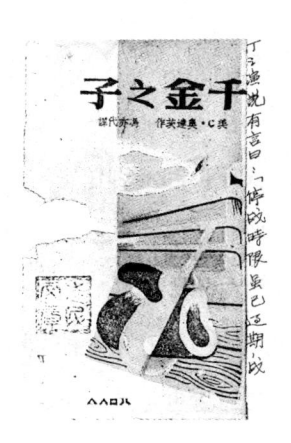

《千金之子》（Golden Boy，1937，三幕剧），原名为《金孩子》，书名页题下有"（一名天之骄子）"字样。在文末哈劳特·克鲁曼的《论〈千金之子〉》一文中，作者介绍说："《千金之子》已被誉为一出好戏，人情的娱乐，和印象深刻的传奇。它也被责为在运用体裁简洁，典型剧境，及相像于流行小说或电影的主题上，背叛了好莱坞的影响；更可能地，则是在运用环境（拳斗世界）上看来有点不值得作者假以如此严肃的题旨。此外，在许多不同的场面和长段灿烂的对话上，曾受着差不多众口一词的企慕。"《千金之子》的初稿有着'一个现代寓言'的副题。我以为寓言是一个极端简单却有明显轮廓的故事，在这里面，一串的想象用来建议一个更一般性质，通常是道德的意义。好寓言用故事底单纯的直接或生动来抓住人的兴趣，它所建议的意义只有在回想时才会临到我们，或者这种建议有机地安置在故事的结构中，在吸收这故事的细节时，我们差不多是自动地和同时地留意到它的存在。换句话说，寓言从事于凸出的确实的象征。这些象征善于化为真理，这些真理则是作者所希望表达出来的……这戏剧的故事不只是一个斗拳者的故事，却是伟大斗争的写真——一个不论我们的职业行当如何，而都被包括在内的斗争。这寓言中，千金之子所斗争的是人世中个人的位置；他所需要的是在社会所给予'无名小卒'的讥嘲中，把他的自我解放出来，在这个社会内，每个行动都从竞争的观点来衡量的。他之需要成功并不仅仅乎在于他所讲到的优闲生活——汽车等等，却是由于与成功俱来为世界所接纳时的欢呼，安定，和不再作贫穷，异族，和被遗忘的少数人底俘获物的那种安全性。要到达成功，他只能利用偶然所承受的工具，一种技巧，却需放弃他真实生活的发展。"在具体分析剧作的结构、人物、特点之后，作者评价说："克利福·奥达茨才能的容量较今日美国任何一位青年剧作家为广大，他发展的前途也定是既艰难又复杂。在或种场合下，逢迎的忠告在批评家只是阿谀，对于作家更一无帮助。论到克利福·奥达茨，我们应当对于他每次努力的进步表示感谢。在少数足以当得起称为艺术家的美国剧作家们底努力中，《千金之子》是更进一步的。"

书末附《美学出版社征求"基本社友"一万户》。封底页注有"重庆市图书杂志审查处审查证世图字第二五一二号"。1948年9月由上海太平洋出版社再版。

## 《良辰》

[美国]奥尼尔等著,张尚之译。
发行者:大时代书局(重庆)。民国三十三年(1944)一月初版。140页。
编入《世界文艺名著丛刊》(马耳主编)。

《良辰》(独幕剧选集),收入《良辰》([西班牙]塞拉芬、诺斯康著)、《别墅出让》([法国]归特利著)、《枯木》([澳洲]埃孙著)、《划了十字的地方》([美国]奥尼尔著)、《母性的爱》([瑞士]斯特林德堡著)、《海上骑士》([英国]星格著)六部独幕剧的剧本,大都为喜剧。该书未见版权页。

## 二月

## 《康第达》

[英国] 萧伯纳著，朱文振译。
发行者：青年书店（重庆）。民国三十三年（1944）二月初版。111 页。
编入《近代世界名剧百种选》（陈铨主编）。

《康第达》（Candida，1897，三幕剧），又名《康蒂妲》。未见书，据《民国时期总书目·外国文学》载，书前有译者序（介绍作者生平与创作）及陈铨的《西洋近代名剧百种序》。

该剧另有陈瘦竹译本（译名为《康蒂妲》，成都中西书局 1943 年 12 月初版）。

## 《名门街》

[英国]巴蕾(J. Barrie)著，毕竑译。
发行人：俞树立；
发行者：青年书店（重庆民生路一三三号）；
印刷者：中央青年印刷所。民国三十三年（1944）二月初版。155页。编入《近代世界名剧百种选》（陈铨主编）。

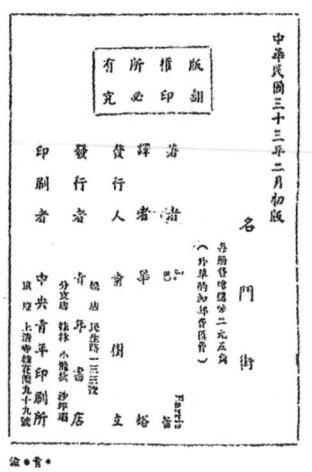

《名门街》（Quality Street，四幕剧），卷首有陈铨所写《西洋近代名剧百种序》，介绍了中西戏剧之间的差异、丛书旨趣及出版情况，认为"中国戏剧，大都是抒情诗歌的延续。作家的目的，首在抒情。对于剧中人物的动作，往往信手拈来，不加严密的组织。……西洋戏剧，在另一方面，从希腊悲剧起，一直到近代，最重要的表现，就是动作。亚里士多德论悲剧，首重结构，结构是西洋戏剧最大的特点。怎样在复杂零乱的历史事实人生经验中间，去选择出一件富有戏剧意味的事实，来作译本戏剧的主要动作，怎么样使这一个主要动作，有起有承有结，有高潮，有主题，丝丝入扣，滴滴归源，这是一个西洋戏剧作家最重要的使命。……中国以前只有歌剧，没有纯粹的话剧,话剧是从西洋搬过来的,在中国历史不长。假如要想创造中国民族的话剧,我们就应该借鉴西洋话剧的技术。尤其是西洋近代话剧,种类繁多,内容丰富。大量介绍,一定很有补益。不过坊间刊行译本,或错误太多,或选择不当,或介绍不详,或挂一漏万,使有志问津者,无所适从。青年书店有鉴于此,拟先编西洋近代名剧百种,作有系统的介绍,希望这种努力,对于中国话剧运动,能够发生良好结果,同时更希望海内贤达,随时匡正与襄助,以达到更大的成功"。

译文前有《名门街》(丘田译)引文,全面介绍作者生平及文学创作,其中说:"巴蕾的儿童剧曾为千万的儿童所喜爱,而他生平所喜爱的也就是儿童……作为大剧作家巴蕾的文字生涯,是以写小说开始的。巴蕾的小说,无论是三五百页的巨著,或是寥寥几章的短篇,总是那么幽默,那么含蓄,那么结构精密……巴蕾有着无可摹仿的技巧。像他的剧本一样,他的故事处处把握着我们的感情,同时他的笔锋却又是那么轻俏,只在我们感情的表面轻轻拂过,不使它在深处泛起涟漪,而且他的敏锐的解剖力,正如一柄锐利的小刀,把人们的性格当作瓜果,一丝丝地剖开,又一处处地寻出核心中的斑点,然后用着满含讥讽的口吻对我们说:'看啊!'他笔下的人物是活的,因为他们有脾气,有情感;是成型的,因为我们能在人群中找到这样的人物。"

巴蕾不仅是小说家,同时也"是一个大剧作家"。"因为他了解人类的天性。他有着对于他的人物的极大的同情,而同样重要的,有着对于观众的极大的同情。他的戏剧充满了动作。他剧中的对白精炼(练)而紧凑,假使某一个角色问一句话,我们无论如何不肯错过那一句话的回答。他的人物几乎立刻就抓住了我们,因为在写那剧本的时候,他们的创造者曾经自己感觉到他们的真实性……在巴蕾的创作中,最成功的自然是彼得潘和可钦佩的克来敦,但最足以表示他的作风的,却是《女人们都知道》(What

Every Woman Knows）和《名门街》。在这两出戏里，巴蕾用他独擅胜场的轻轻的笔触，描绘出逸趣横生的故事，但在这些故事中，你可以随处发现针刺着社会旧习的严肃的尝试。在《女人们都知道》中，有一位生性诚恳的苏格兰绅士，他已经在政界上占有高位，可是，不幸得很，他竟会不懂得怎样发笑，但他后来终于在他妻子的高明的手腕中得救了，她使他明白了他自己的短处。在《名门街》里，那饶有风趣的拿破仑时代的名门淑女的自矜，使我们一时觉得忍俊不禁，但孤寂中的伤感，岁月淹忽，青春和姿色之消逝，使在愉快的情景中，平添了一些忧郁的气息。"

封底页注有"中央图书杂志审查委员会审查证安剧字第八二号"。

## 《下层》

［苏联］高尔基著，芳信译。
发行人：陆高谊；
出版者：世界书局。民国三十三年（1944）二月出版。144页。编入《俄国名剧丛刊第9册》。

《下层》(На Дне，1902，四幕剧），通译为《底层》。据高尔基说，这个剧本是他20年来对"曾经是人的动物"世界进行观察的结晶。该书附录有日本升曙梦撰写的《关于高尔基和他的戏曲》一文，介绍了本剧及高尔基的生平、作品及成就。

升曙梦在文中说："作为高尔基的代表戏曲的那有名的《下层》（一九〇二年）正是作者全盛时代的作品；它在他的文学生涯中可以做一个划时期的这个事实，是一切批评家们差不多一致公认的。在《下层》以前，高尔基的作品，不论小说和戏曲，都具有雄伟的力量，对自由的个性，表

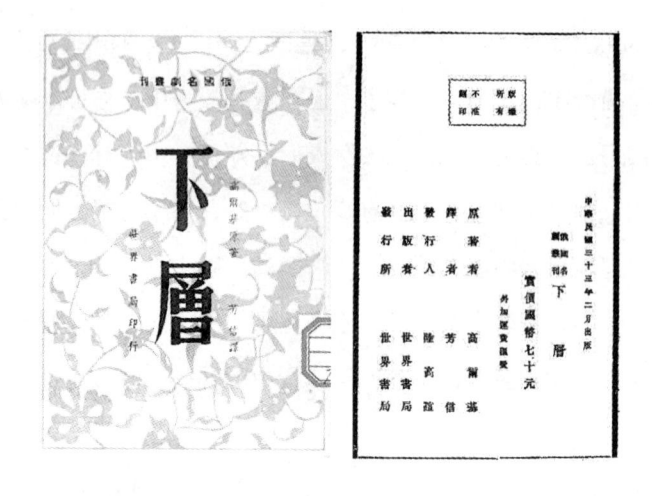

示赞美，单有罗曼蒂克的价值……到了《下层》，在他作品的要点上，思想的倾向上，取材的范围上以及戏剧的形式上，和他从来的作品，大为两样。比方说，在《下层》以前，高尔基写过一个以《小市民》为题名的剧本。这是一个以完全否定小市民的幸福和生活为目的而写的剧本；在这个剧本里面，对于小资产阶级社会的穷困的生活，却被写得充满着雄伟，刚强，勇猛的气概。可是，这个剧本只不过给了柴霍甫的剧本几分影响，此外，对于思想的要求，从社会方面说，是没有什么反响的。在下层以后，高尔基才达到他的创作生活的第二期，他主要的写作是剧本；在《别庄的人们》，《野蛮人》，《太阳的孩子们》，《仇敌》等剧作中，他描写着商人和知识阶级的无聊的，卑劣的，毫无用处的和下贱的生活，可是在这些剧本里面，因为他模仿柴霍甫的作风，致使他受到极大的妨害。柴霍甫的作风，只宜于描写某种停滞的生活；要把高尔基所处理的人物和题材，嵌到柴霍甫所描写的，那种被动而缺少活动的形式中去，这是很困难的。"在《下层》里面，作者已停止描写小市民和知识阶级的生活，而完全倾向于下层社会的研究，站在社会道德的见地，澈头澈尾地针对现实着笔。……曾经是个人主义和尼采主义的代表者的高尔基，现在完全移到社会道德的见地，转而和基督教接近；可是，《下层》，在那根本观念上，是显示了这个思想上的过渡期的东西。个人主义和社会道德的冲突，尼采主义和基督教主义的斗争，确实是这个剧本中的主要的骨干；照这样看法，才有戏剧的意义，价值和趣味。"接着，升曙梦对该剧的体裁、人物及剧中的歌曲做了深入的分析和阐释。

本书扉页有"献给我的大哥方仁"字样和高尔基肖像、莫斯科艺术剧院演出剧照。另有塞克（成都跋涉书店1937年7月初版）、李谊（译名为《夜店》，上海湖风书店1931年初版）、许德佑（译名为《夜店》，上海大东书店1947年版）、胡明（译名为《夜店》上海光华出版社1946年版）、谢炳文（译名为《深渊》，启明书局1937年版）和胡明（译名为《夜店》，上海光华出版社1945年12月初版）等人的译本。

## 《海鸥》

[俄国]柴霍普著，胡随译。
发行所：南方印书馆（重庆民权路三十七号）。民国三十三年（1944）二月出版。114页。编入《近代名剧译丛》。

《海鸥》（1896，四幕剧），译者在卷首《关于海鸥的几句话》中介绍了该剧的创作与上演情况："一八九五年，柴霍普创作底第十六年度快告终的时候，受着奥斯特洛夫斯基所组织的'剧作家协会'里的同人们底劝告，他写完了海鸥。……他认为自己已经跨出'乌鸦叫'的阶段，而够得上是一个唱'夜莺歌'的作家。可是，他底最不平凡的抒情喜剧——《海鸥》，遭受的不是它应得的最不平凡的赞赏，却是一种戏剧史上空前的惨败——一八九六年在圣彼得堡的首次公演，是在观众的嘘嘘声中闭幕的！海鸥成

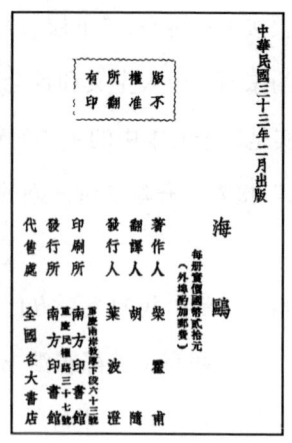

了是年批评界中嘲骂的对象！他们所有的傻瓜一齐把它看做'野鸟'，聪明一点的像奥斯特洛夫斯基和苏伏林，都'漠然视之'。当时的最能叫座的演员林斯基，写信劝他以后不要写剧本；他自己也说：'以后，我再也不写这种剧本，再也不演它了，那（哪）怕我活到七百岁！'……两年后，大导演丹诚可对他底好友柴霍普底失败，感觉到气愤，也感觉到为俄国旧剧院羞耻，他幻想着新形式，新手法，新装备，和史丹尼斯拉夫斯基长谈之后，创立了一个俄国也就是全欧洲大陆写实主义戏剧发展史上有名的'通俗艺术剧院'——后来改称'莫斯科艺术剧院'。在这里面训练了一些新演员，几十年来统治俄国剧院的腐败的愚昧的自大的恶习完全革除了——这是俄罗斯的'自由场'。在这种情形之下，出演《海鸥》而获得想象不到的成功，在柴霍普本人底生命史上，'天才'克服'愚昧'，'新鲜'代替'老朽'的剧院底革命史上，都有着辉煌的决定的意味。"在这篇文章中，译者同时介绍了当时俄罗斯的社会背景以及该剧的创作过程、内容及人物。

该剧另有郑振铎译本（商务印书馆 1921 年初版）和芳信译本（世界书局 1940 年初版）。

## 三月

## 《马克白斯》

[英国]莎士比亚著,曹未风译。
发行所:文通书局(贵阳中华北路五七号)。民国三十三年(1944)三月初版。236页。编入《莎士比亚全集》。

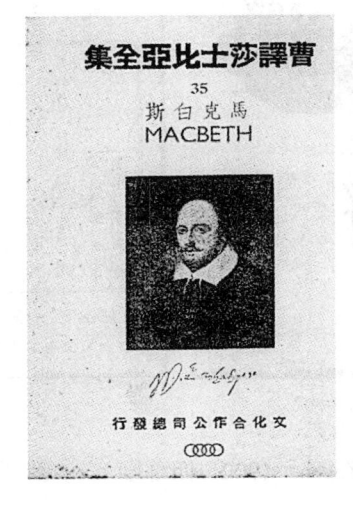

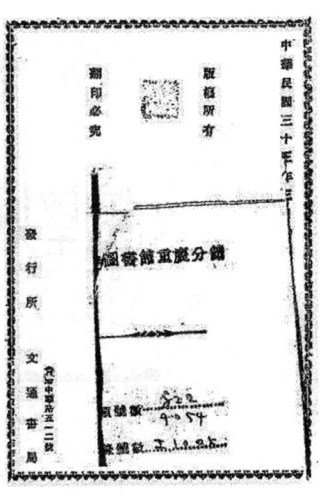

《马克白斯》(Macbeth,1606,五幕悲剧),今译为《麦克白》,无序跋。莎士比亚四大悲剧之一。扉页有"启事:本书一四四页下接一五五页。因恐读者误为内容脱落,特为声明如上"。封底页注有"贵州省图书杂志审查处审查证图字二〇五号"。上海文化合作股份有限公司1946年6月另出普及本,编入《曹译莎士比亚全集(35)》。

另有周庄萍译本，译名为《马克白》，上海启明书局 1938 年 6 月初版。

## 《好望号》

[荷兰] 海哲曼斯著，袁俊译。
发行者：国讯书店（重庆张家花园五十六号）。民国三十三年（1944）三月初版。132 页。编入《国讯文艺丛书》（茅盾主编）。

《好望号》（Op hoop van Zegen，1900，四幕剧），该剧"是一个平凡的海的故事"，"写的是一群苦做的渔夫和他们的苦做的妻女。这一群贫苦然而高傲的善良的灵魂，像荷兰油画的深厚的色调……，给了读者一个不可磨灭的印象，一个对人生更深切的了解"。

译者在《译者序》中介绍说："这戏是一九〇〇年写成，曾在荷兰演出不下千次……现在这个中译本出世，离原本写成已经四十余年了，我以为也还是看不出已经有了几近半世的年纪，这个戏是不朽的……海哲曼斯是个问题剧作家，但是他喜爱人生更甚于问题，我们所以还能在《好望号》写出已经四十余年的今日，依旧欣赏这本剧本，正是因为它亲切，它真实，因为故事的每一枝节，对话的每一行一句，性格描绘的每一笔触……""因为《好望号》是自活生生的人生中出发，海哲曼斯不需要任何舞台技巧的卖弄来吸引观众。这是一本不露丝毫匠迹的自然的作品。"

译者说："初读《好望号》远在十五年前，那时我在清华读书。我深深地被这个平凡的悲剧所感动了，好几次我想把它译出，但终于以无力传达原文那种质朴的美，未敢动笔。五年前在美国纽约州 Green Mansions 暑期剧院工作，和罗卜·高东（Robert Gordon）君合排此剧，获得很好的成绩。民国二十九年在江安国立剧专任教，因为想找一篇戏的分量比较平均的着重性格表演的剧本作训练材料，便在短期内赶译成了这部戏。原想直译，后来因为服装的问题和为了缩短学生与这些角色中间的距离，便斗胆地把荷兰的故事强搬到中国东海之滨来了。不过除了姓名以及些少枝节外，大体均照原文直译。"

"本剧系由英文改译，根据的就是 Evale Galianne 演出的用的 Lilian Eauuders 与 Carlius Hejerinans Heuwink 的英译本，纽约 Samuel French 版。"

# 四月

## 《乔婉娜》

［比利时］麦特林克著，马耳译。
发行人：唐秉彝；
总发行所：建国书店（营业部：重庆林森路特24号，管理处：蹇家巷三号）；
印刷所：中心印书局（江北董家溪）。民国三十三年（1944）四月初版。110页。编入《欧洲当代名剧选集》。

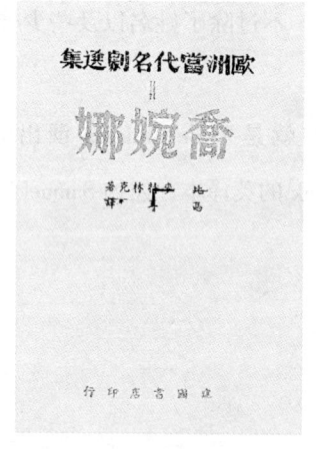

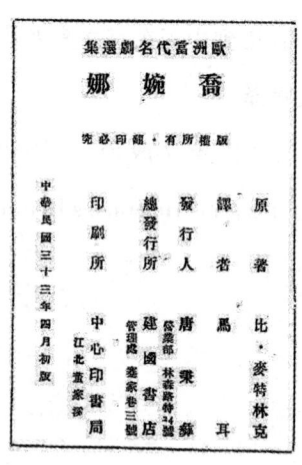

《乔婉娜》（Monna Vanna，1902，三幕剧），译者介绍道："《乔婉娜》是一个历史剧，描写十五世纪时意大利两个城市佛罗伦斯（Florence）和比沙（Pisa）对敌中的一段爱情故事，也可以说是一个勇敢女子英雄的插话。那时一个城市就是一个共和国，几乎跟我们战国时的情形差不多，故佛罗伦

斯和比沙实不啻是两个独立的国家,但现在则只是意大利两个有名的城市罢了。'乔婉娜'的原名叫做'蒙娜·婉娜'(Monna Vanna)。但在这剧中,她的名字一般地是被称作 GioVanna。在意大利文中,Gio 是一个接头语,表示'娇小',因而转作'可爱','宝贝'的意思。故'乔婉娜'实在是'蒙娜·婉娜'一个亲密的称呼。这名字在我们的文字里异常悦耳,故也就大胆地把它改作这剧本的译名。"

该书"根据的译本是英国戏剧家 Afred Sutro 英译。Sutro 在他的前言里说他译文,跟原文有点出入,但是他的自由译法全是得到了原作者的同意的。我一时找不到原文,也无法校对,我想他保存了原作者的精神,是绝不成问题的"。

译者在卷首的《前记》(1943 年 2 月)中记叙了作者的生平及本作品的创作,认为《乔婉娜》是作者作风突变的结果。他说:"一八九六年以后,麦特林克又住到巴黎去了,这儿他朝夕和她的妻乔介特·勒卜兰(Georeg He Leblanc)生活在一起,这女子是一个有名的演员。她超群的演剧技术使麦特林克了解到,人类的灵魂及心灵的波动,非一个静的剧场和一群傀儡所可能细腻地表现得出来的。所以从此他的作风就为之一大变。这突变,他的三幕心史剧《乔婉娜》可以代表出来。在这剧里面,麦特林克的人物是活的,不再为命运所支配而征服了命运;每个人物都是真实的,而每个人的动机他都很现实地充分加以分析;他们的对话也都依照当时那种富于修辞的习惯写了出来——这表示麦特林克着重了戏剧的现实性与生动性。以麦特林克对于人类心灵细腻和深刻的了解,再加以人物外表动作的生动表现,无怪乎《乔婉娜》一九〇二年五月十七日在巴黎'新剧场'(Nouveau Theatre)上演,就立刻得到了极大的舞台上的成功。"《乔婉娜》不仅是一出活的戏,要求演员除了生动的外表动作以外,还要极强烈,极生动的心理表演;麦特林克同时在它里面还提出了两个极迫切,极现实的伦理问题。那就是：一个女子在她底民族处于危急存亡关头的时候是否可以出卖自己的名誉而来救助这民族呢？一个女子当她底丈夫拒绝相信她高尚的动机时是否可以离开这个男子呢？麦特林克的回答是一个毫不犹疑的肯定。"

封底页注有"重庆市图书杂志审查处审查证安剧字八〇号"。

## 《沈茜》

[英国]P.B.雪莱著，方然译。
发行者：新地出版社（重庆韩家巷十五号）；
经售者：成都东方书社、桂林新光书店。民国三十三年（1944）四月初版。252页。

《沈茜》（The Cenci，五幕悲剧），卷首有原著者所写的序，说明该剧的产生与创作过程。著者在《原序》中说，该剧内容是根据其在意大利旅行时，"得着一个抄本"为蓝本写成的。"那是从罗马沈茜宫里档案中抄下来的。记载着一五九九年，教皇克里门第五（Clement. V）时（1599年应为克莱门特八世时期——笔者注），一个最高贵，最富有的家庭消灭的可怕的故事。故事是这样：一个老人，他一生纵欲邪恶，最后，他变态地憎恨他底孩子们；这种憎恨还由于残酷与冲动激发成乱伦的热情对待他底女儿。他底女儿长时期要逃脱这种永远会玷污灵肉的环境，但终于绝望，最后，她只有与她底后母以及兄弟们计划，谋杀了这个暴君。这个年青姑娘，是一个非常和善，可爱的，生成是来装饰世界与被人喜爱的姑娘；而她从事于这样可怕的事，是由于环境必需与认识产生了胜过恐怕的行动，迫着她改变了她底性情。这件事不久就被发觉了，不管有许多在罗马地位很高的人，为她们在主教面前作最热心的祈祷，犯人们还是被处死刑。那个老人，在生前曾以万金求教皇恕过他底罪了，即或是极大的，不可言说的死罪；因此他底牺牲者的被判死刑，不能说是教皇爱护正义之故。教皇还由于别的动机要这样处严刑，或许他觉得谁杀死了沈茜公爵，谁就夺去了他底每年一定的大宗收入。这样的一个故事，若是把这中间人物彼此底希望与恐怖，信念与疑惧，以及最终大家都被迫从事于一个可怕的目的，都表现出来给读者，那末（么）这个故事会成为一个光，烛照出一些人心底最黑暗的幽穴。我到了罗马，我就发现到：这个沈茜的故事，在意大利人底社会中，被谈论着，并非不引起深切的兴趣，人们是都以浪漫（罗曼）蒂克的怜悯来看这罪行，而且都以她受可怕的事实所迫，为了辩白，她是被蒙蔽了两个世纪了。各等人都知道这件历史底大概，而且都对这特别有兴趣，好像它有一种魔力能激动人心。我有一张从柯罗纳宫（Colonna Palace）中临摹的一张吉多所画的比圣斯像，而我的仆人马上就认识它，说它与沈茜底像相似。这样一个故事，两世纪以来使一个伟大城市中各级人民产生普遍的兴趣，在这个城市中，'想象'是永远被唤醒与活跃的，这使我首先觉得适合于戏剧的题材。"

译者在《译后记》中说，该剧系"雪莱二十六岁时所写的"，译文"是根据 Edward Dowden 所编，Macmillas 一九一三年版《雪莱诗集》译出的"。该书封面页有插图，卷首有雪莱"给 Leigh Hunt 先生"的《献辞》，封底注有"重庆市图书杂志审查处审查证安剧字第一八九号"。

## 《爱与死之赌》

[法国]罗曼罗兰著，贺之才译。
发行人：陆高谊；
出版者：世界书局（上海）。民国三十三年（1944）四月初版。105 页。
编入《罗曼罗兰戏剧丛刊》。

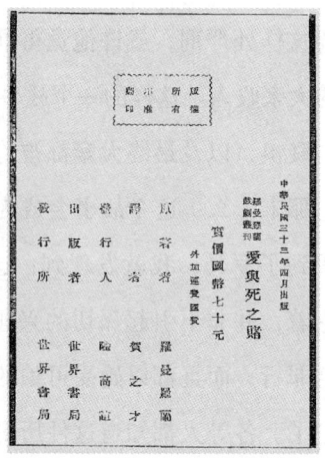

《爱与死之赌》（Le Jeu de l'Amour et de la Mort，1925），卷首有译者的《罗曼罗兰戏剧丛刊弁言》（全文无标点）及贺德新的《罗曼罗兰戏剧丛刊序》。

弁言中说："罗曼罗兰为一代宗师，著述等身，环球万国竞相传译家弦户诵，风靡一时。（近）年来我国对于（罗）氏之思想及形状渐有片鳞碎爪见之报章，而于其作品则鲜所译述……译者六年前息影旧都，百无聊赖，尝就案头所存之罗氏剧本，由法文直接移译为语体文。都八种，一曰七月十四日、二曰丹东、三曰群狼（此三种合称法国大革命剧）；四曰圣路易、五曰哀尔帝、六曰理智之胜利（此三种合称信仰剧）；七曰爱与死之赌、八曰李柳丽。除第一种业由商务印书馆出版外，兹检全稿悉付世界书局刊行，名曰罗曼罗兰戏剧丛刊。"据弁言中所述，译者自1939年开始共翻译罗曼·罗兰戏剧八种，其中《七月十四日》由商务印书馆1934年4月出版，编入《世界文学名著》。另外七种均由世界书局出版：1944年4月出版了《爱与死之赌》《丹东》《群狼》；1944年11月出版了《哀尔帝》《李柳丽》《理智胜利》《圣路易》。其中《爱与死之赌》，另有梦茵译本，译名为《爱与死》，1929年7月由上海泰东书局出版；徐培仁译本，译名为《爱与死之角逐》，1937年4月由上海启明书局初版；李健吾译本，译名为《爱与死的搏斗》，1939年9月由文化生活出版社初版。

该丛书序言作者贺德新系贺之才之子，他说："家父译罗曼罗兰戏剧既竟，命新为弁言，述其思想系统，谨举所知，概陈如右。"在这篇序中，贺德新列举了罗曼·罗兰的创作及戏剧公演情况，他说："罗曼罗兰虽以著长篇小说《约翰·克利士多夫》（Jean Christophe）闻名，但是他最初用以表现他底理想感情和学说的，则为戏剧，因戏剧与民众直接发生关系，较小说之仅能影响少数读者，收效为宏。罗氏自执笔为文，即以改革法国戏剧自命。他对于当时（十九世纪）戏剧之结构虽佳，内容虽有趣，而却无甚意义，深致不满。他每想代以一种内容丰富而足资营养的剧材，既可以箴砭人民，又可以鼓励行动。他因为肄业师范学校时，专攻历史，所以常取法国历史大事为题材。一八九七年，于巴黎杂志发表《圣路易》。翌年又在剧艺杂志发表《哀尔帝》。此二剧本主旨，均在描叙英雄的生活，颂扬爱国的情绪。一八九八年五月，《群狼》出演于作品剧院，是为罗氏在极度兴奋的十五天内写成的，亦即他对于法国革命史的第一部大作品，预备将它贡献给巴黎民众，并且交由他理想的人民剧院公演。他想起救国委员会曾有明令设立人民剧院，又因他底曾祖父原属著名革命党人，他常于其日记中及博尔戴（Bordet）底遗稿中，读到大革命时可歌可泣的事迹，他便想利用这些极丰富而未经刊布的材料，计划写出一部法国大革命十二部曲，《群狼》便是其第一种。罗氏当校对《群狼》底稿时，即已着手写《丹东》，翌年写成，在剧艺杂志发表。他于是又描述稳健党基红旦派（Girondin）底活动，写《理智之胜利》和《七月十四日》。……一九〇四年和一九〇五年，他写成《孟德斯榜》和《三情妇》历史剧二种。及至晚年，始又继续发表革命剧二种：《爱与死之赌》及《里昂尼得》。……"

作者在序言中指出："罗氏之整个思想，有主要观念三：一、为英雄之崇拜。二、为泛人道主义。三、为贝多芬底自然的历史观。……就技术而言，罗氏在戏剧方面的成功，稍逊于在小说方面的。因为戏剧地盘逼仄，不容许心灵的详细分析，不如小说可以无限制地，极细微地，来描述每人对于外来事件底自然的反应。《约翰·克利士多夫》所以可称为罗氏不朽的杰作。他底戏剧，则因插入冗长的哲学辩论而减少生气，然而它亦正自有其特殊价值，例如剧中人物思想情感底高尚，即其一端。所以我们可说他在戏剧底技术上，虽稍有瑕疵，但是他底大胆而富于高尚思想与革新精神，确是值得景仰的。"

## 《群狼》

[法国] 罗曼罗兰著，贺之才译。
发行人：陆高谊；
发行者：世界书局（上海）。民国三十三年（1944）四月初版。106页。
编入《罗曼罗兰戏剧丛刊》。

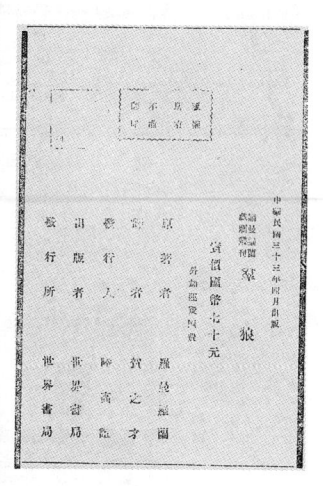

《群狼》(Les Loups，1898，三幕剧)，贺德新（贺之才之子）在《罗曼罗兰戏剧丛刊序》中说："一八九八年五月，《群狼》出演于作品剧院，是为罗氏在极度兴奋的十五天内写成的，亦即他对于法国革命史的第一部大作品，预备将它贡献给巴黎民众，并且交由他理想的人民剧院公演。他想起救国委员会曾有明令设立人民剧院，又因他底曾祖父原属著名革命党人，他常于其日记中及博尔戴（Bordet）底遗稿中，读到大革命时可歌可泣的事迹，他便想利用这些极丰富而未经刊布的材料，计划写出一部法国大革命十二部曲，《群狼》便是其第一种……《群狼》虽获暂时的成功，但是不久终为各剧院所拒绝排演，它底题材，包涵（含）许多道德的和社会的问题，而当时法国观众程度浮浅，不能领略它底价值，剧院经理惟以生意经为目

的，评剧家又多漠然无所可否，于是罗氏遂暂时放弃革命史剧底写作，以全力从事呼唤奔走，创设民众剧场。"

正文前有贺之才之子贺德新所写丛书序言（详见《爱与死之赌》考录）。

## 《丹东》

[法国] 罗曼罗兰著，贺之才译。
发行人：陆高谊；
发行者：世界书局（上海）。民国三十三年（1944）四月初版。159页。编入《罗曼罗兰戏剧丛刊》。

《丹东》(Danton，1900，三幕剧)，译本首次在《半月刊》上发表。卷首有译者的《罗曼罗兰戏剧丛刊弁言》（全文无标点）与贺德新的《罗曼罗兰戏剧丛刊序》。序中说，该剧"十二月十八日，《丹东》亦在新剧院出演，成绩斐然，惜第二幕仍因哲学辩论过多，遂使全剧逊色"。

正文前有贺之才之子贺德新所写丛书序言（详见《爱与死之赌》考录）。

# 五月

## 《希德》

[法国] 郭乃意著, 焦菊隐译。
发行者: 青年中国出版社（重庆沙坪霸正街）。民国三十三年（1944）五月初版。76页。编入《青年中国文丛（第一辑）》。

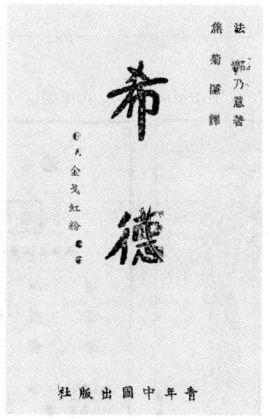

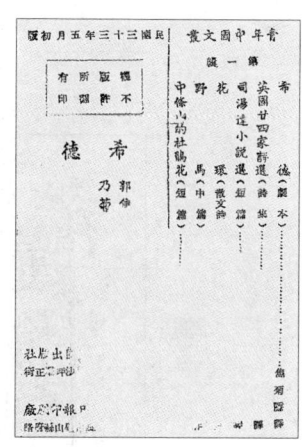

  《希德》（Le Cid，1636，五幕悲剧），卷首有译者写于1944年4月2日的序，对本剧介绍道："是世界著名悲剧之一。郭乃意（Pierre Corneille）发表这篇伟大作品的时候（一六三六年十二月）只有三十岁，当时博得全法国的称赞。我国已有两种译本，一是陈绵的翻译，另一个是王维克。两种本子都仅适于诵读。现在为了上演，不得不重译一次，把其中辞藻虽美而意思重复的地方，一律缩短，以免舞台上产生冗赘单调的效果。"

该书封面页书名旁有"金戈红粉"、书名页有"本剧上演改名金戈红粉"字样。版权页附有《青年中国文丛》第一辑的六种目录：《希德》(剧本，焦菊隐译)、《英国廿四家诗选》(诗集，李南岳译)、《司汤达小说选》(短篇，诸侯译)、《花环》(散文诗，丽砂作)、《野马》(中篇，纪淙作)、《中条山的杜鹃花》(短篇，青苗作)。

## 《萋洽》

[印度] 泰戈尔著，王树屏译。
发行者：国际编译社（重庆大田湾四十五号），民国三十三年（1944）五月初版。40页。编入《文艺丛书》。

《萋洽》(Chitra，1913，抒情诗剧)，译者在《前记》中介绍说："驰名世界的印度的诗哲泰戈尔生平，受西洋文化的熏陶很深，他的作品却保持他祖国浓厚的色彩，他很少用英文写作，多数的作品是用邦加利文写的……泰戈尔的作品的特质是富有热烈的宗教感，对于他祖国河山的自然

的美感，尤其丰富，他像英国诗人渥兹我思（Wordsworth）一般很喜欢小孩子，这种精神在他的《新月》中特别显著，他多少带了点浪漫色彩。萋洽是一本抒情诗剧，专是为阅读的而不是为上演的剧本，故事虽然很简单，而作者对剧中人的心理描摹很复杂，这里面告诉了我们人生的意义是怎样，那些如花的辞句，美妙的比喻，解脱我们对现实的厌腻，引导我们心游那诗境的人生，我对它的评语只有一个'美'字。"

据作者原序中说，该诗剧是根据"马舍布黑拉塔传说的故事"写就的。封底页注有"中央图书杂志审查委员会安剧字第一二号"。

## 《错中错》

[英国] 莎士比亚著，曹未风译。
发行人：华问渠；
发行者：文通书局（贵阳中华北路五七号）。民国三十三年（1944）五月初版。160 页。编入《莎士比亚全集》。

《错中错》(The Comedy of Errors，1589—1594，五幕喜剧)，在正文标题下注有"错误的喜剧"字样。该剧为莎士比亚早年之作，为其戏剧中最短的一出戏，只有1778行。最早刊于1623年的"第一对折本"，排列在卷首喜剧项下。剧中情节滑稽突兀，在舞台上演时令人发噱。据考证密尔斯(Francis Meres，1565—1647)的《智慧的宝藏》(Wit's Treasury，1598)、伦敦格雷律师学院Gray's lnn（英国四大法学院之一）1594年圣诞节欢乐会记录，以及该剧内容所提及的1598年8月法国王位继承和1588年西班牙船队被摧毁的历史，各家推断该剧创作日期大概为1589年至1594年之间。该剧各译本出版、上演情况可参见《梁实秋文集·第8卷·莎士比亚专论》（鹭江出版社2002年版）中的《错中错·序》。

封底页注有"贵州省图书杂志审查处审查证图字第三一四号"。

## 《撒旦的悲哀》

[匈牙利] 柯曼地（Francis Kormendi）著，朱梅隽译。
发行者：独立出版社（重庆）。民国三十三年（1944）五月初版。247页。

《撒旦的悲哀》（三幕剧），李长之在卷首序（写于1943年6月3日渝郊）中从当时的"宣传文学"谈起，他说："作品的产生应该是自然的。有意的宣传，每每破坏了作品的原始的力量。但这是就文学的见地而言。假若换一个立场，就政治的义务讲，我们又何尝不需要用文学的技术，已达到我们的目的？未达到我们的目的，于是也就有技术的高下的考究之必要了。我并非说好的宣传品——有政治的目的的——一定是上乘的文艺，只是说宣传品也有技术，也有高下。中国抗战已经七年了，我们已深深感到

宣传的功用，但是我们的好宣传品在哪里呢？我们不得不承认，我们的技术还要学习。现在这本匈牙利作家柯曼地（Francis Kormendi）所写的剧本，却真正是上乘的宣传文学。讲文学，就要讲想象，这个剧本想象得好极了，讲文学，就要讲刻画，这个剧本也刻画得好极了，把它介绍到中国来，不惟让我们对于希特勒的残暴和无理性有一个深刻的认识，可以增强我们胜利的信念，而且这也是一个宣传文学的好范本，大可以供我们学习。"

接着，他介绍作者说："柯曼地是并不太老的作家，他生于一九〇〇年，在布达佩斯受过大学教育。从一九一九到一九三一，曾在匈牙利的一个银行里当过秘书。他的作品有逃命（Escape to Life），曾得到国际小说竞赛的优胜荣誉（一九三二）。此外，他还著有快乐的一代（A Happy Generation，1934），夜半音乐（Night Music，1935）等。"

该书未见版权页，书末有文字"原文：一九四〇年十月至十一月编成；译文：一九四一年十二月一日至十二月三十一日在蓉译成"。著者及译者参见《民国时期总书目·外国文学》。

## 六月

### 《黑暗之势力》

［俄国］托尔斯泰著，芳信译。
发行人：陆高谊；
发行者：世界书局（上海）。民国三十三年（1944）六月初版。164页。编入《俄国名剧丛刊·第8册》。

《黑暗之势力》（俄文名 Власш и Ш и ma，英文名 The Power of Darkness，1886），该剧"是被认作戏剧家的托尔斯泰的代表作"。"他的书记赛尔喀恩珂曾这么说过：'在托尔斯泰的作品中，像这样容易脱稿的一篇也没有。'这大概是他以极浓厚的兴趣而一气呵成的作品。……这个剧本还有一个题名是：'一双脚爪子给网住了，整个的鸟儿就完了'。这和圣经上的'把一个手指伸给恶魔，那他的一双手都给夺去了'这句话有同样的意义。构成这五幕剧的内容是以一个叫做尼琪太的青年农民为主角，而极力把人类的兽性描写出来；在这深处，还隐藏着关不住的光明和堕落的灵魂而得拯救的经过。"

"这个剧本的素材，据说是作者直接从某处地方法院的推事那儿听来的实际的犯案；还有一说是：他亲自在耶斯那野·坡列拉村见到的而且有关系的事件。……正像罗曼罗兰所说的：尽管托尔斯泰所写的许多戏剧上的论文是怎样的不成，然而黑暗之势力总是一个深入堂奥的作品。人物和动作处理得那么妥帖。……就戏剧方面说，这虽是他的处女作，但可以说是自然主义剧作法的一个模范，为世界的剧坛开拓了一个新的境界。……几乎是出于天性的托尔斯泰的对民众的倾向，很早就诱导他爱好民众的语言。他在农民的语言里，看出了许多艺术的价值。他说：'民众的语言，具有把一切诗人所要说的话表现出来的音调。'他用农民的语言写了好些通俗小说，还写了《黑暗之势力》。不仅在用语上，就是在这个作品里，我们也可以看出：托尔斯泰从心里流露出来的民众化，通俗化，和农民一致的融洽。"

1921年，耿济之译本（共学社出版）序中也说，该剧"是农民戏曲中最重要者之一，不仅是高出于俄国的一切文学，也是高出于世界的一切文学——关于农民的文学。……托尔斯泰从前没有著过剧本，《黑暗之势力》可算是他'破题儿第一遭'的剧本的著作"。

该书前有"L. 托尔斯泰"像和"第四幕舞台面"剧照。1949年7月再版。

## 《大学教授》

[苏联]安得烈夫著，芳信译。
发行人：陆高谊；
发行者：世界书局（上海）。民国三十三年（1944）六月初版。129页。编入《俄国名剧丛刊·第11册》。

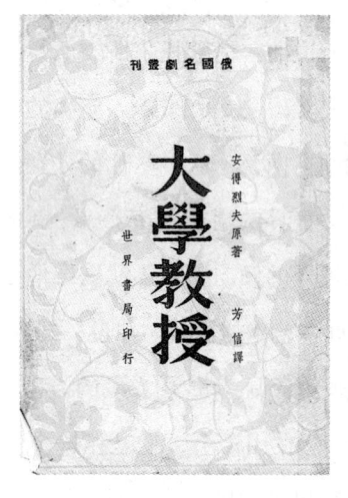

《大学教授》(四幕悲剧)，原名《施托利伊茨恩教授》。书末附有日本熊泽复六撰写的《关于安得烈夫》一文，介绍了安德烈夫生平、作品及艺术风格。

1909年，鲁迅在他的《域外小说集》第一册中说安德烈夫（鲁迅译为安特来夫）"为俄国当世文人之著者。其文神秘幽深，自成一家"。熊泽复六在其文章中说："在俄罗斯的近代作家中，推安德烈夫为最富有独创性的作家，这是谁也没有异议的。""安德烈夫初期的作品，是柴霍普流的写实风的东西，可是，越到后期，他的作品越发走向抽象的，怪异的方面。他所描写的许多人物，大多数像陀斯杜也夫斯基所描写的人物似地，都是变质的以及心理变态极其显著的怪人，狂人，或是神经衰弱者；都是和充满了苦难的生存斗争而受到创伤的，被破坏了的，和失掉了意志力的人；都是和残忍的现实生活作急迫的对抗而过分虚弱的人。他们必然地一方面对自己的懦弱和空虚感到绝望,沉没于恐怖,苦闷,孤独中,一方面或逃到自杀的路上,或忍耐地服从于生存,变成静默的观察者,那希求和平的活尸。"对于作者,他认为"形成他那天才的本质的是:极度的敏感性,生的消极方面的描写的大胆,忧郁的气氛的表现,以及生存苦痛的描写的深刻……他所描写的是活生生的人类,是有行为的人类的象征。想象的要素和实在要素的混然的调和,成为他作品的力和美"。对于安德烈夫的作品,熊泽复六评价说:"他的戏剧的大部分,的确没有结构。作者呈现在我们前面的:不是存在现实中的那物的本身,而是印象,是抽象的事物的运动,是象征的活跃。"

书前有"献给从百忙中,偷空帮我校阅的费明兄"及安德烈夫的肖像。1949年7月再版。

## 《前线》

[苏联]科尔内楚克著,萧三译。
发行者:新华书店。民国三十三年(1944)六月初版。125页。编入《翻译丛书》。

《前线》(Фронт,1942,三幕剧),译文曾在《解放日报》连载。卷首所刊1944年6月1日《解放日报》社论《我们从科尔内楚克的〈前线〉里可以学到些什么?》中说:"几天以前,本报连载了苏联科尔内楚克的剧本《前线》。这个剧本,在苏联发表于一九四二年九月,即正当德寇攻到斯大林格勒门前的时候。这个剧本得到了苏联'斯大林文艺奖'的第一奖。苏联的三个最大的报纸——《真理报》、《消息报》、《少共真理报》同时发表

论文来介绍它，这篇论文我们也转载了。……我们把《前线》全部发表，不只因为这是苏联爱国战争中的最杰出的作品之一，而且因为它对于今天的我们也有很大的意义。"

该书卷首另附苏联《真理报》等所刊的评介文章《斯大林文艺奖金获奖剧本科尔内楚克的〈前线〉》，其中介绍说："亚历山大·科尔内楚克的新作品的力量，它所以能在读者群中获得成功的泉源，是在于艺术形象的真实和生动，在于勇敢和正确的描写。在这剧本中提出了每一个苏维埃爱国者所关心的许多问题——就是关于红军的成功和失败的问题。在剧本中的老布尔塞维克，有才干的工程师米朗说：'人民喜欢和要求懂事的和聪明的领导者。'这就是剧本的内容。在这些简明的，然而非常富于表现力的，和意义深重的画面中展示了在战争中的人民，展示了懂事的和聪明的领导者，不懂事和不聪明的领导者。"正文前有关于著者的介绍："亚历山大·科尔内楚克（Alcksandr Korneichuk）——著名的乌克兰剧作家，乌克兰科学院会员，曾任全苏联人民外交副委员长。现任苏维埃乌克兰共和国外交委员长。"

该书另有 1948 年 11 月新华书店（华东）3 版、1949 年 7 月新华书店

（上海）初版、1944年8月新华日报社（太行）版、1945年1月新华书店（胶东）版（本版卷首另有《中央宣传部总政治部通知》，著者署名高涅楚克）等版本。

另有军事委员会外事局译本，军事委员会政治部（重庆），1943年11月初版；聊伊译本，新知书店（重庆）1944年11月初版；林陵译本《战线》，时代书报出版社（上海）1945年版。

## 《为国增光》

[苏联] 西蒙诺夫著，孙师毅改订。
发行人：俞世堃；
发行者：美学出版社（重庆九尺坎铁板街六号）。民国三十三年（1944）六月初版。140页。

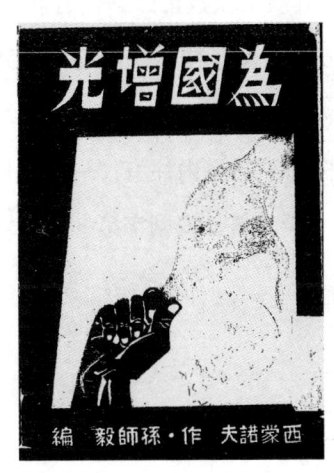

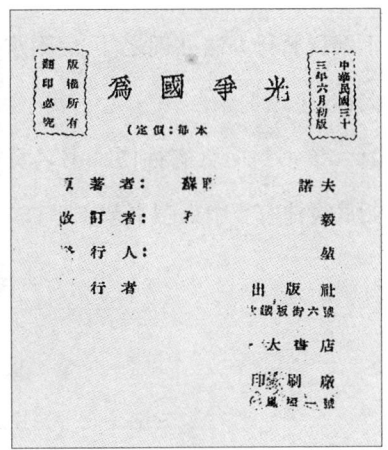

《为国增光》(Русские люди，三幕九场剧)，该剧原名为《俄国人》。据扉页资料显示，该剧为"苏联斯大林奖戏剧得奖作""六景八场爱国战争

佳制剧""中苏文化协会主任常务理事、中宣部部长梁寒操氏题改剧名"。改译根据本为："（一）一九四二年莫斯科外国文书籍出版局译印中文本《俄国人物》；（二）一九四三年重庆出版中苏文化半月刊桴鸣中译本《俄罗斯人》，参考：（三）一九四二年莫斯科版俄文原著，（四）一九四二年十二月 International Literature 英文选译《Ruesjans》，（五）莫斯科国家剧院导演、受勋艺术家 N. 保佳柯夫导演本剧之《演出者手记》(抄本，英文)。"桴鸣所译《俄罗斯人》载《中苏文化半月刊》第13卷第1、2期合刊（1943年1月31日出版），后由韬奋书店于1945年6月发行单行本。该剧另有韦爱虚译本，载《苏联文艺》1943年第2期；白寒译本，上海苏商时代书报出版社1945年版。

正文前有版权声明："本剧之作者保留本剧之转载，演出，翻译，广播，摄制电影及其他一切著作权益。不论职业的业余的个人或团体，如欲取得上列任何权益者，须事先征得作者本人或其代理人之同意。否则按中华民国著作权法第二十三条办理。其演出权益按照剧作者联谊会所订剧作上演税暂行办法办理之。"后附重庆、成都、桂林、贵州、昆明等地代理人名称。

该书封面页有插图，书名页标题下括号内注有"一名俄国人"字样，封底页注有"中央图书杂志审查委员会审查证安剧字第一〇八号"。

# 七月

## 《墨索里尼的审判》

［意大利］卡喜阿斯（Cassius）著，梁纯夫译。
发行人：金长佑；
发行所：五十年代出版社（重庆那容路四十号）。民国三十三年（1944）七月初版。126页。

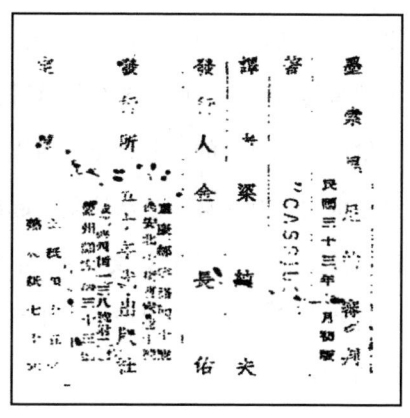

《墨索里尼的审判》（The Trial of Mussolini），封面书名上方有"第一号战争罪犯"字样。书前有孙科撰写的序。译者在卷首题记（1944年5月10日）中说："这里是真实的人物，假想的法庭。它正面审判了墨索里尼和他的法西斯主义，反面审判了'西欧政治家们的政治盲目'（戴维斯语）。在这些政治家们面前，墨索里尼虽可告无罪；但是在世界人民面前，他是罪该万死了。它是一个戏剧化的场面，但也是一种珍贵的历史文献——近十年来欧洲政治的照妖镜。而作者处理问题的严肃和布局的巧妙，使这书的价值远超过'罪人'的。我翻译这书的动机，也是对那些'政治家们的政治盲目'的一种抗议。我译完这书后，又无限羡慕友邦人士的自我检讨精神，或者说，言论自由。"

正文前有作者所写《引子》，其中说："许多个月以前，一本书叫做《罪人》的出现在旧书摊和街头书担中。这书曾获得某种声誉，或者说是恶誉，主要是由于它包含着对一些社会上有名人物的造次的和胡乱的归罪。真的，'罪人'的用语现在已经混入英语的一般新造语中，这一事实是那些有意主持公道的人们应该认为遗憾的。加西阿斯，跟他的前辈《罪人》的作者伽图不同，认为任何被假定负有放纵世界大战的罪咎的人，有权申述他的案情和为自己辩护。在墨索里尼的情形中，明显地，一种不可预见的事变会在任何瞬间剥夺他在一个公共法庭之前替他自己辩解的机会。这本书编写的目的，因此是要维护这种公道。在这书中出现的各不同证人的主要供词都是真实的，并且可以由当时的剪报加以证实。没有一个主要人物是虚构的。有些甚至是从坟墓中起出来参加诉讼，以确保没有什么有关的证据被遗漏。"译者在译文后注明："加西阿斯（Cassius）和伽图（Cato）都是古罗马的监察官，以严厉公正著名。本书和《罪人》的作者都是借用他们的名字。"

## 《烟草路》

[美国]加德维尔（Erakime Caldwell）著，克尔克兰德（J. Kirkland）编剧，贺孟斧译。
发行人：刘盛亚；
发行所：群益出版社（重庆临江路西来街廿号）；
分发行所：重庆联营书店（林森路特十八号）。民国三十三年（1944）七月初版。164页。编入《群益现代剧丛之一》。

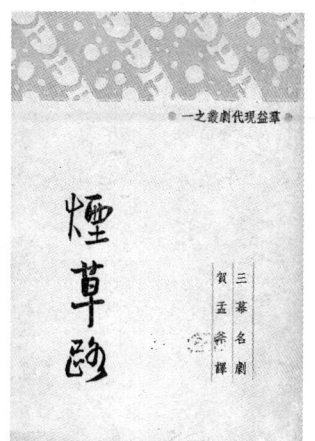

《烟草路》(Tobacco Road，1932，三幕剧)，该剧系根据考德威尔的同名小说改编而成。该书无序跋。正文前有关于剧情发生地的介绍："全剧发生于吉特·列斯特底田庄，位于乔齐亚（Geovgla）边陲农村底烟草路上。"

董秋斯的小说译本《后记》中关于该小说介绍道："背景是美国西南部的农村，时间是第一次大战后的若干年间。出版的时间似乎是在中国抗日战争发动以后。据说这是美国销路最好的小说之一，不但改编成剧本，而且经好莱坞影片商制成电影。如果把这部书看作揭露黑暗面的小说，我们不能不佩服美国政府当局的雅量，我们也不能不羡慕美国著作家的言论自由。"（董秋斯译《烟草路》，上海骆驼书店1946年4月版）

该书封底页注有"中央图书杂志审查委员会剧本审查证安剧字七一号","装帧方滨"。上海群益出版社1946年4月再版。编入《群益翻译剧丛之二》。

# 八月

## 《侵略》

[苏联]李昂诺夫著,曹靖华译。
编辑及发行者:中苏文化协会编译委员会(永安复兴路一〇四号);
总经售出版者:东南出版社(重庆分社:重庆忠烈祠十二号)。民国三十三年(1944)八月初版。181页。编入《苏联文学丛书》(曹靖华主编)。

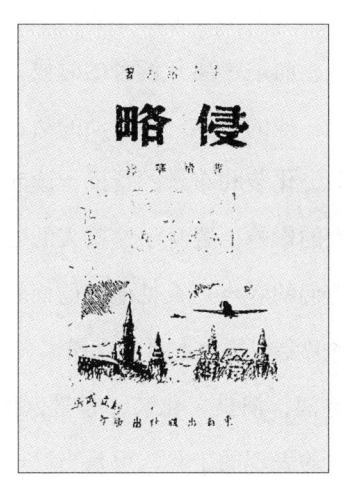

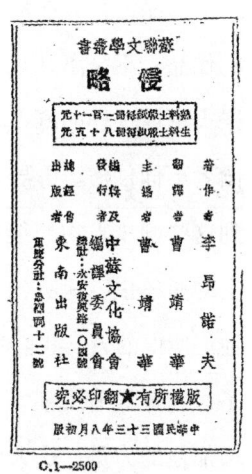

《侵略》(Наществие,1942,四幕剧),译者在卷首《序》中说:"苏联的戏剧,在祖国战争时代,产生了不少优秀的剧作。如李昂诺夫的《侵略》,柯奈邱克的《前线》和西蒙诺夫的《俄罗斯人》等,在读者和观众中间,都博得了巨大的声誉,而且都荣膺了一九四二年度的史太林文艺奖

金。……如果说，苏联的剧作家，在战争的初期，粗枝大叶的写了些作为战斗情报插曲的报告式——年代纪式的剧本，那么，目前在苏联剧作家的优秀剧作里，显明的刻绘了人物的卓越的性格和这些人物的内心的生活。李昂诺夫就是用深刻的匠心，把这部新作中人物的细微的心理刻绘了出来。这儿显示了苏联人民的精神的伟大，显示了在空前未有的艰苦体验里的苏联人民的坚毅。这儿表现了侵略者带给苏联人民的无限的悲苦与苏联军民抗敌卫国的热情，表现了苏联人民的精诚团结和同仇敌忾的决心。"

在这篇 20 余页的《序》中，译者介绍了作者的生平及其《獾》(1924)、《贼》(1927)、《索溪》(1930)、《斯库塔列夫斯基》(1932)等作品的内容。译者全文翻译了尼柯拉耶夫（S.Nikolaev）在 1943 年《十月》杂志第 4、5 期合刊上发表的关于《侵略》的评论，其中介绍说："有不少的剧作家，他们的作品，只有在舞台上的太阳灯下，才有自己的生命，可是当这些作家的作品，不是离开观众，而是一离开读者的时候，那就成了死的了。李昂诺夫不像这样的剧作家：他的剧本，很生动的活在舞台的灯光下，可是当读者不仰仗演员，导演，化装和布景的帮助，读起这些剧本的时候，就受到这些剧本人物的很大的影响，置身于这些人的处境中，参加到他们的现实的斗争里，他听到他们的呼声，看见他们的面貌，爱他们所爱的人，恨他们所恨的人。我们将又要在舞台上看见李昂诺夫的新的剧本——《侵略》了，它还没有上演。导演，演员，化装，布景，现在都还没有帮助作家，增加他的力量，扩大他的表现的工具，可是当读他这部新作的时候，不但这部新作的内容，而且这部新作的动作，已经把我们的注意力擒住了，我们紧紧的同这作品的人物联系到一起，我们手握手的参加了他们的战斗。这使我们有权说李昂诺夫的这部剧作是文坛上一个重大的事件，这一层已经显露了作为真正的剧作家的李昂诺夫的，伟大的有决定性的价值。……读了《侵略》，不必要特别的记忆力，就可以想起来李昂诺夫已往的那些剧作。在那些剧作里，有一个共同的戏剧的骨干：在一个地方，在城市里或国家农场里，住着一个苏联人的家庭，《波洛玛的花园》里的马克耶夫，《狼》里的罗申，《风雪》里的史洛瓦洛夫，都是如此的。在一个恶劣的天气里，一个早已无影无踪，生死不明，可是从前同这家庭有密切关系的人，不期而来的冲入到家里来。这些性格上各不相同的人们的归来，给他们的家里带来了骚动，不安，因为这些归来的人们，都是正当劳动的敌人，都是太平生活的敌人，都是苏联这些家庭和苏联全体人民的敌人。这种类似的冲突，也表现在《侵略》里：浪荡公子费得，回到了台医生的家里。"

封面页有插图，扉页有作者像，封底页注有"重庆市图书杂志审查处审查证忠印剧字第二十三号"。该书由上海生活书店1946年5月再版。

另有林陵译本（著者署名李翁诺夫），上海时代书报出版社1945年版。

# 九月

## 《万尼亚舅舅》

[俄国]柴霍夫著，丽尼译。

发行所：文化生活出版社（重庆民国路二十一号、成都陕西街一三八号附五号、桂林中北路西一里六号）。民国三十三年（1944）九月渝初版。94页。编入《译文丛书》和《契诃夫戏剧选集四》。

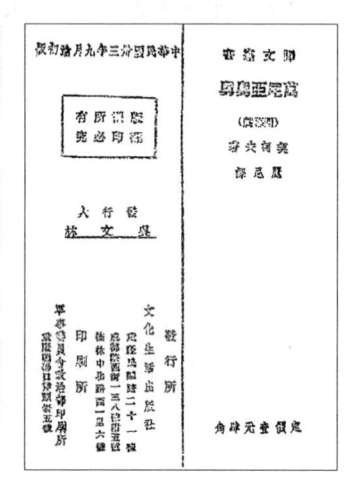

《万尼亚舅舅》(ДядяВаня，1897，四幕剧)，该书未见序跋。关于该剧的介绍，详见1940年7月《万尼亚舅舅》考录。

1946年11月由上海文化生活出版社另印初版，1949年2月再版。另有芳信译本，上海世界书局1940年7月初版。

## 《汉姆莱特》

[英国]莎士比亚著,曹未风译。
发行者:文通书局(贵阳中华路五一二号)。民国三十三年(1944)九月初版。264页。编入《莎氏比亚全集》。

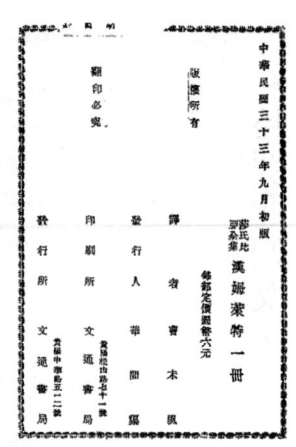

《汉姆莱特》(Hamlet,1599—1602,四幕悲剧),今译为《哈姆雷特》。该剧是借丹麦8世纪的历史反映16世纪末和17世纪初的英国社会现实,讲述了哈姆雷特的叔叔克劳狄斯谋害了其父亲,篡取了王位,并娶了国王的遗孀乔特鲁德的故事,哈姆雷特王子因此为父王向叔叔复仇。《哈姆雷特》是莎士比亚所有戏剧中篇幅最长的一部,也是莎士比亚最负盛名的剧本。它具有深刻的悲剧意义、复杂的人物性格以及丰富完美的悲剧艺术手法,代表着整个西方文艺复兴时期文学的最高成就,同《麦克白》、《李尔王》和《奥赛罗》一起组成莎士比亚"四大悲剧"。

该书无序跋,封面页有莎士比亚头像,封底页注有"中央图书杂志审查委员会剧本审查证忠印剧字第十八号"。上海文化合作股份有限公司1946年另刊印普及本。

# 十月

## 《特罗亚妇女》

[希腊] 攸里辟得斯（Euripides）著，罗念生译。
编辑者：中华教育文化基金董事会编译委员会；
发行者：王云五；
发行者：商务印书馆（重庆白象街）。民国三十三年（1944）十月初版。112 页。编入《希腊悲剧名著》。

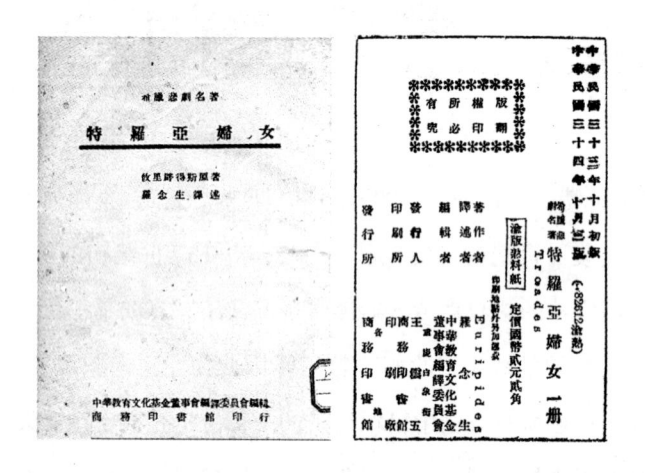

《特罗亚妇女》（Troades，公元前 415），卷首有译者分别写于 1941 年 3 月 23 日的《序》和 1943 年 8 月 9 日的《自跋》。译者在《序》中说，剧本根据英国马克密兰书局（今译麦克米伦书局）1921 年版提累尔（R. G. Tyrrell）编订的《欧里庇得斯的特罗亚妇女》（The Troades of Euripides）原文译出。

译者在《自跋》中说明了本译本的改动情况："这译稿在太平洋战事发生以前早交与商务印书馆付印，不幸在香港遇难，今回重抄付印，再加修改。以前送交中华教育文化基金董事会编译委员会时，承任叔永先生多多指正。他来信说有几处注解里的原意都较译文好一些。因为那信不在手边，译者只好把还记得的几处改回原意。"

译文前有译者编述的《引言》，其中说："提累尔的引言很简短，且专论版本问题，所以本剧的引言只好由译者出来东拉西凑。"其中分为"希腊悲剧""攸里辟得斯""特罗亚战争""本剧的故事""关于本剧的批评"等五部分，分别介绍了希腊悲剧的创作及特点，特罗亚战争的缘起及过程，特罗亚妇女的故事内容，以及批评家们对本剧的评论。译文后有注解398条。书后附录有《译剧里的专名词表》《抄本版本与译本》。该书1945年1月再版，1945年10月3版。

## 《雅典人台满》

[英国]莎士比亚著，杨晦译。
发行者：新地出版社（重庆临江路临江顺城街廿二号）。民国三十三年（1944）十月初版。235页。

《雅典人台满》（Timon of Athens，1607，五幕剧），今译为《雅典的泰门》，该剧是莎士比亚的最后一部悲剧。卷首译序（1944年6月17日）中介绍了莎士比亚的生平、思想、创作及其所处时代的变革，其中说："莎士比亚的五幕悲剧，雅典人台满（Timon of Athens），大约写于一六〇七年，或一六〇八年。除去同一年内，他写成了培里克利斯（Pericles）以外，从

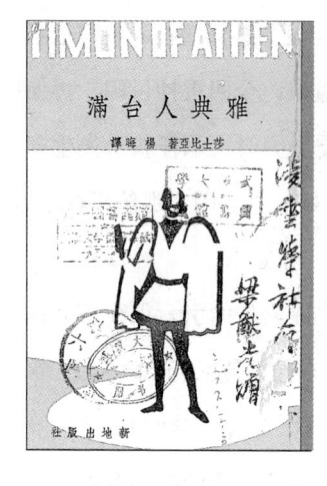

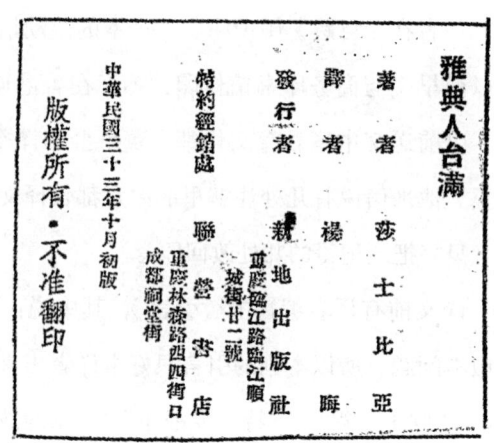

此以后，就没有再写悲剧了的。""雅典人台满是台满的悲剧，实际上，这篇东西本身也就是一个悲剧的呢。……雅典人台满和培里克利斯两部作品，却被许多学者认为问题最多。我们现在，丢开培里克利斯不谈，对于雅典人台满历来有两派大致不同的意见：一方面，像 Eleay 认为底本是莎士比亚的原著，却经别人为了上演的目的加以扩大和补充，所以，有许多地方，较之莎士比亚的原作都减低了价值；另一方面，认为是莎士比亚，以别人的剧本为底本，加以部分地改编和修正。总而言之，都认为有许多地方并非出自莎士比亚的手笔。其实不然，我觉得斯文彭（Swinburne）从来认为，莎士比亚因为这部剧本的不大适于上演，大致写出来，就丢在一旁，不再理会的意见，倒比较接近事实一些的。"

关于该剧，译者认为："雅典人台满的这个故事，虽然出自雅典，实际上，却对当时的英国社会，很像把衣裳给剥光，用鞭子在疯狂地鞭打一样，而且这鞭打的不是社会的某些疮疤，而是这个社会的本身，他认为这个社会就整个是个疮疤的呢。这比拜伦的 Don Juan 还要出英国绅士社会的丑的，所以，在英国就跟对于拜伦的态度差不多，在对待莎士比亚的雅典人台满……这部作品，我认为，是莎士比亚作品中最重要的一篇东西。要了解莎士比亚,要通过莎士比亚了解他的时代,他的社会,都有研究雅典人台满的必要。假使你细心地研究过雅典人台满,假使你并不为一般批评家的偏见所误,你可以了解当时社会的正在变革,当时社会的发展法则,你会承认莎士比亚不但是伟大的诗人,同时是个伟大的思想家;你总可以明白就是莎士比亚那样伟大的诗人,也无法突破时代的限制,他站在时代的悲剧面前,也只有演他的艺术家的悲剧!"

译者在译后记(1944年10月9日)中说,译文"根据的是牛津大学出版,克莱格(W. J. Cralg)编的《莎士比亚全集》本。能做参考的,只有一本也是牛津版的《莎士比亚语录》……像雅典人台满这类的故事,在中国可谓非常熟习。这个剧本,假使能在中国的舞台上演,一定会发生很大的影响"。

## 《知法犯法》

[英国]莎士比亚著,邱存真译。
发行者:商羊书屋(重庆冉家巷十三号);
总经售:生生出版社(重庆民生路七十三号)。民国三十三年(1944)十月初版。176页。

《知法犯法》(Measure for Measure,1604,五幕喜剧),无序跋。又译为《一报还一报》(朱生豪译,1947)、《量罪记》(朱生豪译,世界书局1954)、《恶有恶报》(梁实秋译,台湾文星书店1965)、《请君入瓮》(英若诚译,1981)。

该剧为莎士比亚创作鼎盛时期的作品,公开出版于1623年。剧情源于意大利作家钦蒂奥的故事集《寓言百篇》中的一部短篇小说,以及英国剧作家乔治·惠茨通于1578年以这篇小说为基础而作的戏剧《普罗莫斯与卡

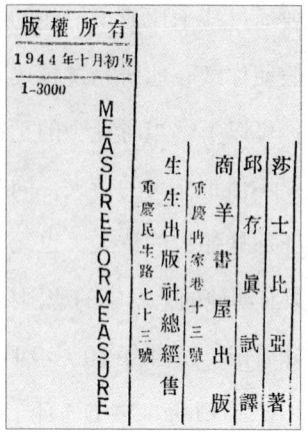

珊德拉》。剧中描写爱情与婚姻，却突出了愚行和社会阴暗面，既与同期的悲剧有所呼应，又以喜剧性或辛辣的嘲讽对应着剧中浪漫的情调。该剧虽为喜剧，却带有悲剧色彩，许多情节都发生在狱中，同时死亡的阴影始终笼罩全剧。故此，该剧又被称为"阴暗喜剧"，标志着莎士比亚戏剧创作中的重要转折点，在完成本剧后，他开始转向悲剧创作。

## 《望穿秋水》

[苏联] 西蒙诺夫著，曹靖华译。
编辑者：中苏文化协会（重庆中一路二〇六号）；
发行者：新地出版社（重庆临江路顺城街廿二号）。民国三十三年（1944）十月初版。160页。编入《中苏文协文学丛书（小型本）》（曹靖华主编）。

《望穿秋水》（三幕剧），该剧系作者以他的同名诗《等着我吧》为题创作的戏剧作品。作者在《〈俄罗斯人〉剧中人物的来源》(《中苏文化杂志》1943年第14卷第11期）一文中说："妇女们的勇敢，是一种伟大的力量，

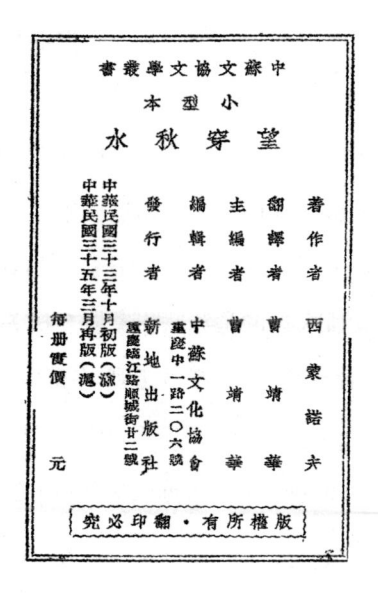

这种力量，在最危险的境遇中，对于男子是一种灵感，使他们咬紧牙关，抑止住各种恐怖的表示，努力奋斗到底……正是这些妇女们，她们在后方等待着，虽然几个月过去了，还没有一点消息，虽然她们心中有时充满了最深的忧伤，而依然在等待着，就是这些妇女们，在她们的心中有一个新的意志突破了，似乎不能再生的境遇——也就是这些妇女，我是先用来写了我的诗《等着我吧！》，又用同一的题目写了一个剧本。"这个剧本就是本书译本。译者引述了作者在1942年12月的《小火花》杂志上关于剧本的简要说明："我的剧本《望穿秋水》，是我去年构思的。我想用一种浪漫主义的调子来写他，让生活里所有的一切，它不能包括吧，可是让那些活在这艰苦时代的人，看了这戏剧，相信世界上还有幸福以及幸福的终局吧。这一个剧本是写爱的力量，不愿别人的成见与说明，而表现信仰的内心呼声。当周围大家都说：'他死了'的时候，你说：'他活的！'我想在这一个剧本里，作无数心灵的安慰者，叫在前方看见它的人都想道：'她们在等着呢！'——而在后方看见它的人都想道：'他们要回来了！'有很多实例可以担保这剧本的主题,在形式上,虽然有点浪漫的色调,可是它的内容,却是非常真实的。"

译者在《序》(1944年10月25日)中说:"这部剧作,曾在苏联各地上演。同时,苏联电影制片厂,又根据这剧本,制为影片。不久前在渝放映时,改名为《望穿秋水》,因已为看过这影片的观众所熟悉,故剧本的译名不再更改了。译文所根据的是苏联作家协会机关杂志《旗帜》一九四三年一月号译出。作者传为VO.K.S最近所特寄之材料,赶译出来,印在卷首。"

该书1945年5月再版。编入《苏联文学丛书》。1946年3月上海再版,1947年9月上海3版。

# 十一月

## 《圣路易》

[法国] 罗曼罗兰著，贺之才译。
发行者：世界书局（上海）。民国三十三年（1944）十一月初版。123页。编入《罗曼罗兰戏剧丛刊》。

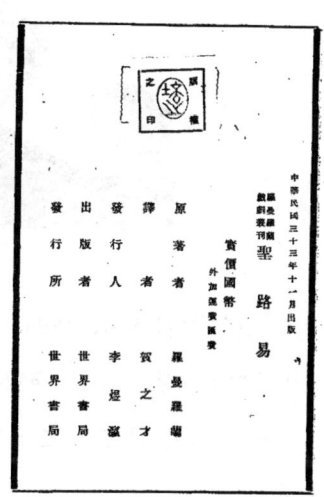

《圣路易》(Saint Louis，1897，五幕剧)，该剧为罗曼·罗兰信仰剧之一，原发表于《巴黎杂志》，以"描叙英雄的生活，颂扬爱国的情绪"为主旨。

正文前有贺之才之子贺德新所写丛书序言（详见《爱与死之赌》考录）。

## 《哀尔帝》

[法国]罗曼罗兰著,贺之才译。
发行者:世界书局(上海),民国三十三年(1944)十一月初版。123 页。
编入《罗曼罗兰戏剧丛刊》。

《哀尔帝》(Aert,1898,三幕剧),该剧为罗曼·罗兰信仰剧之二,发表于《剧艺杂志》,以"描叙英雄的生活,颂扬爱国的情绪"为主旨。

正文前有贺之才之子贺德新所写丛书序言(详见《爱与死之赌》考录)。

## 《理智之胜利》

[法国]罗曼罗兰著，贺之才译。
发行人：陆高谊；
出版者：世界书局（上海）。民国三十三年（1944）十一月出版。94页。
编入《罗曼罗兰戏剧丛刊》。

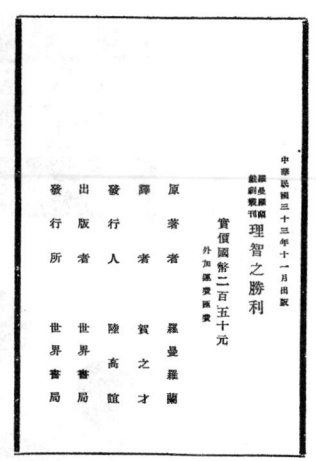

《理智之胜利》（Le Triomphe de la raison，1899，三幕剧），为罗曼·罗兰信仰剧之三。该剧"表示革命怒潮，传播外省，基红旦派被通缉，诸党分裂，互相蠹食，终至同亡"。"一八九九年六月，在作品剧院上演。该剧虽不幸为冗长的哲学演词所罣误，然幸有数幕，十分生动，所以在舞台上能获得成功，尤以流亡的革命党稳健派聚观马哈出殡一幕，配以葛色克（Gossec）底哀曲，最能予观众以深刻印象。"

正文前有贺之才之子贺德新所写丛书序言（详见《爱与死之赌》考录）。

## 《李柳丽》

[法国] 罗曼罗兰著,贺之才译。
发行人:李煜瀛;
发行者:世界书局(上海)。民国三十三年(1944)十一月初版。108页。编入《罗曼罗兰戏剧丛刊》。

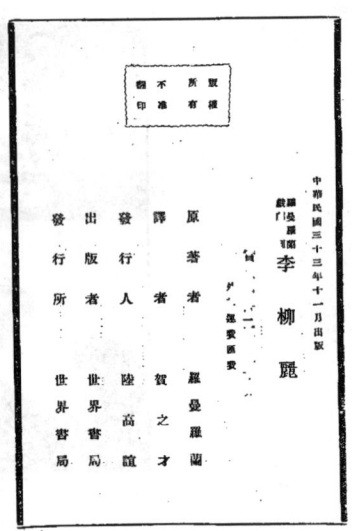

《李柳丽》(Liluli,1919,讽刺剧),贺德新在序中说:"罗氏为鼓吹泛人道主义,又写出李柳丽,原文 Liluli,即迷梦与幻想之假名。剧旨在反对战争,而以嬉笑怒骂的文章,一泄其胸中抑郁之气,是为罗氏诸剧中勾心斗角之作。"

正文前有贺之才之子贺德新所写丛书序言(详见《爱与死之赌》考录)。

## 《樱桃园》

[俄国] 柴霍夫著，芳信译。
发行者：世界书局（上海）。民国三十三年（1944）十一月初版。97页。
编入《俄国名剧丛刊·第十册》。

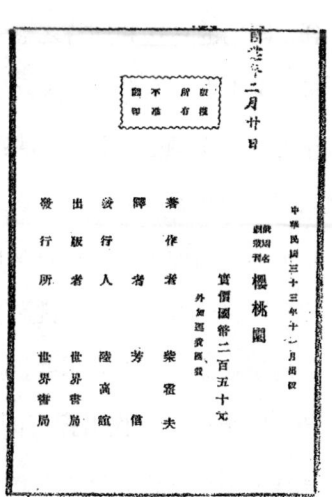

《樱桃园》(The Cherry Ochard, 1903, 四幕剧)，日本米川正夫在书末《关于柴霍夫的戏剧》一文中介绍说："《樱桃园》是柴霍夫（一八六〇——一九〇五）逝世前一年即一九〇三年脱稿的戏剧，正因这是柴霍夫戏剧艺术中最后的作品，所以他的天才的深刻的人生观照之眼，冷静的现实判断和现实再造的头脑，独特的戏剧手法，在片言只语中表现全部的描写技巧，一切构成柴霍夫艺术的所有的要素，达到了最高的成熟，真正代表他戏剧时代的最大的杰作。"

米川正夫在分析该剧时说："《樱桃园》和柴霍夫以前的许多作品一般，是以跟随农奴解放与地主阶级的没落，平民资产阶级的勃兴为主题，但与一向作品不同的地方，是在于别的作品不过将这种俄国社会的历史演变，当作漠然的背景,而在《樱桃园》中,则直接成为作品的内容。不但如此,柴霍夫的许多戏剧,涂抹着浓厚的绝望的色彩,对于未来的较好的生活的希望,只不过是预感或飘在空中的遥远的音响,而在这作品中,对于没落的过去的哀惜,对于颓败下去的贵族阶级的同情,成为一种温柔的悲悯浸润于全篇,同时青春有力的健全的新生活的到来,也很近很清晰地可以听到,明朗的喜欢和期待之念,代替没有出路的忧愁与倦怠,成为正确的动机。柴霍夫把无为无力缺乏生活能力的安得烈芙娜夫人和她的哥哥葛耶夫,作为由许多理想,诗意和热情所养育的贵族文化的最后反映而描写出来,以衷心的怜悯和爱情与之诀别,又把在善良意味中的俄罗斯农民的代表者伐里亚也当做失了存在意义的人,送上漂泊之路,将洛帕兴作下一时代的代表者,使他成为《樱桃园》的新主人。柴霍夫不将这农奴出身的资本主义的事业家,当作萨尔蒂柯夫式的贪婪剥削者的典型,虽然好像要在这种新兴阶级中努力找出肯定的人物,但总之表现这不过是过渡时代的产物,在社会形态的历史发展上,一个必然的阶段。而柴霍夫的希望和信仰,是寄托于新生代——大学生特洛菲莫夫与女儿安袅身上。在作品的登场人物中,他们虽比较的血肉薄弱,不脱空洞的理想家和空想家的典型,但作者一定相信这些青年空想家的热情,不久会造出一个伟大的机运,成为一新生活的动力。总之,抓住旧生活的悲哀的落日之余晖与新时代微熹的曙光的交错,美丽地型化了它的诗意和内在意义,在这儿就有着《樱桃园》的动人的地方和价值。"

扉页有作者像和西蒙诺夫剧场的演出剧照。1949年7月再版。另有满涛(文化生活出版社1940年版)、耿式之(商务印书馆1921年版)、俞荻(海燕出版社1939年版)、焦菊隐(明天出版社1943年版)、梓江(小民出版社1946年版)等人的译本。

## 《前线》

[苏联]考纳丘克著,聊伊译,戈宝权校序。
出版者:新知书店(重庆民生路);
分发行所:联营书店(重庆、成都)。民国三十三年(1944)十一月初版。137页。编入《世界文学集丛》。

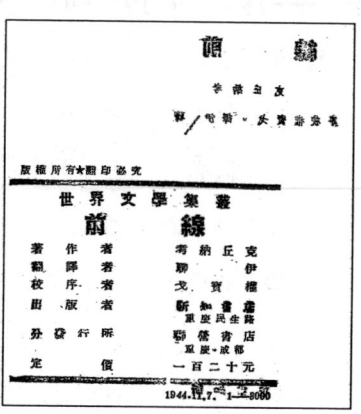

《前线》(Фронт,1942,三幕剧),正文前有戈宝权撰写的《考纳丘克及其得奖的剧本〈前线〉》,文中介绍了著者的生平、作品及评价。他在介绍本剧时说:"《前线》这个剧本,是考纳丘克在这次苏德战争中的精心的代表作,最初发表在一九四二年八月二十四日至二十七日的《真理报》,《消息报》,《红星报》等报,又同时刊登了一篇长篇的剧评《论亚力山大·考纳丘克的剧本〈前线〉》。从这个时候起,苏联后方各地的戏院(如莫斯科有一百多年历史的小剧场,于一九四二年十月节时上演此剧,系由苏俄人民艺术家苏达科夫导演),都先后上演这个戏;前线的剧团,也向各部队举行公演,一时形成了一个很大的浪潮。到了去年三月间时,考纳丘克还因为这个剧本得到了一九四二年的斯大林文艺奖金的头等奖(十万卢布)。"

对于该剧公演后所取得的成功,戈宝权认为:"这并不是偶然的,'它的力量,它所以能在读者们中间获得成功的泉源,是在于艺术形象的真实和生动,是在于描写的勇敢和公正'。而他能获得很高的评价,则因为这个剧本的写作和发表的时候,正是德寇进攻斯大林格勒的大门的时候,这是一个红军胜败的关键和苏维埃国家生死存亡的关头,考纳丘克能抓紧这关键,'在这个剧本中,提出了激动着每一个苏维埃爱国者的各种问题,——这就是关于红军的成功和失败的问题。……考纳丘克的手法是巧妙的,在这个剧本的三幕五景的时间和空间中,就提出了和解决了一个苏联战争中最重大的问题。……全剧的人物,从一开始的时候起,就显明地分成了两个阵营,代表了两个不同的方向。……《前线》并不是一个平凡的剧本,它是有着深刻的思想内容的。在这里面,我们不只看出了两种思想的斗争,我们还看出了斯大林关于军事学说以及对于新旧干部的一切意见的表现。"

书内附有《论考纳丘克的剧本〈前线〉》,题下注有"这篇剧评,系于一九四二年九月二十九日,同时发表在《真理报》,《消息报》等报上,未署作者姓名"。文末有戈宝权所写的《校者后记》,其中对翻译过程中的苏联人名做了解释。

本书扉页有作者像,封底页注有"中央图书杂志审查委员会剧本审查证安剧字第一四〇号""联营编号2558"。

1945年《中学生》第93期发表了一篇署名"心诚"的文章《读考纳丘克的〈前线〉》,介绍了该剧创作的背景和内容。叶圣陶曾就该剧于1944年12月写过一篇《〈前线〉书后》,发表在《流星》1945年第1卷第1期,其中表达了对该剧的批评意见,并说:"这个剧本也有些合于我们中国的'固有文化',就是说,这个剧本对于整个军事下了一番反省功夫。蛮干,不利用现代战术,要不得。接受以往的经验,又运用崭新的战术,才是取胜之道。这些是反省的结果。所谓反省就是曾子'吾日三省吾身'的'省'

字,不是我们中国的'固有文化吗'?……作者写这个剧本,表达了对于整个军事反省的功夫的全部过程。为求形象化,于是创造了主要的次要的一些人物,构成了这个剧本的故事。这且不说,我只想说,看了这个剧本,钦佩他们的反省精神,不免发出礼失在野之叹了。"

《前线》一剧另有军事委员会外事局译本,军事委员会政治部(重庆)1943年11月初版;萧三译本,新华书店1944年6月初版;林陵译本《战线》,时代书报出版社(上海)1945年版。

## 《少校夫人》

[苏联]斯华金斯基著,芳信译。
发行者:世界书局(上海)。民国三十三年(1944)十一月初版。132页。编入《俄国名剧丛刊》。

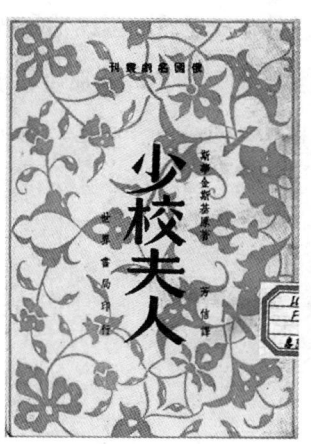

《少校夫人》(Майорша,1887,五幕剧),作者在此剧本中"描写俄罗斯乡村的生活;描写他所熟悉的地主和单纯的农民的生活"。剧本发表后,

最初上演于莫斯科莫施宁剧院，由莫斯科音乐戏剧业余剧团排演。

书后附有 F. H. 斯诺和 B. M. 米柯太撰写的《关于 I. 斯华金斯基》（1917）一文，介绍了本剧及其对俄罗斯戏剧的影响，其中说："很少俄罗斯的戏剧家，在俄罗斯的舞台上博得斯华金斯基所获得的声誉。在一八八八年和一九○五年之间，没有编剧家曾经这么风行过。他的《巫女》，他的《少校夫人》，《他的两个命运》（一个得奖的作品），和《生命之疑问》都得到一个差不多空前的成功。斯华金斯基的剧本所以能连续不断的演出，是有几个确定的原因的；由于他能澈（彻）底地理解俄罗斯人的心理，像柴霍夫所理解的那么利锐和精细；由于他那巧妙的和戏剧的结构；尤其是由于他赋有在多数俄罗斯戏剧家中那稀有的本质，那控制行动的力量。冗长的说话，犹疑不定的心境，以及戏剧动作的绝少，长久以来曾使俄罗斯编剧家们的作品受到损失，要是从戏剧的观点正确地批评起来的话。可是斯华金斯基是一个杰出的戏剧家。……斯华金斯基所提出的每个典型，正如圣·佩孚所说的那样，都是强烈而确切地给刻划出来的，单纯而复杂的，澈（彻）底地个人主义的，有显然的国民性和俄罗斯风的。充满着生命和现实的行动（那有精深的心理的行动），那快要接近悲剧感的忧郁常被丰富的幽默给减轻了。可是，在本质上，这是一个悲剧，像一个希腊的命运悲剧那么终结，那么不可逃避，同时这又是不可避免地走向灭亡的行动的结果。"

该书 1949 年 7 月再版，1950 年 7 月海燕书店另版。

十二月

## 《母爱与妻爱》

［法国］保罗·聂芳著，丁小曾改编。
发行者：联益出版社（重庆临江路顺城街）。民国三十三年（1944）十二月初版。122页。

《母爱与妻爱》（Amcun，三幕剧），原名《婆媳之间》，卷首有译者撰写的《〈婆媳之间〉改编前记》，介绍此译文的翻译情况，其中说："国立剧专话剧科四年级表演组的同学，一共只有五个人——三男二女——为了他们的表演课程，要找一个合适的剧本。所谓合适也者，第一每人都要有角色，第二要戏好。于是该组的主任教授陈治策先生，会同该组的五位同学,差不多费了一个月的工夫,翻遍了剧专的图书馆,去找寻符合于上述两个条件的剧本,找来找去就找到了法国保罗·聂芳(Paul Nivoix)的这本 Amcun。同时也找出了罗玉君先生的一个译本。罗先生的译名是《母爱与妻爱》。但是因为译的时间过早,对话里差不多是文言白话参半,而且是直译,这样念起来就有点不大上口,同时剧作本身也是根据了佛洛德(Frued)的来比多(Lietdo)学说,以性的本能去解释全部人类生活,所以剧中的母与子是害着情意错综病(Oadipus Cony Lex),这种学说在目前的我国总还行不通。戏纵然好,可是不加以改编与修正总还是不能演出。于是,这改编的工作就落在我的头上。""在表演组停课的两个礼拜里,我改译了这戏的初稿;在他们对辞(词)的时候,我开始修正;在分析剧本的时候,引出来种种问题。其中最大的一个是'怎么演'?换句话说是把它当成'中国剧'来演,还是当成译剧来演。如果依照前者,剧中的情调,意趣,习惯,风俗,有些地方是太不相合;依照后者则有些地方中国味又太重,原来在改编之初,我是实验着在这方面努力的,但努力的并没澈(彻)底,我不能不承认这是我的一个小小的疏忽,特别在这里向导演陈治策先生道歉,因为这问题也叫他遭到了不少的麻烦。"

该书未见版权页。此外另有罗玉君的译本。据查,罗玉君的译本为1930年9月21日在巴黎国家图书馆译完,1935年由商务印书馆出版。译本正文前有说明文字:"此剧共分三幕。一九二八年十二月二十三日第一次在巴黎奥迪安国家大戏院开演。此后常在此院重演。"

# 1945年

《俄罗斯人》 《龟兔竞走》
《侵略》 《蜜月旅行》
《赴苏使命》
《战线》
《茶花女》
《守望莱茵河》
《钦差大臣》
《风流寡妇》
《水落石出》
《亚尔维的秘密》
《孔雀女》
《红粉飘零》
《玛婷》

## 《俄罗斯人》

[苏联]西蒙诺夫著,白寒译。
发行者:苏商时代书报出版社(上海)。民国三十四年(1945)出版。
74页。

《俄罗斯人》(Русскиелюди,三幕剧),无版权页,正文前有"德军向苏联红军投降"剧照和作者肖像及生平介绍,现转录如下:

西蒙诺夫以一九一七年(应为1915年)生在一个工人的家庭里。他的诗作第一次于一九三四年发表在一本青习作家的集子里。

这位年青的才华丰沛的诗人的文学生涯是多方面。西蒙诺夫不仅以诗人的姿态出现,并且也以剧作家,批评家,速写家的姿态出现,在战争时期,更曾担任军事通讯员。

在战争之前,他的作品就已经是苏维埃文学最大的现象。西蒙诺夫大部分作品的主题是俄罗斯人民的英勇刚毅。西蒙诺夫的诗具有忐高的，热情的，和刚毅的性质。他描写普通苏维埃人的英勇精神，在日常的苏维埃生活中，特别是在第二次卫国战争时期表现的人道主义和爱国主义。西蒙诺夫喜欢描绘俄罗斯历史上的人民英雄的形象，俄罗斯人民的领袖和统帅。在这方面，他的诗篇《苏伏洛夫》便很优秀。虽然有某些技术上的缺点，但是诗中充满着和多方面的安排着极大的历史主题。

西蒙诺夫的诗是有深刻抒情意味的，诗中有哲理，也有热烈的激情。诗中没有什么诗的乖僻，他继续俄罗斯诗的古典诗学语言的传统，更在自己的创作里向前迈进，他那反映伟大时代的诗作，在全国流行起来。

对希特勒德国战争时，西蒙诺夫以军事通讯员的资格到前线去。他从前线寄发他的速写和诗。在红军的《红星报》上他发表了几篇很长的通讯，描写红军的作战情形，他的新书军事速写题名《从黑海到巴伦次海》( От ЧерногоДо Баренцоваморя )。他在前线写了一部剧本《俄罗斯人》( Русскиелюди )，这剧本立刻译成世界各国的许多语言。西蒙诺夫在前线写了三套诗，总名《和你同在与没有你》( Стобой и безтнбя )，即《等我》。最有力的诗作是这篇同名的诗《你记得吗，阿廖沙，斯摩伦斯克的道路》( Тыломнишь, Алеша, Дороги Смоленщины ) 现在成为苏联的名著了。《和你同在与没有你》已经苏联作曲家德什尔静斯基和白朗透尔写成曲子。军事的抒情日记和战前《一九四一年的诗》一书中的一套诗《家书》( Лисьмадомой ) 有呼应。这是献给妻和战友的抒情诗。在这些诗里，前线战斗平日的英勇和不断的想念远道在后方的友人相联系。

一九四二年西蒙诺夫为《我城一少年》( Парень изнашег огорода ) 一剧获得史大林奖金，这剧本是描写一个年轻的鲁柯宁，从一个普通的少共成长为苏联的英雄。作为才华焕发的诗人和小说家，西蒙诺夫不断写出了新而又新的著作。最近所写的巨著乃是《日日夜夜》(Днииночи)，描写史大林格勒防卫战的长篇，与剧本《等我》(Ждименд)。

《苏联文艺》1946年第19期这样介绍该剧："'俄罗斯人'这一个名字现在已经成了高傲的称呼。为什么会如此？这剧本可以给你一个答案。这里描写一小队俄罗斯人孤军抗战的可歌可泣的事迹。其中有视死如归的伟大的俄罗斯'母亲'，有慷慨赴义的俄罗斯人，有大义灭亲的俄罗斯'舅舅'，有不为儿女私情所牵累的俄罗斯少女，有……这许多'俄罗斯人'就是使俄罗斯成为无敌威力和使'俄罗斯人'这一名称添上高傲光彩的基础。"

1942年，《时代杂志》第34期的《文化新闻》栏目中曾报道说："苏联一百七十五所戏院，均在准备上演西蒙诺夫所编之《俄罗斯人》一剧。该剧已于昨日（注：1942年7月15日）在此间莫斯科话剧戏院'列宁区莫斯科苏维埃'上演，极为成功。"1943年，该刊第3卷第13期又刊登了一篇介绍文章《"战线"和"俄罗斯人"：柯尔纳楚克和西蒙诺夫的二个剧本》，介绍了该剧的演出情况及影响。1942年12月，《俄罗斯人》在美国华盛顿、纽约公演。刘念渠在《读"俄罗斯人"》(《中苏文化杂志》1943年第13卷第7期）中说："读了《俄罗斯人》，我们不能不想到我们五六年来的剧作了。我不想一笔抹杀若干比较优秀的成就，可也不能否认，客观的若干困难尚待合理的解决，主观的努力也还不够。我们并不缺少这一类由人民大众自己造成的可歌可泣的故事，但是，我们还没有几部这么生动，完整，带劲，亲切，恰恰反映着中国人的视死如归的精神的剧本。我们要求这样的作品，我们就不能不要求剧作家更深入的生活在战争中，向抗战现实汲取丰富的滋养，那一支妙笔才能开出鲜艳的花朵。也正是为了这个原故，大量的介绍如《俄罗斯人》等等，在今天，是一件重要的工作。"《中苏文化杂志》陆续刊登的介绍文章还有黄无茵翻译的《C. 西蒙诺夫的"俄罗斯人"》(T. 罗果托夫著,1943年第13卷第22期)、徐昌霖的《"俄罗斯人"告诉我们些什么?》(1943年第13卷第7期)。姚姒的《论西蒙诺夫的"俄罗斯人"》发表在《瓯海青年》1946年的创刊号上。

《俄罗斯人》另有桴鸣译本,1943年发表在《中苏文化杂志》第13卷第1—6期,后分别由韬奋书店(1945)、冀鲁豫书店出版单行本。

## 《侵略》

[苏联]李翁诺夫著,林陵译。
发行者:苏商时代书报出版社(上海)。民国三十四年(1945)出版。76页。

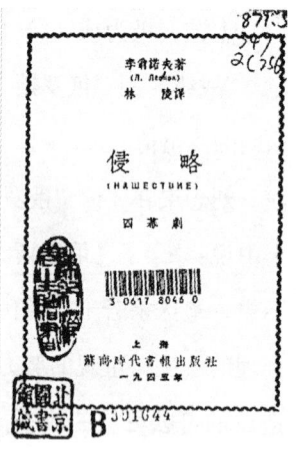

《侵略》(Наществие,1942,四幕剧),书中对该剧著者介绍道:"李翁诺夫一八九九年生于莫斯科。开始文学工作时是先做诗。一九二二年开始写长篇小说,其中最著名的有《小偷》,《索乞》,《胡獾》,《扑灭蝗虫者》,《史库达列夫斯基》,《通海洋的路》,《白煤》。"

该书的卷首有查撕拉夫斯基所撰文章《对敌憎恨是怎样产生的——论李翁诺夫的剧本〈侵略〉》,其中说:"剧本《侵略》写得朴实,优秀,有力。读它的时候不会无所动心。它表现一个在德人政权下的小城镇,表现这城镇里普通的俄罗斯人。我们看见,对于敌人的憎恨怎样改造这些人,他们怎样成为英雄。艺术形象的真实性和正确性抓住读者的心弦。"在介绍整个剧本内容之后,他又说:"所有剧中人物都是有生命的。它基本的主人公是普通的,没有什么出众的,朴素的俄罗斯人。医生达朗诺夫,安娜,尼柯拉亦夫娜,奥丽雅,杰米其亦夫娜——我们每天可以碰到这样的人。我们认识他们。各处各地都有他们。他们伟大的力量,就在他们朴实和无瑕中,他们身上的力量和共产党员柯列斯尼柯夫身上的,和游击队员叶戈罗夫(Егоров)和达且罗夫(Татаров)身上的,和这位作者所感应的无名老人身上的,和小孩普罗柯菲身上的力量一样伟大。他们正就是靠了自己的正真无邪来扶直佛陀尔,佛陀尔在对敌人的憎恨心中,在复仇感中,在对被辱的俄罗斯小姑娘的爱心中找到了自己,找到了他在战斗中的位子。"他认为"李翁诺夫的剧本充满着活的,人性的情感,是用有力的,形象化的,丰富的语言所写的。在我们伟大卫国战争时代的文学里,它是一个很大的现象"。

另有曹靖华译本,著者署名"李昂诺夫",由东南出版社1944年8月初版。

## 《赴苏使命》

[乌克兰]柯尔纳楚克著，水夫译。
发行者：苏商时代书报出版社（上海）。民国三十四年（1945）出版。
50页。

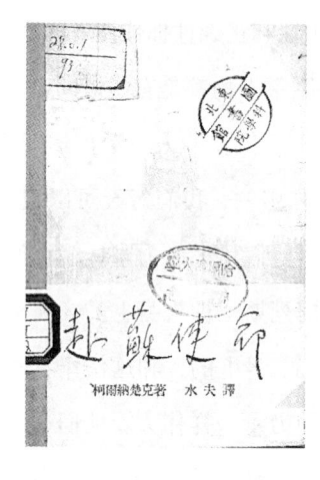

《赴苏使命》（Миссия мистера Леркинса в страну большевиков，1944，三幕剧），原名为《密斯脱配金斯到布尔雪维克国家的使命》，未见版权页。卷首有《莫斯科讽刺剧院的初演》，介绍了该剧的演出情况，其中说："美国富翁和集体农民的这一夜谈场面是克拉斯仰斯基（Э. Крас. Нянский）在莫斯科讽刺剧院排演的有趣而政治地锐利的演出的最佳插话。柯尔纳楚克（А. Корнейчук）的剧本给该院富有才能的全体演员提供了优美的材料……《密斯脱配金斯到布尔雪维克国家的使命》——是尖锐的聪明的人物上的政治小品。讽刺剧院准确地了解到剧本的这一风格上的特点。它里面主要的是开明的，生动的对话，这对话说起来容易而不受拘束，以它的迫切性和锐利性吸引着观众。"

卷首有作者肖像及生平简介，现转录如下：

柯尔纳楚克——乌克兰剧作家，以一九〇五年五月十二日生于基辅州克里斯奇诺夫加站。他十四岁时在俄铁路上做工，十八岁开始进工人学校读书，于一九二六年毕业，经基辅师范大学文学院录取。在学生时代，柯尔纳楚克就已经在杂志报章上发表短篇小说了。大学毕业以后，他开始做编辑和电影场的编剧。柯尔纳楚克是下列几个剧本的作者：《边境》，《石鸟》，《狂飙》，《兹维兹·独卜留叶夫的结局》，《舰队的毁灭》，《普拉东·克立契脱》，《银行家》，《真理》，《鲍格唐·赫美尔尼茨基》，《乌克兰原野》等。所有这些剧本出版时，都印成乌克兰文和俄罗斯文两种版本。《舰队的毁灭》是一个戏剧性极高的剧本，它取材于内战中最最悲壮的插话之一。《普拉东·克立契脱》里，柯尔纳楚克创造了一个天才的青年外国医生，人民的贤肖之子，内心坚强，存心自我牺牲和建功立业的人的形象。柯尔纳楚克的剧本《鲍格唐·赫美尔尼茨基》的题材是十八世纪乌克兰人民争取独立自由的英勇的斗争史。在战前所写剧本《乌克兰原野》是深深地贯渗了人民的幽默感的快乐的喜剧。其中描写的是一个现代的乌克兰农村，几个集体农民的典型。剧本的主角是两个集体农场的主席，在内战时代为苏维埃政权斗争的两个朋友。柯尔纳楚克受到本国人民的爱戴和敬重。他被选为苏联和乌克兰最高苏维埃的代表。一九三九年一月三十一日他受到最高的褒奖——"列宁勋章"。柯尔纳楚克被选为全乌克兰学院正式会员。一九四一年苏联人民委员会判给柯尔纳楚克戏剧部的第一等史大林奖金。

1946年《苏联文艺》第19期关于该剧的介绍中说："在美苏关系——资本主义最大与最后的堡垒同社会主义的先锋的关系——复杂微妙的今天，这只剧本特别值得一读。这是一只轻松的讽刺剧，主角是芝加哥富翁配金斯，一个真正的生意人，赫姆普，美国反苏新闻业大王侯斯特的影子。他们到苏联来打听'中等苏维埃人'对战后世界的组织怎样想法，他们要知道苏联人民的弱点。结果配金斯得到了这样的结论：如果苏维埃人民有弱点，那么它就在于：他们还没有澈（彻）底明白他们的力量是如何的庞大和他们能够做些什么！"

《战线》

［苏联］柯尔纳楚克著，林陵译。
发行者：苏商时代书报出版社（上海）。民国三十四年（1945）出版。62页。

《战线》（Фронт，1942，三幕剧），书前有著者的肖像及生平简介，书内有插图。卷首有苏达柯夫撰写的《在最老俄罗斯剧院上演的〈战线〉》，其中介绍该剧说："颇有才能的乌克兰剧作家亚历山大·柯尔纳楚克（А. Е. Корнейчук）写了一本关于苏维埃人民对希特勒抢掠者的卫国

战争，关于红军及其指挥者的剧本。剧本先载在《真理报》上，后又出单行本，受到读者和批评界的热烈承认。曾得列宁勋章的莫斯科学术小剧院于伟大十月社会主义革命二十五周年的历史的日子献演于观众之前。"接着，他又对剧作的上演情况作了说明："小剧院已经不是第一次处理亚历山大·柯尔纳楚克的创作。这最老的俄罗斯舞台近年曾上演他的悲剧——复活查波维什亦大军（Залорожскаясечв）时代的'波格唐·赫密里尼次基'（Богдан Хмельницкий）。在战争之前不久，我们曾上演柯尔纳楚克的喜剧《在乌克兰草原》，作者在这本喜剧里清楚地描绘出乌克兰乡村的生活，显示两个相邻集体农场——赤斯诺克（Чеснок）和加鲁斯卡（Гʻалужка）——主席内心的相互关系，歌唱乡村少男少女的诗意的恋爱。在开战的最初的几个月柯尔纳楚克写了一个剧本《乌克兰草原的游击队》（Лартизаны в степяхУкраины）是这喜剧的续篇。新剧本的主人公已经在战争的状态之内活动了，战争给苏维埃人产生了新的质地。和平的农人以赤斯诺克和加鲁斯卡为首英勇地和德军占领者作战，破碎希特勒军队的后防。据此，《战线》是这位成名乌克兰剧作家的第四个剧本，排演这戏的是已经有一百十八年创作生活的俄罗斯剧院。……真实，显明，残酷的真实，永远是曾经上演过葛里波叶陀夫（Грибоедов），果戈里，和奥斯特洛夫斯基（Островский）的伟大作品的最老的俄罗斯剧院的舞台写实主义的基础。亚历山大·柯尔纳楚克剧本的力量就在于真实性。"

另有军事委员会外事局译，军事委员会政治部（重庆）1943年11月初版；聊伊译，新知书店（重庆）1944年11月初版；萧三译，新华书店1944年6月初版。书名均为《前线》。

# 一月

## 《茶花女》

[法国]小仲马著,吴文江译。
发行者:华联出版社(重庆来龙巷三十七号,成都长发街三号)。民国三十四年(1945)一月出版。145页。

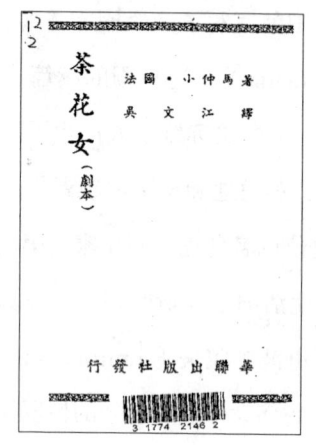

《茶花女》(La Dame aux Camélias,1852,五幕剧),书名页标题下有"剧本"字样,该剧是法国著名作家亚历山大·小仲马的代表作,被视为法国现实主义戏剧开端的标志。该剧讲述了"一个妓女玛格瑞特·高杰因为真诚地爱阿芒,杜瓦乐,牺牲了自己的幸福而至于死。这是小仲马第一个剧本,也就是他最好的剧本。这戏里的事,多半是他自己的经历"。在法国文学史上,这是第一次把妓女作为主角的作品。

译者在卷首《前记》(1944年1月)中说:"小仲马的茶花女,在中国的读者面前,早已是用不着介绍的东西了。但这个著作普通流行的只是小说,即是小仲马在先前所作的,其后他自己曾把它改编成剧,在世界的艺坛上,一直便雄踞着第一流剧的位置,赢得多情的少女不少的眼泪。在法国上演这个剧,总是在国家戏院里,非要礼服礼帽穿戴整齐便连戏院的门也无法进去的。茶花女虽上演不下千百次,而其叫座的能力向不衰迟,支配观众情绪的程度也略无减少。较之茶花女的小说,其影响实在有过之无不及;而价值,自然也跟着它的影响而多了许多。这是因为玛格瑞特的人格,和这个悲剧里所含的深刻的人生意味,通过了舞台的场面,和活生生的语言,实在使人有更强烈的感应。面对着舞台上的玛格瑞特,当她和阿尔芒的父亲对话的时候;当她冤屈地受着阿尔芒的羞辱的时候;到她临终见到觉悟过来的阿尔芒的时候;实在没有谁能抵抗得住那种刺激人的力量的。而这力量,在小说中的确差多了。"

本剧之前已有林琴南(1899)、夏康农(1929)等小说译本,最早将《茶花女》译成剧本的是刘半农(北新书局1926版)。1937年2月,陈绵的戏剧译本由商务印书馆出版,到了1948年6月,陈绵译本已经再印刷了五版。吴文江参照了刘半农的译本,然而他认为:"刘译本虽然文锋已做到很自然的地步,没有佶屈聱牙的地方,而且对原著也保持了相当程度的忠实,但究竟因为时代的关系,有好些新的词儿已经产生,新的句法也渗入了中国的语言,但刘先生都不及知道。就我所知道的,有些剧团在排演此剧时,总都得自己修改一过,而坊间则始终还无善本出现。就连刘译本也在市场上绝了迹。因此,重译茶花女一剧的动机,好久就有了。"据译者说,他在患病"休养的闲暇时间,就找了刘(刘半农)译本作主要参考,将这剧重译一遍。词儿和语句大体根据原文而以进步了的中国语言给人添或改动。……小仲马写出的这个爱情的最高形态,实在表现了人类的光荣与尊严。当此物欲流行,道德极度低落的时候,玛格瑞特的精神,不妨看作是一种对于内心纯洁的召唤,召唤人类,召唤中华的儿女们"。

《茶花女》在现代时期是译本最多的汉译作品了,除了前述译者,还有凌霄与吴璇玲合译(经纬书局版)、李连萃(开华书局版)、王慎之(启明书局版)、徐慰慈(春明书店版)等人的译本,其中不少译本曾多次印刷。

## 五月

### 《守望莱茵河》

[美国] 丽琳·海尔曼（Lillian Hellman）著，冯亦代译。
发行人：余世兹；
发行者：美学出版社（重庆九尺坎铁板街六号）；
分发行社：联营书店（重庆林森路特18号、成都祠堂街）。民国三十四年（1945）五月初版。117页。编入《海滨小集之十四》。

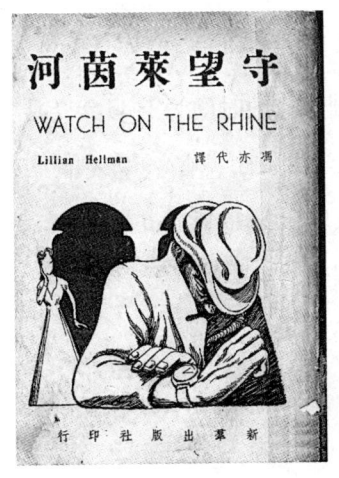

《守望莱茵河》（Watch on the Rhine，1941，三幕剧），无序跋。该剧是一部反纳粹主题的话剧。剧中主人公戈特原为德国工程师，因目睹纳粹暴行，毅然参加反法西斯斗争，其妻子莎拉是美国人。戈特由于刺杀了纳粹头子遭到通缉，便与妻子一起回到美国，又发生了一系列的故事。作者说，1937年夏季，她在欧洲创作《小狐狸》时，耳闻目睹德、意、日法西斯侵略势力的嚣张气焰，触发了她强烈的创作欲望。作者在矛盾冲突中写出了戈特的崇高理想——"为儿童创造一个美好的世界而进行战斗"，使人物的精神境界得到了升华。这种对理想的颂扬，在弥漫着颓丧和绝望情绪的西方世界，显得尤为可贵。该剧在美国公演后轰动一时，极受欢迎。1950年版中有译者题句："此书系上海友人偶在旧书店得之，即购以为赠。丽琳·海尔曼原剧，乃美国副总统来华时赠郭老者（沫若），辉叔（夏衍）读而喜之，嘱为移译。第一版由重庆美学出版社印行，计三千册，二版及三版由老友叶以群主持的新群出版社在沪出版，共印六千册。渝版封面为廖冰兄所作，二版为丁聪所作，三版封面不知出自谁手。德明兄广事搜罗旧籍，因以为赠，求所以永留后世也。""美国副总统来华"即1944年夏季，当时的美国副总统华莱士访问了重庆。

据译文后注，该剧译完的时间为1944年7月26日。封面页有图。装帧为廖冰。书末附《美学出版社"基本社友"简则》。1947年上海新群出版社再版，书末有《沪版后记》(1947年6月)。译文曾由重庆建国书店1945年发行、文哨月刊社编辑的《文哨》第一卷第一、二、三期连载。该刊为"五四"文艺节创刊，双月出刊。

## 《钦差大臣》

[俄国]果戈理(Nikolay V. Gogol)著,唯明译。
发行人:翟健雄;
发行所:世界出版社(重庆下南区马路28号);
经销处:文信书局、万和书局、联营书店。民国三十四年(1945)五月初版。

《钦差大臣》(The Government Inspector, 1836)为中英对照版,正文前有人物表。关于该剧的创作过程及演出情况,详见1941年6月《钦差大臣》考录。

1947年5月上海再版。另有沈佩秋(译名为《巡按》,启明书局1937年版)、芳信(国民书店1941年版、世界书局1944年版)、中华剧艺社文学部(文风书店1942年版)等译本。

# 六月

## 《风流寡妇》

[意大利] 加尔洛·哥利登尼著，聊伊译。
发行者：唐秉彝；
发行所：建国书店（重庆林森路特二十四号）。民国三十四年（1945）六月初版。168 页。编入《世界文艺杰作译丛》(建国书店编辑部主编)。

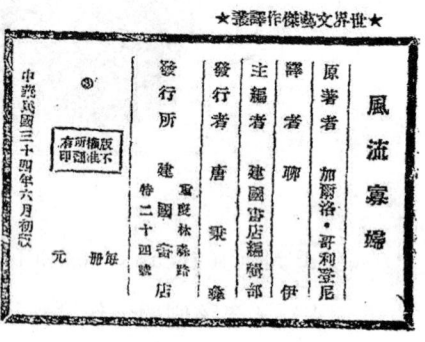

《风流寡妇》(La locandiera，三幕剧)，书末的《译后记》(1944 年 5 月 8 日)介绍说："《风流寡妇》原名为《狡黠的寡妇》。在不失原书和原题意的原则下，顺笔译成现在这个样子。《风流寡妇》是十八世纪中叶意大利著名剧作家哥利登尼的出世作。哥氏其他的名作尚有《女店主》，《蠢货》等。本剧于一七四八年秋季在威尼斯初次上演时，就获得空前的成功，连演廿五次都是场场满座。直到现在《风流寡妇》在意大利仍不失为最受观众欢迎的剧本。"

译者说："译本的原文是根据俄译本。俄译本为 A.K. 纪卫列高夫译，一九四一年在'国家艺术出版社'出版……前年在边疆服务时，读到这本戏剧就想译出它。它对话的诙谐机警，把各国——英，法，意，西班牙的民族性刻划得生动活现，结构布局的匀称谨严，这一切都使我玩赏不舍。同时从这剧本也使我们认识了当时所谓上流社会贵族老爷们的生活，作者在嬉笑着写他们时也不无讽刺，虽然是二百年前的作品，现在读起来仍不失亲切之感。"

封底页注有"本书业经审查通过"字样。据查，建国书店出版的《世界文艺杰作译丛》还有《加尔曼》（马耳译，1946 年 3 月版）、《人间悲剧》（钟宪民译，1945 年 4 月版）、《苹果树》（端木蕻良译，1945 年 7 月版）、《爱情》（马耳译，1946 年 3 月版）等。

# 七月

## 《水落石出》

[比利时] 梅特林（Maurice Maeterlinck）著，王石城译。
发行人：王云五；
发行所：商务印书馆（重庆白象街）。民国三十四年（1945）七月初版。79 页。

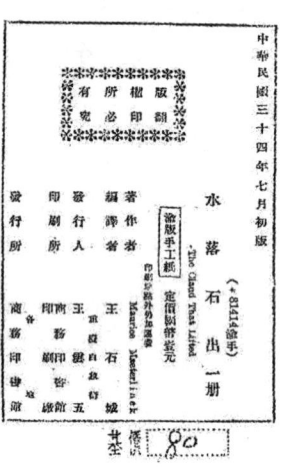

《水落石出》(The Claud that Lifted，三幕剧)，无序跋，由译者依照原剧改编为中国剧情。正文前的《本事》中介绍了每幕的内容，其中说："抗战第四年，接近前方的某大城市中，有绅士张某。为了自私自利地保全身家财产，万一敌人打来，就出面组织维持会。他的女儿张桂芳，是个娇生惯养的女子，现在单恋着努力抗建工作的青年洪天民。他们的认识是由吴亚男介绍的。亚男是桂芳的干姐,自父亲炸死家乡沦陷以后,即与天民同在前方工作,相亲相爱。嗣因身体有病,养病在张家,天民也到这城里……"剧情由此展开。

该书卷首有《水落石出插曲》(王石城词,刘式昕曲)。封底页注有"重庆市图书杂志审查处审查证世图字第二五八七号"。书末附有国内《第一次上演职员名单》。1946年9月上海商务印书馆再版。

## 八月

### 《亚尔维的秘密》

[法国]培尔纳(Jean Jacques Bernard)著,黎烈文译。

发行者:改进出版社(总社:永安民权路)。民国三十四年(1945)八月初版。129页。编入《现代文艺丛刊》(四辑之一)。

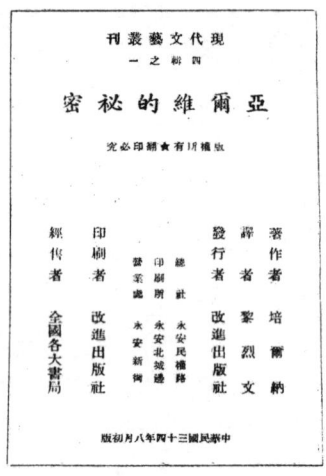

《亚尔维的秘密》收入《亚尔维的秘密》(三幕剧)、《妒误》(短剧)、《一个现代孩子的梦》(短剧)三个剧本。卷首的《前记》(1945年6月)中介绍道:"这里集印的一个三幕剧和两个短剧,都是法国剧作家培尔纳(Jean Jacques Bernard)的作品。培尔纳是上次大战后不久,在法国剧坛崭露头角的作家。他的父亲老培尔纳(Tristan Bernard,1866— )也是一位著名的编剧者。但培尔纳并没受他父亲的影响,他的作风和他父亲的截然不同。老培尔纳写的是轻快的,富于诙谐气氛的喜剧;而培尔纳则走着诗的,忧郁的,非常严肃的道路。他在法国剧坛创立了所谓沉默派(Ecole de Silence),并且成了这一派的领袖。"

译者在介绍了法国沉默派的情况后,介绍了该书所收录的三个剧本,认为"收在这里的《亚尔维的秘密》和《妒误》两剧,不但可以看出培尔纳的特有作风,同时也可以当作沉默派的代表作看。亚尔维(Alexis-Felix Arvers,1806—1850)是法国浪漫主义初期的诗人。这个短剧里面所有的人物,几乎全部都是实有的人物。作者利用这首著名的十四行诗,和一段流传法国文坛的佳话,使我们非常亲切地感觉到诗人内心的秘密与其焦灼难言的苦闷,这恰是沉默派的手法"。"《妒误》是培尔纳最成功的一个作品。从一九二一年六月九日第一次由Escholiers剧团假Theatre Antoine上演起,一直受着观众的欢迎。到这次战事发生,法京陷落时止,巴黎国立剧场Comedie Francaise还时时排演。现在,沦陷四年的法国,又已得着盟国——尤其是美国的援助,从德国军队的铁蹄下解放出来,这剧本的内容更有了一种新的意义,当然更会受到许多新的观众的欢迎……""在我国,《妒误》也已有过相当的观众。十年前,这译本刚印出不久,曾在上海演出过;最近数年,国立剧校又曾在重庆及四川其他地方陆续上演。据剧校友人来信,演出的结果都很不错。因为这书现在不易买到,译者还从这位朋友那里得到修订再版的鼓励。""《一个现代孩子的梦》是培尔纳较晚的作品,他的作风在这里似乎已有改变。这短剧写法很新,所以顺便介绍过来。""除开这三个剧本以外,培尔纳的重要作品还有《玛尔廷勒》(Martine),《旅行的邀请》(L' Invitation an Voyage),《他人之春》(Le Printemps des Antres)等。其中《玛尔廷勒》一剧,我记得已经有过袁昌英女士的翻译。"

译者发表在《艺文谈片》的《前记》中说:"《妒误》原名 Le Feu Qui

reprend Mal，直译应作'重燃坏了的火'，因嫌累赘，故改今名。原剧见巴黎 Albin Michel 书局出版的培尔纳戏曲集第一集。"

该书中的三个剧本曾收入《邂逅草》（黎烈文译）译文集中，1937 年 5 月由上海生活书店出版。

# 十月

## 《孔雀女》

[印度] 伽梨陀沙（Kalidasa）著，卢前译。
发行人：吴秉常；
发行所：正中书局（重庆）。民国三十四年（1945）十月渝初版。152页。编入《印度文学丛刊》。

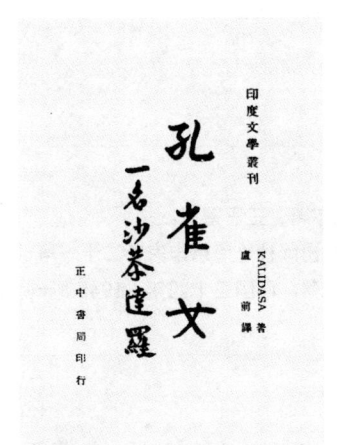

《孔雀女》(Shakuntaia，七幕剧)，又名《沙恭达罗》。作者在卷首的译者译序中说："伽梨陀沙西历纪元五世纪人，半世居住鸟阁衍城。笈多王朝，大勇健日王在位日也。或谓出生婆罗尼斯，去鸟阁衍，千五百里。相传父为婆罗门僧侣，不幸少孤，为牧牛家抚育成人，以是无缘深造其学。顾态度大方，容颜美好，不类穷人子。……论者谓其成就，在诸品上，伽梨陀沙作，此为第一，抑亦梵文学上乘已！"

译者介绍说："沙恭达义为孔雀。沙恭达罗者，孔雀女也。失环得环，以孔雀女与无胜王因缘本末为剧情。十八世纪流传欧洲，为文坛重视。歌德誉为题诗。英文译本有二：威廉钟司本成于一七八九年，而摩尼亚威廉本以一八八七年刊成。曼殊和尚谓犹起信论有梁唐二译也。曼殊又云：伽梨陀沙，梵土诗圣，英吉利骚坛推之为天笠沙士比，读沙恭达罗可以觇其流露。顾兹重译，梵剧之体，与我戏曲，异同之故，可得而言。"又说："一剧之成，脚色为先，情节排场，至于砌末，自宋元以来，所呈于氍毹间者，罔不有类梵剧，此间消息，至堪寻味。"该序言写于"民国三十三年三月"。

该书 1947 年 2 月上海再版。

## 《红粉飘零》

[美国]奥尼尔著，王思曾译。
发行者：独立出版社（南京申家巷二十一号）；
代表人：卢建曾。民国三十四年（1945）十月初版。228 页。

《红粉飘零》(Strange Interlude, 1927, 九幕剧)，原名为《奇异的插曲》。作者 1926 年着手写作该剧，1927 年完稿。多丽丝·亚历山大（Doris Alexander）曾评论说：《奇异的插曲》完全是以叔本华的哲学为基础的。叔本华坚信'所有的男女之爱，不论它是如何微弱，都是来自于性冲动'。"而克鲁奇（Joseph Wood Krutch）则认为该剧是在弗洛伊德心理学的基础上构思的，他说："《奇异的插曲》理性上的思想框架是由佛洛依德心理学所提供的。"该剧写的是一个女人的一生，剧名中的"插曲"指女主人公尼娜

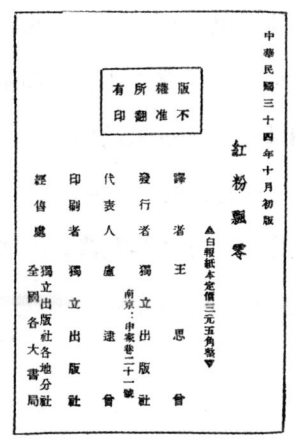

从少女到历尽沧桑未老先衰的中年（45岁），正像作者在剧中所说："现实生活就是过去和未来之间的一段奇异的插曲。"作品以美国物欲膨胀的20世纪20年代为背景，以关注和思考现代人生活和生存境况为主题描写叙述了主人公尼娜的悲剧人生。

译者曾翻译过一篇S. K. Winther撰写的《奥尼尔的剧作技巧》一文，载于1937年5月1日《文艺月刊》第10卷第4、5期合刊。文中介绍了奥尼尔创作的"象征主题的，动人的哑剧"的剧情开端、"象征主义"技巧的运用和"保持现代写实主义最好的传统规律"等戏剧创作特点。其中说，奥尼尔"所用的技巧从头至尾没有勉强的地方，从开头就饱含着戏，对剧中随便的斗争给予一种象征的暗示，刚一开头动作就开始，戏就在进行了"。有"意识的存心运用象征主义，是奥尼尔技巧的重要一方面。这并不是说观众不快意的感觉到这种技巧。他是细心作来，把戏剧的视野与意义，扩展到平直的写实主义的界限以外。……运用象征主义，他可以得到更多的伸缩自如的能力，增加他戏剧的幻想性。……奥尼尔为他每一个戏剧采取的名字，都有强烈的象征意味，在象征意味之外，还有讽刺。名字内象征意味与讽刺的结合，揭露了奥尼尔内心严重的分析性，因为他的讽刺并非讥笑人的悲剧,乃是同情而又严酷的。他的严酷发于他同情人的痛苦,同时他见到人们处在丰满之中,竟向贫困投降,所谓贫困与丰满可以指心灵也可以指肉体。在奥尼尔的剧本里,有一种潜藏的快乐的财富,是他所想象的世界中那般受苦的人,所得不到的"。

该书无序跋。原作共九幕,该书为全剧的前五幕,扉页标注"第1部"字样。

## 十一月

《玛婷》

[法国]拜尔纳著，林柯译。
发行人：吴文林；
发行所：文化生活出版社（上海巨籁达路一弄八号；重庆民国路新一四五号）。民国三十四年（1945）十一月初版。104页。编入《文化生活丛刊第廿九种》（巴金主编）。

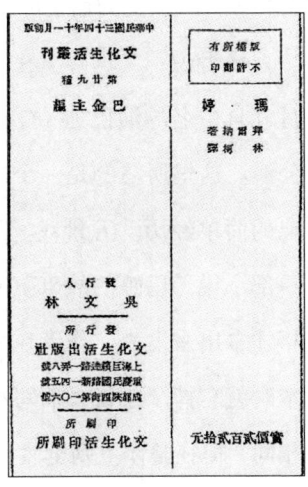

《玛婷》(Martine，1922，五幕剧)，又译《马丁》《玛蒂娜》。卷首有译者序，介绍说："本剧是约翰·雅克·拜尔纳（Jean Jacques Bernard）的早期作品之一……他是喜剧作家退斯当·拜尔纳（Trisian Bernard）的长子，一八八八年七月三十日生于巴黎……首次大战前就开始写作，但重要的作

品都是在战后写成的。除了他最早的独幕剧不算，到一九三六年底已经问世的有二十几部剧本和四五部小说。"拜尔纳并不追求怪诞的格式，他反抗束缚性灵的惯例，但他只在通常的格式中寻求独创。当《玛婷》一剧在巴黎首次上演之前，他曾在一偏论文中说过：'戏剧首先该是不能表现的东西之表现艺术。应对的本身还不如应对间的反应冲突更能表现深潜的情绪。我们应当在听得见的对话之下把另一种隐藏着的对话揭露出来。因此戏剧的最大仇敌就是文章，那些只该加以暗示之处，一到文章里就被暴露而冲淡了。……情绪是一经诠释就失去力量。照戏剧的逻辑来说，剧中不能容许不为情节所需要的情绪。如果情节中需要某几种情绪，当然也就用不着再加以说明。……对于我们所要表现的一切，字句本身不过是个无力的工具而已。它的价值仅仅等于一根休止的琴弦，然而它可能发出多少弦外之音！……'以上的话正可以看作他自己方法的导言。"

译者说："《玛婷》在本国素有'模范剧'的佳誉，曾于一九二二年五月九日由名导演巴迪（G. Baty）领导 Chimére 剧团在 Mathurins 剧场作首次公演。这里所写的是一个农家少女因恋情而受苦的事，也就是一个微末灵魂的简单经历。五景戏。五个演员。……和《玛婷》同时，拜尔纳还写了一部小说《玛婷的故事》(Roman de Martine)，在他抽屉里搁置到一九二九年才拿出来发表。作者在小说的序言中向玛婷的朋友们表示，说他在写剧本时就忘掉了小说，而写小说时也忘掉了剧本。因此这两部作品虽然情节相同，但在整体上则全然异致。"

译者在序言中说："本剧在我国早有译本，这一次重译并没有什么特殊理由，一则这是译者一时兴会，二则是受了朋友们的怂恿，所以也没顾虑到自己学养的限制就动笔译述了。全稿完成后曾拿到 John Leslie Frith 的英译本校阅一遍，纠正了自己若干错误，同时发现英译本也有些误译及脱漏的地方。"

该书1947年4月再版。

## 《龟兔竞走》

[法国] Laiche Evgine 著，刁汝钧译。
发行人：王云五；
发行所：商务印书馆（重庆白象街）。民国三十四年（1945）十一月初版。108 页。

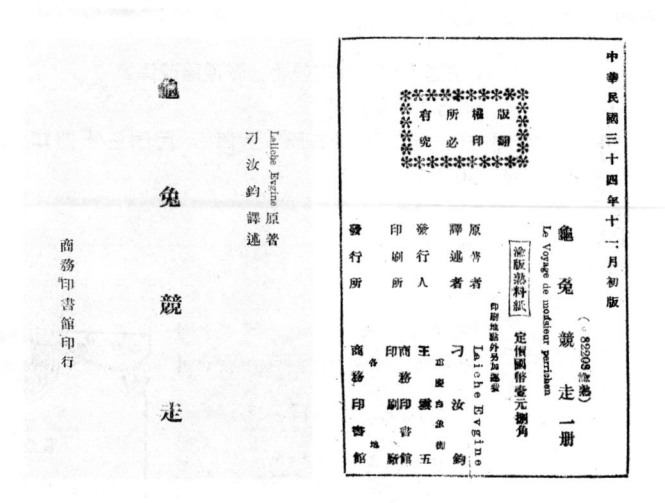

  《龟兔竞走》（Le Voyage de Monsieur Perrichen，1860，四幕剧），今译为《贝吕松先生的旅程》。无序跋。关于著者拉比什及该剧的介绍，详见《旅行》考录。

  另有柳木森译本，译名为《旅行》，著者署名"腊比虚"，中国图书编译馆 1940 年出版。

## 十二月

### 《蜜月旅行》

[法国] 约瑟叶尔曼著，张道藩改译。
发行人：吴秉常；
发行所：正中书局（上海）。民国三十四年（1945）十二月沪初版。30页。

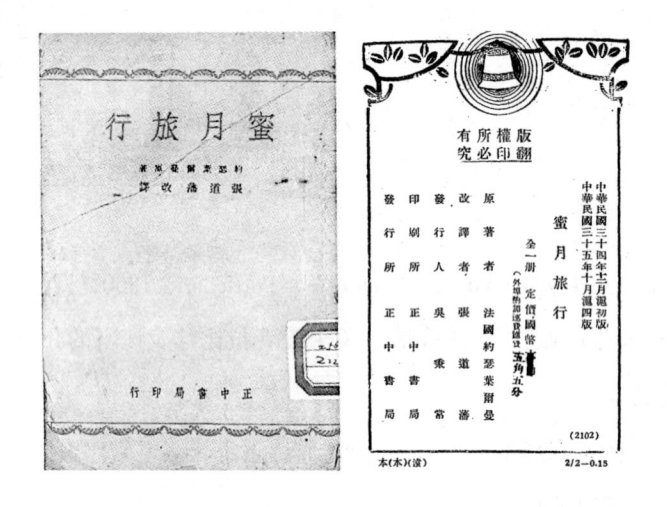

《蜜月旅行》（Premiers Nuages，独幕剧），原著名为《第一次的云雾》，系译者根据十年前的译本改编。译者在卷首《蜜月旅行改译的经过》中说："十年以前我将法国著名剧作家约瑟叶尔曼（José Germain）所著的《第一次的云雾》（Premiers Nuages）译成中文，附印在拙著自救剧本之后。经过数十次的演出颇得观众欢迎。惟既是翻译，则剧中人物个性、动作、服装、布景等等，就不能不欧化。因此在演出上不免发生许多困难。四年以前，为了免除这种困难，我将剧情改为中国故事，演出既省却许多困难，效果又特别的好。所以现在就以改译本刊行。我希望这剧本能对许多青年男女初婚后求彼此的谅解有很大的贡献。"

正文前题有"张道藩根据José Germain所著Premiers Nuages改译"。该剧描写一对新婚夫妇旅行归来，精疲力尽地倒在旅馆房间的椅子上，抱怨新婚旅行没有快乐和幸福，有的只是烦恼。丈夫说这一切都是由于妻子想要旅行而产生的，妻子拼命反问他们旅行中所遇到的种种麻烦都是她的错吗。丈夫没有否定，妻子很生气，非要丈夫承认她没有错，丈夫按照妻子的意愿一一答应，于是两人和好了。丈夫高兴地谈起他想在环境优美的圣孟德买一所雅致的房子，妻子却坚持要在自己母亲家的附近租房，两人又发生了争执，各不相让。妻子生气地提出要离开丈夫回娘家，丈夫觉得结婚是这样的没意思，就没有阻拦。妻子虽然收拾了东西，但却没有要走的意思，丈夫把她冷落在一边，开始看他们旅行中所拍的照片，两人被照片中的恩爱所陶醉，共同回忆起旅行中的亲密与和谐，最终和好如初。

书后有张道藩主编、正中书局出版的《现代文艺戏剧丛书》目录，其中有《江南之春》（马彦祥著）、《燕市风沙录》（王梦鸥著）、《关羽》（赵清阁著）、《雨夜》（王右家著）、《长恨歌》（赵循伯著）、《残雪》（包起权著）、《抚养》（文治平著），共七本。

# 附录

# 部分译者及译作考

(按姓氏音序排序)

**巴金**(1904—2005),生于四川成都。原名李尧棠,字芾甘。笔名有佩竿、极乐、黑浪、春风等。1920年考入成都外语专门学校。1923年赴上海、南京等地求学。1925年8月毕业于南京东南大学附中,因病于上海休养。1927年1月赴法国巴黎求学。1928年12月回上海,从事文学编辑与创作。1933年任《文学季刊》编委。1934年赴日本旅行。1935年8月回国,主持上海文化生活出版社编务工作,主编《文化生活丛刊》《文学丛刊》《文学生活小丛刊》等。1937年抗战全面爆发后,任《救亡日报》编委,与茅盾共同主编《呐喊》(后改名《烽火》)杂志。1940年7月开始辗转于昆明、重庆、成都、桂林、贵阳等地,从事抗日文化宣传活动。1945年11月返回上海。1949年7月参加第一次文代会,当选为文联委员。1950年后任平明出版社总编辑、上海市文学艺术界联合会副主席、中国作家协会上海分会主席。1957年7月任《收获》主编。1977年任中国作家协会主席。1983年任中国政协副主席、中国作家协会主席。2003年3月当选为第十届全国政协副主席。主要作品有《随想录》之《病中集》《无题集》等作品。20世纪90年代后出版随笔集《再思录》,编辑出版了《巴金全集》(26卷)等。主要译有《薇娜》(上海开明书店1928年版)、《为了知识与自由的缘故》(上海新宇宙书店1929年版)、《骷髅的跳舞》(上海开明书店1930年版)、《丹东之死》(上海开明书店1930年版)、《草原故事》(上海马来亚书店1931年版)、《秋天里的春天》(上海开明书店1932年版)、《过客之花》(上海开明书店1933年版)、《门槛》(上海文化生活出版社1936年版)、《叛逆者之歌》(平社出版部初版本)、《夜未央》(上海文化生活出版社1937年版)、《迟开的蔷薇》(重庆文化生活出版社1943年版)、《父与子》(上海文化生活出版社1943年版)、《处女地》(重庆文化生活出版社1944年版)、《快乐王子》(上海文化生活出版社1948年版)、《笑》(上海文化生活出版社1948年版)、《六人》(上海文化生活出版社1949年版)、《红花》(上海出版公司1950年版)、《癞蛤蟆与玫瑰花》(上海出版公司1952年版)、《木木》(上海平民出版社1952年版)、《屠格涅夫中短篇小说集》(人民文学出版社1959年版)等。

**北鸥**(1911—1983),福建闽侯人。原名陈北鸥。大学毕业。1931年后历任北京左翼作家联盟执委,北京左翼文化总联盟常委,左联机关杂志《文学月报》和文联机关杂志《文化新闻》主编,日本东京帝国大学文学研究院研究员,北京东北大学教授,《时代文化》杂志、《救国导报》、《救亡日报》、《大公报》总编辑,重庆《通讯旬刊》主编,《北京导报》编辑,华北大学文学研究室研究员,文化部电影局资料研究组长,人民文学出版社编辑。发表论文《创作技术与现实主义》(载《杂文》第三期,1935年9月20日)、《高尔基是永远的》(载《质文》第2卷第1期,1936年10月10日)、《学习海涅》(载《质文》第四期,1935年12月15日)、《国防文学的理论建设》(载《新认识》第一卷第六号,1936年11月20日)、《在火线上的朝鲜义勇军》(载《新华日报》1939年3月13日)、《鲁西北烈士留下的血的教训》(载《新华日报》1939年11月15日)等。翻译作品有《高尔基:戏曲论》(载《剧场艺术》创刊号,1935年10月10日)、《普式庚的社会政治抒情诗》(哥德里雷夫斯基著,载《诗歌生活》第二期,1936年10月20日)、《马克詹姆·高尔基》(I. Statsky著,载《文艺月报》第1卷第2期,1932年7月15日)、《我要在一年里得到胜利》(Antal Hidas著,载《文艺月报》第1卷第3期,1933年11月1日)、《苏联文学的当代诸问题》(西齐哀尔巴可夫著,载《质文》第2卷第1期,1936年

10月10日）、《现代英美诗论》（恩格尔、路易士著，载《杂文》第2卷第2期）、戏剧《安娜·卡列尼娜》（沃滋尼生斯基改编，重庆五十年代出版社1943年）。著有长篇小说《前线恋》，专著《新文学概论》，诗集《心曲》，剧本《万年青》《红楼梦》《保卫工厂》，电影文学剧本《甦凤记》，译著《作家论》等。

**毕祀**（1911—?），江苏吴江人。1936年毕业于上海圣约翰大学。历任贸易委员会出口贸易处副处长、重庆国立女子师范学院教授、云南外交特派员公署秘书、云南师范大学外语系教授。著有《柳唱》《烬余》等诗集。主要译有《名门街》（原名Quality Street，英国巴蕾著，重庆青年书店1944年版）、《女儿悲》（原名Mourning Becomes Electra，美国Eugene O'Neil著）等。

**曹靖华**（1897—1987），河南卢氏人。原名曹联亚。1921年赴苏联莫斯科东方大学学习，先后在莫斯科中山大学、列宁格勒东方语言学院任教。1933年回国，北平大学女子文理学院、北平东北大学、中国大学、清华大学教授。主要译有《安娜》（《晨报》1924年）、《三姊妹》（俄国柴霍普著，上海商务印书馆1925年版）、《铁流》（苏联A.绥拉菲摩维支著，三闲书屋1931年版）、《苏联作家七人集》（苏联拉普列涅夫等著，上海良友图书印刷公司1936年版）、《求婚》（苏联契诃夫著）、《烟袋》、《第四十一》（俄罗斯拉夫列尼约夫著，未名社1928年版）、《第四座避弹室》（苏联盖达尔著，上海文化生活出版社1939年版）、《我是劳动人民的儿子》（苏联卡达耶夫著，生活书店1940年版）、《侵略》（苏联李昂诺夫著，福建永安东南出版社1944年版）、《保卫察里津》（又名《粮食》，苏联托尔斯泰著，昆明北门出版社1945年版）以及《虹》、《魔戒指》、《望穿秋水》等。

**曹未风**（1911—1963），浙江嘉兴人。原名崇德。历任培成女子中学教务长、大夏大学教授兼外文系主任、暨南大学教授、光华大学教授等。1949年后，历任华东军政委员会教育部高教处副处长、上海高教局副局长、上海市外交协会副会长等职。主要译有莎士比亚戏剧《哈姆莱特》《奥赛罗》等20余部。

**陈非璜**（生卒年不详），主要译有《马汉姆教授》（德国夫力特里西·乌尔夫著，陈非璜与洪为济合译，上海新路出版社1936年版；后由潮锋出版社1939年再版，译名为《希特勒的"杰作"》）、《钢铁是怎样炼成的》（苏联奥斯特洛夫斯基著，陈非璜与段洛夫合译，上海潮锋出版社1937年5月初版、6月订正再版）。

**陈国桦**（1910—1970），广东梅县人。1933年毕业于北京燕京大学外文系。曾为华西大学、南京师范大学教授，香港《港报》编辑，新加坡《南洋商报》主笔，昆明《侨光日报》总编辑。编著有《美国金融家成功小史》（正声书局1944年版）。主要译有《特洛国的妇女》（古希腊攸利彼提斯著，广州诗歌出版社1938年版）、《埃及人之母》（克腊比德著，《国际文摘》1938年第1卷第2期）、《苏格拉底之死》（苛罗兰可著，《华文月刊》1942年第1卷第4、5期）、《苏渥洛夫大元帅》（苏联I. Bakhterev、A. Razumovsky著，商务印书馆1943年版）、《希腊抒情诗选》（自刊1948年版）、《裴欧沃夫》（赖特改写，中国青年出版社1959年版）。

**陈绵**（1900—1968），福建闽侯人。字伯早，笔名齐放。话剧导演、剧作家、翻译家。北京大学毕业后，赴法国留学，获巴黎大学文学博士学位。巴黎大学讲师，北京大学、中法大学、北平女子师范学院、北平艺术专科学校教授。其间受唐槐秋约请，组织、领导中国旅行剧团赴各地演出。著有剧本《侯光》《半夜》等。主要译有《牛大王》（法国德朗斯著，商务印书馆1936年版）、《昂朵马格》（法国拉辛著，商务印书馆1936年版）、《熙德》（法国柯奈耶著，商务印书馆1936年版）、《复活》（法国巴大叶著，商务印书馆1937年版）、《缓期还债》（英国戴耳著，商务印书馆1937年版）、《情书》（英国莫恨著，商务印书馆1937年版）、《茶花女》（法国大仲马著，商务印书馆1948年版）、《鲍利斯·戈杜诺夫》（俄国普希金著，与靳骖合译，音乐出版社1956年版）等。

**陈瘦竹**（1909—1990），江苏无锡人。原名陈定节，又名泰来。1924年入无锡省立第三师范学校学习。1929年考入武汉大学外文系。1933年在国立编译馆做编辑，1938年随编译馆迁到重庆。1940年受邀到江安国立戏剧专科学校任教，开始教育和戏剧研究生涯，1947年随校迁回南京，兼中央大学教授。1949年后为南京大学教授。著有短篇小说集《奈何天》（商务印书馆1939年版）、《奇女行》（重庆商务印书馆1942年版）、《水沫集》（重庆华中图书公司1944年版），中篇小说《声价》（重庆国民图书公司1944年版），长篇小说《春雷》（重庆华中图书公司1942年版）等。主要译有《康蒂妲》（英国萧伯纳著，成都中西书局1943年版）、《欧那尼》（法国雨果著，群益出版社1947年版）等。

**刁汝钧**（1907—1994），河北邯郸人。字士衡，笔名草野。1930年毕业于上海暨南大学中国语言文学系，获文学学士学位。1931年毕业于北平燕京大学中文系研究班，获文学硕士学位。同年，赴法国巴黎大学学习文学、戏剧，并在巴黎国家图书馆继续研究、收集"变文"及"敦煌学"的有关资料。1935年回国，在北京同熊佛西先生一起从事爱国戏剧运动。1937年赴长沙参加"抗战剧团"，从事抗日救国活动。1938年在四川成都为省立戏剧教育实验学校教员兼校长办公室秘书等职。1941年为国立贵州农工学院副教授。1942年为国立贵州大学外语系法语教授。1945年为国立重庆女子师范学院中文系教授。1950年在北京华北人民革命大学政治研究院学习。1951年在西安为西北艺术学院戏剧系教授。1953年为西北大学师范学院中文系教授兼系副主任。1954年参加中国民主同盟。1958年任西安师范学院工会主席。1960年至退休为陕西师范大学中文系教授，主要讲授中国现代文学及部分外国文学课程。1980年至1988年任中国现代文学研究会西北区理事、陕西省现代文学学会副会长等职。发表论文《敦煌变文研究》(《文艺先锋》1931年第8卷第1期)。著有《现代中国女作家论》(北京人文书店1933年版)、《评〈雷雨〉》(《晨报·剧刊》第312期,1937年)。译著有《假医生》(莫里哀著,《晨报·剧刊》第315期,1937年2月6日)、《〈窦巴斯〉脚本提要》(巴妞尔著,《晨报·剧刊》第328期,1937年5月15日)、《龟兔竞走》四幕讽刺喜剧(拉比士著,商务印书馆重庆1945年版)、《文法》独幕剧(拉比士著,《文讯》月刊1943年)。谢六逸评价说,他的"译笔隽永幽默读时会使你发出莞尔的微笑"。

**范方**(1919—2006),原名张可。翻译家、戏剧学者,王元化夫人。16岁考入上海暨南大学,师从郑振铎、李健吾学习英国文学。曾为上海戏剧学院教授。致力于莎士比亚研究,翻译出版了《莎士比亚研究》、《莎剧解读》(与王元化合译)。署名"范方"的译作有《早点前》(美国尤金·奥尼尔著,上海剧艺社1938年版)、《红光照耀着克拉德诺》(捷克安·萨波托斯基著,新文艺出版社1957年版)。

**方然**(1919—1966),安徽怀宁人。原名朱声,笔名穆海清、朱传勤、朱传琴、柏寒等。1938年3月赴延安,入陕北公学学习,后转入延安作协。1940年考入成都金陵大学中文系,与阿陇等人创办《呼吸》文学月刊,并担任主编。1950年加入中国共产党,参与筹备浙江省文联工作,担任编审部长。创作诗歌《哀歌》《杜娜》《萤》等。主要译有《解放了的普罗米修斯》(英国雪莱著,桂林雅典书屋1944年版)、《沈茜》(英国雪莱著,重庆新地出版社1944年版)、《阿多拉司》(英国雪莱著,载《哈罗尔德的旅行及其他》,重庆文阵社1944年版)等。

**芳信**(1902—1963),江西南昌人。原名蔡方信,笔名芳信、方克勤、古灵后人等。戏剧家、翻译家。1923年考入北京人艺戏剧专门学校,其间与刘和珍组织"觉社",出版刊物《时代之花》。1926年进入上海民新和华艺影片公司工作,与著，商务印书馆1939年版）、《地形学》（日本香川干一著，商务印书馆1936年版；中华书局1936年版，1947年再版）。

**葛一虹**（1913—2005），上海嘉定人。原名葛曾济，字作舟，号巨川。笔名纪萱、黄芜茵（舞莺）、穆楔等。1932年毕业于上海南洋中学，同年考入上海大同大学，攻读物理化学。在校期间组织"大同剧社""暴风雨剧社"。1933年加入中国左翼戏剧家联盟。1936年创办《新演剧》杂志。1938年在重庆任中华全国文艺界抗敌协会理事、戏剧界监事。1944年在北平创办天下图书公司。1949年后历任中国戏剧出版社副社长、社长兼总编辑，《外国戏剧》主编，中国艺术研究院外国文艺研究所、话剧研究所所长等。著有剧本《红缨枪》。主要译有《新时达的黎明》（苏联左琴柯著，中苏文化协会编译委员会1944年版）、《带枪的人》（苏联N.包哥廷著，华华书店1942年版，天下图书公司1949年北平版）、《生命在呼喊》（苏联贝洛·贝尔采可夫斯基，孟夏书店1941年版，天下图书公司1946年北平版）、《高尔基：传记小说》（北门出版社1945年版）等。

**耿济之**（1898—1947），上海人。原名耿匡，字孟邕，笔名济之。幼年由母教字，上小学堂，后因病辍学。1912年随父母到北京后考入京师公立第一中学。1917年入民国外交部俄文专修馆学习，次年开始翻译托尔斯泰的《克莱采奏鸣曲》（译名《旅客夜谭》）。1919年与瞿秋白、郑振铎等人筹办《新社会》旬刊。1920年毕业后任职民国外交部亚洲司，年底与郑振铎、叶圣陶、茅盾等创立文学研究会。1922年赴苏联任赤塔、海参崴领事，1937年因病回上海。1946年任职东北中长铁路理事会总务处。主要译有《托尔斯泰短篇小说集》（与瞿秋白合译，上海商务印书馆1921年版）、《家事》（苏联马克辛·高尔基著，上海良友复兴图书印刷公司1941年版）、《巡按使及其他》（俄国果戈里著，上海文化生活出版社1941年版）、《俄国戏曲集》（俄国阿史德洛夫斯基著，上海商务印书馆1921年版）、《白痴》（上下册,俄国陀司妥也夫斯基著,开明书店1946年版)等。

**顾仲彝**(1903—1965),浙江余姚人。原名顾德隆。先后在嘉兴秀水高等小学、浙江省立第二中学、教会秀州中学读书。1920年考入南京高等师范学校英文科。毕业后入上海商务印书馆做英文编辑,加入文学研究会、上海戏剧协社。1925年,入厦门集美学校教书。1927年受聘暨南大学。1930年为复旦大学兼课教授。1933年转为专职教授并兼注册主任。1938年与李健吾等创办"上海剧艺社"。1945年与黄佐临等创办上海实验戏剧学校,任校长。1947年辞去校长一职赴香港。1949年2月回北平,任中央电影局编剧,后南下广西。1950年回上海文化局工作。1957年转入上海戏剧学院,为戏剧文学系教授。创作、改编戏剧50余部(参见胡斌《顾仲彝(1903—1965)著译年表》,《现代中文学刊》2013年第5期)。

**郭沫若**(1892—1978),四川乐山铜河沙湾人。幼名文豹,原名开贞,字鼎堂,号尚武。曾就读于成都石室中学。1914年赴日本,在九州帝国大学学医。1921年1月以病假名义休学3个月,前往京都帝国大学旁听文科课程。1921年发表第一本新诗集《女神》。1922年创办《创造季刊》。1923年获九州帝国大学医学学士学位。1926年3月回国,任广东大学文科学长。1927年参加八一南昌起义,1928年2月赴日避难。1937年7月回国,创办《救亡日报》,任国民政府军委会政治部第三厅厅长(后改为"文工会")。1946年赴上海,后转香港,担任中华全国文艺界协会香港分会的领导工作。1948年11月23日,乘船离开香港,12月1日抵达辽东的安东石城岛上岸,12月6日抵沈阳。1949年2月25日乘火车进京。主要译有《少年维特之烦恼》(歌德著,上海泰东书局1922年版)、《新时代》(原名《少女地》,屠格涅夫著,上海商务印书馆1925年版)、《雪莱诗选》(上海泰东书局1926年版)、《异端》(德国霍普特曼著,上海商务印书馆1926年版)、《银匣》(高尔斯华绥著,上海创造社出版部1926年版,上海联合书店1929年再版)、《浮士德》

（歌德著，上海创造社出版部 1928 年版）、《新俄诗选》（布洛克等著，上海光华书局 1929 年版）、《华伦斯太》（德国席勒著，上海生活书店 1936 年版）等。

**贺孟斧**（1911—1945），江苏武进人。原名贺善柯。舞台美术家，戏剧、电影导演。主要译有《苏联演剧方法论》（美国诺利斯·霍顿著，上海杂志公司 1938 年版）、《近代戏剧艺术》（莫德威著，剧艺出版社 1941 年版）、《我的艺术生活》（苏联史坦尼斯拉夫斯基著，重庆群益出版社 1943 年版）、《烟草路》（美国 E. 科尔德威尔著，重庆群益出版社 1944 年版、1946 年 2 版）等。

**贺之才**（1887—1958），湖北蒲圻人。字培之，后改名诚甫。早年入湖北经心书院读书。1903 年与吴禄贞等在武昌区花园山设立革命机关，后被湖北当局派往比利时留学。其间结识孙中山，并商讨成立革命同盟组织事宜，资助孙中山赴日成立"中国同盟会"。1912 年回国，历任国民党总务部干事、工商部工业司科长。1913 年辞职从教，任北京大学、交通大学、北京师范大学教授。1947 年回湖北任湖北师范学院教授兼数学系主任。主要译有《七月十四日》（法国罗曼·罗兰著，上海商务印书馆 1934 年版）和世界书局出版的《罗曼罗兰戏剧丛刊》，具体包括《群狼》（1944 年版）、《哀尔帝》（1944 年版）、《爱与死之赌》（1944 年版）、《丹东》（1944 年版）、《圣路易》（1947 年版）、《李柳丽》（1947 年版）、《理智之胜利》（1947 年版）等。

**洪流**（1913—?），浙江杭州人。原名洪骏，笔名洪壁、红枫、苦薇、白婴、红蕾等。1938 年在延安鲁艺学习。延安鲁艺研究室研究生班学员。延安《解放日报》、山东《大众日报》记者，《渤海日报》特派记者，《浙江日报》采访部副主任，新华社铁道部分社主任兼新闻秘书。曾任铁道部第一工程局政治部宣传部部长，中国铁路文协副主席。著有小说《金色鲤鱼》，报告文学集《跨过乌鞘岭》，回忆录《燃烧的青春》，电影文学剧本《天山歌声》《两代人》《曾是野草遍地的地方》，话剧剧本《革命新风》（获新疆话剧会演剧本奖）。主要译有《纯洁的夜宴》（拉皮司著，上海正心书店 1940 年版）、《希特勒的灵魂》( Hansjurgen Koehler 著，与丁君匋合译，《人世间》1940 年第 2 卷第 7、8、10 期）、《爱尔兰——侵略者的侧门》( Vincent Sheean 著，《人世间》第 2 卷第 1 期，1940 年）、《第二次世界大战的前景》（美国根室著，上海三江书店 1940 年版）、《法兰西大悲剧》( 赖柴勒夫等著，上海言行社 1941 年版）。

**胡春冰**（1906—1960），浙江绍兴人。北京大学毕业后赴广州，先后为知用中学、越山中学、广州市立第一中学等校国文教员、中山大学外文系教授，因参加中国左翼联盟运动被捕。1937 年任《中央日报》总编辑，1945 年任社长（老舍在 1938 年的文协会务报告中提到指定胡春冰等为广州分会筹备委员之事）。1949 年定居香港。主要著有《锦扇缘》《爱国男儿》《女儿城》《美人计》等。主要译有《儿女风云》（法国莫里哀著，光明书局 1940 年版）、《万劫归来》、《奇双会》（萧伯纳著，大众书局 1950 年版）等。

**胡仲持**（1900—1968），浙江上虞人。名学志，字仲持，笔名宜闲。1919 年入宁波中学读书。1921 年考入新闻报馆做记者。1922 年入《商报》做编辑。1928 年入申报馆做夜班编辑、国际版主编。1937 年与梅益、巴人等合办《译报》《译报周刊》《集纳》等刊物。1940 年被日伪通缉，转赴香港到国际新闻社、华商报任职。太平洋战争爆发后到桂林文艺作家协会任总务部部长、《广西日报》昭平版任总编辑。1937 年后到广州主编《现代》半月刊，刊发三期后遭查禁，再度流亡香港，任新加坡《南侨日报》驻香港特派员。1949 年后回北京，历任解放日报社编委、外文出版社图书编辑部副主任等职。主要译有《忧愁夫人》（德国苏台尔曼著，上海商务印书馆 1924 年版）、《手与心》（英国恩盖尔夫人著，上海现代书局 1929 年版）、《藤十郎的恋》(日本菊池宽著,上海现代书局1929年版)、《葡萄的愤怒》(美国斯坦恩培克著,上海大时代书局1941年版)、《森林里的悲喜剧》(英国萨尔丹著,重庆大时代书局1942年版)、《文人岛游记》(法国莫洛怀著,桂林科学书店1942年版)、《一个人需要多少土地》(苏联托尔斯泰著,桂林文苑出版社1943年版)、《大地》(美国赛珍珠著,开明书店1943年版)、《约翰熊的耳朵》(美国斯坦恩培克著,桂林文苑出版社1944年版)、《俄罗斯母亲》(美国兴笃斯著,文化供应社1944年版)、《我叫阿拉谟》(美国萨洛扬著,香港咫园书店1947年版)等。

**黄逢美**(生卒年不详),1938年在广东省立勤勤大学读书。1948年曾任新加坡冈州中学校长。著有《中华民族解放战争中的妇女问题》(《国防线》1938年第3期)、《抗战与教育》(《国防线》1938年第6期),译有《父亲》(瑞典史脱林堡著,启明书局1938年版)。

**潢虎**(1911—1994),江苏吴江平望镇人。原名唐长孺,笔名潢虎。历史学家。1932年毕业于上海大同大学文科。1933年起先后在上海爱群女中、浙江南浔中学、上海圣玛利亚女校任教。1940年为上海光华大学讲师。1942年被湖南国立师范学院聘为副教授。1944年被武汉大学聘为副教授,1946年晋升教授。1949年后为武汉大学教授、历史系主任。主要译有《月明之夜》(美国奥尼尔著,启明书局1937年版)、《富兰克林自传》(美国富兰克林著,启明书局1938年版)、《新中国》(美国葛莱勃尔著,启明书局1939年版)、《东风·西风》(美国赛珍珠著,启明书局1940年版)、《分家》(美国赛珍珠著,启明书局1941年版)、《威克斐牧师传》(英国哥尔德斯密斯著,启明书局1941年版)等。

**健卿**(1889—1963),江苏武进人。原名李定夷,字健卿,笔名定夷,墨隐庐主。上海南洋公学毕业后进民权报社做编辑。后做《小说丛报》编辑,任《小说新报》和《消闲钟》杂志主编。蝴蝶鸳鸯派主要作家之一,著有短篇小说集《定夷小说丛书》《定夷丛刊》《定夷小说精华》,长篇小说《千金骨》《双缢记》《香闺春梦》《雪花缘》《红颜薄命记》《镜花水月》等。译有《辽西梦》(美国勃烈特著,上海国华新书局1917版)、《急富党》(英国柯南·道尔著,上海国华书局1920年版)、《红粉劫》(英国司达渥著,上海国华书局1914年版)、《拿破仑战史》(上海国华新记书局1935年版)。

**江文新**(1898—1985),福建永定人。原名宣礼,号惠轩。1918年留学日本,后被选送法国勤工俭学。1922年进入比利时昂维斯商学院学习,获商科硕士学位。1927年回国,先后为中国公学大学部、劳动大学、上海法政学院、上海大学、新闻学院等校教授。1937年与潘汉年、夏衍、姜椿芳等人创办《译报》。1938年与于伶等人创立"上海剧艺社"。1949年后任上海市文化局对外文化联络事务处负责人。1952年调入上海市图书馆。主要译有《祖国》(法国萨度著,上海国民书店1939年版)。

**姜椿芳**(1912—1987),江苏常州人。别名椒山,笔名林陵、什之、厚非、江水、叔懋、侯飞筠、蠡仿、绿波、常江、少农、江鸥、贺一青、贺青、仇希、韦爱虚等。少时自学俄语,18岁时成为哈尔滨光华通讯社的翻译。先后主编《满洲青年》《满洲红旗》。1936年到上海从事进步文化活动。1941年创办《时代》周刊。1945年创办《时代日报》,任总编辑和时代出版社社长。1949年创办上海俄文学校(后改为上海外国语学院)并任校长。1952年调往北京,任中宣部斯大林著作翻译室主任。1953年任中共中央马恩列斯著作编译局副局长。"文革"时期受迫害,入狱近7年。1978年负责筹组中国大百科全书出版社,任《中国大百科全书》总编辑、委员会副主任及出版社总编辑。主要译有《上海——罪恶的都市》(苏联特斯基著,时代出版社1940年版)、《海滨渔妇》(苏联斯坦尼斯拉夫斯基著,海燕书店

1941年版)、《贵族之家》(俄国屠格涅夫著,上海剧场艺术出版社1940年版)、《形式主义者》(苏联克瓦斯尼茨基著,《奔流》1941年第2辑)、《结婚》(苏联左勤克著)、《破旧的别墅》《死亡线上》(苏联雅鲁纳尔著)、《人怎样变成巨人》上册(苏联伊林、谢加尔著,读书出版社1942年重庆版)、《家庭神圣》(法国提帕特著)、《列宁在十月》(A.卡普勒著,新兴出版社1948年版)、《鲍里斯·戈都诺夫》(普希金著)、《智者千虑,必有一失》(奥斯特洛夫斯基著,时代出版社1950年版)、《俄罗斯问题》(西蒙诺夫著,时代出版社1951年版)、《小市民》(高尔基著)、《演员的自我修养》(苏联斯坦尼斯拉夫斯基著)等。

**蒋镇**(生卒年不详),主要译有《现代欧洲史》(美国C. J. H. Hayes著,上海黎明书局1935年版)、《暴风雨》(英国莎士比亚著,上海启明书局1938年版)等。

**焦菊隐**(1905—1975),天津人。原名焦承志,笔名居颖、居尹、亮俦。剧作家、翻译家。1915年入直隶省立第一模范小学学习。1919年升入直隶省立第一中学学习。1923年升入汇文中学学习。1924年考入燕京大学欧洲语系,在校期间热爱新剧,参加文明新戏的演出,艺名菊影,后改名菊隐。1928年毕业后任北京市立二中校长。1929年起历任北平出版研究院秘书、中华戏曲专科学校校长。1935年赴法国巴黎大学文学院研究部专攻戏剧,1938年获文学博士学位。回国后先后为广西大学、国立戏剧专科学校、社会教育学院、西北师范学院教授。1945年任北平师范大学外语系教授兼系主任,后创办"北平艺术馆",并任馆长。1949年后历任中华全国戏剧作者协会候补全国委员、北京人民艺术剧院第一副院长等。主要著有《夜哭》《他乡》《总清算之歌》《导演的艺术创造》《焦菊隐戏剧论文集》等。主要译有《女店主》(意大利哥尔独尼著,爱尔兰闺阁丽改编,北新书局1927年版)、《布利乔夫》(苏联高尔基著,桂林国光出版社1942年版)、《安魂曲》(德国贝拉巴拉兹著,重庆文化生活出版社1943年版)、《娜娜》(法国左拉著,上海文化生活出版社

1947年版）、《海上历险记》（美国爱伦坡著，上海晨光出版公司1949年版）、《爱伦坡故事集》（上海晨光出版公司1949年版）、《未完成的三部曲》（苏联高尔基著，上海文化生活出版社1945年版）、《金戈红粉》（高乃意著，重庆中国文化事业社1945年版）、《草原的太阳》（苏联巴甫连柯著，平明出版社1950年版），以及《伪君主》《契诃夫戏剧集》《阿·托尔斯泰小说选集》《现代短剧译丛》《文艺·戏剧·生活》等。

**蓝文海**（生卒年不详），广东梅县大埔人。1928年11月创办《秋风》半月刊（共出两期，由新民大学秋风社出版）。主要译有《欧战对于荷兰文学之影响》（J. Haantjes著，《中国语言学丛刊》1933年第1期）、《关于语言的起源问题》（J. R. Firth著，《中国语言学丛刊》1933年第1期）、《语言学通论》（与张世禄合译，商务印书馆1937年版）、《人与超人》（英国萧伯纳著，启明书局1937年版，1938年再版）、《父与子》（俄国屠格涅夫著，启明书局1896年版，1939年再版）等。

**黎烈文**（1904—1972），湖南湘潭人。笔名李维克、林取、六曾、亦曾等。中国现代著名作家、翻译家、教育家。1922年起历任商务印书馆编辑、《申报·自由谈》主编（1932）、《中流》杂志主编（1936）、福建永安改进出版社社长（1939）。1949年后赴台湾，任台湾大学外文系教授。1926年出版第一部小说集。同年留学日本，开始翻译外国文学作品。1927年转赴法国，获巴黎大学研究院文学硕士学位。1935年与鲁迅等组织"译文社"，抗战时期为促进文艺界的抗日民主统一战线起过积极作用，编过不少配合抗战的丛书和杂志。出版有散文集《崇高的母性》（上海文化生活出版社1937年版）、报道集《胜利的曙光》（重庆烽火社1940年版）。主要译有《邂逅草》（纪德著，上海生活书店1927年版）、《河童》（芥川龙之介著，北京商务印书馆1927年版）、《妒误》（本那特著，商务印书馆1933年版）、《红萝卜须》（赖纳著，上海生活书店1934年版）、《企鹅岛》（佛朗士著，上海商务印书馆

1935年版）、《法国短篇小说集》（上海商务印书馆 1936 年版）、《笔尔与哲安》（莫泊桑著，商务印书馆 1936 年版）、《乡下医生》（法国巴尔扎克著，上海商务印书馆 1938 年版）、《苏联的建设》（与周学普等人合译集，改进出版社 1940 年版）、《冰岛渔夫》（罗逖著，上海文化生活出版社 1942 年版）、《亚尔维的秘密》（福建永安改进出版社 1945 年版）、《两兄弟》（法国莫泊桑著，上海文化生活出版社 1945 年版）、《伊尔的美神》（梅里美著，上海文化生活出版社 1948 年版）、《第三帝国的兵士》（霍尔发斯著，上海文化生活出版社 1949 年版）。

**李嘉**（1918—?），江苏武进人。1935 年赴日本东京帝国大学第一高等学校学习。1937 年回国，入南京中央政治学校学习，战干团第一期毕业后，任西北第十战区司令部少校参议。后入重庆中央训练团新闻训练班学习，转任军令部收音室主任、国际宣传处特派员。主编《文风》月刊，并编写及演出中国第一部大歌剧《秋子》。"二战"爆发后，调入英军部队，后任印度政府一级文官。战后回到上海，在《新民晚报》副刊做编辑兼《国民午报》编辑，主编《人世间》月刊。1947 年入国民党中央通讯社，任驻日本特派员 30 余年。主要译有《梦的画像》（海涅著，新群出版社 1942 年桂林版）、《天上人间》（匈牙利玛尔讷著，重庆中国书店 1942 年版）、《美国我见我闻》（爱伦堡著，上海新群出版社 1947 年版）、《罗斯福见闻秘录》（美国伊利奥·罗斯福著，上海新群出版社 1949 年版）、《美国论》（爱伦堡著，上海星火社 1949 年版）等。

**李健吾**（1906—1982），山西安邑（今运城）人。字仲刚，笔名刘西渭、丁一万等。1916 年考入北京师范大学附属小学。1921 年考入北师大附中。1925 年考入清华大学，先后在中文系、西洋文学系学习，同年参加文学研究会。1930 年毕业后留校任教。1931 年赴法国巴黎现代语言专修学校学习语言，后入巴黎大学文学院学习。1933 年 7 月回国，先后为上海暨南大学文学院教授、上海戏剧专科学校戏剧文学系主任、北京大学文学研究所和中国社科院文学所研究员等。1923年开始戏剧创作，主要著有《火线之内》《火线之外》《这不过是春天》《村长之家》《十三年》等。主要译有屠格涅夫的《落魄》《疏忽》《什么地方薄什么地方破》《单身汉》《贵族长的午宴》《食客》《内地女人》《扫仑太的黄昏》《大路上的谈话》等九个剧本（上海平明出版社），司汤达的《法妮娜·法尼尼》《费理拜·赖嘉勒》《贾司陶的女住持》，莫里哀的《伪君子》《吝啬鬼》，罗曼·罗兰的《爱与死之赌》，福楼拜的《圣安东的诱惑》(上海生活书店1937年版)、《三故事》(上海文化生活出版社1949年版)等。

**丽尼**（1909—1968），湖北孝感人。原名郭安仁。1921年入汉口博学书院学习。1925年因参加"五卅运动"被开除学籍。1926年考入武汉邮电局任职员。与夏芝圃合编文艺刊物《汉心》，以"燕人"为笔名发表《燕语》等小品，因涉及时政被迫停刊。1927年秋考入上海劳动大学，次年离校。先后为上海自由书店翻译、福建《全州日报》副刊编辑、晋江黎明中学英语教员、湖南长沙《教学杂志》编辑及翻译、武汉艺术专科学校教员等。1932年参加"左翼剧联"。1934年定居上海。1935年与巴金等人创办文化生活出版社。1937年移居武汉，1938年入军训部军学编译处从事军事著作与英文翻译工作。1949年后历任中南人民文学艺术出版社编辑部副主任、武汉大学教授、中国电影出版社副社长、外国电影编译室副主任、广州暨南大学教授等。主要译有克鲁泡特金的《俄国文学史》，屠格涅夫的《前夜》(上海启智书局1930年版，译名为《夜未央》，上海文化生活出版社1937年版)、《贵族之家》(上海文化生活出版社1937年版)，契诃夫的《万尼亚舅舅》(重庆文化生活出版社1944年版)、《海鸥》(上海文化生活出版社1946年版)、《伊凡诺夫》(上海文化生活出版社1946年版)，高尔基的《天蓝的生活》(上海文化生活出版社1936年版)，纪德的《田园交响乐》(上海美术生活社1935年版)，巴克特列夫与拉苏莫斯基合著的《苏瓦洛夫元帅》(上海杂志公司1942年版)等。

**梁纯夫**（1913—1970），广东台山人。抗战时期在重庆致力于进步文化事业，曾主持五十年代出版社的编辑工作。1945年后到上海主编《文汇报》副刊《新闻窗》，《文汇报》被国民党封停后赴香港。1947年加入中国民主促进会。1949年后历任广东省文教厅研究室副主任兼中山大学政治系副教授、国家出版总署翻译局副处长兼北京大学教授、人民出版社副总编辑兼图书编辑室主任等。主要译有《墨索里尼的审判》（意大利卡喜阿斯著，重庆五十年代出社1944年版）、《出使莫斯科记》（美国戴维斯著，天津五十年代出版社1946年版）等。

**梁实秋**（1903—1987），生于北平。原名梁治华，字实秋，笔名有秋郎、陈淑、子佳等。现代作家、理论家、翻译家。1915年入清华学校中等科学习。1919年升入清华高等科。1923年8月赴美留学，入哈佛大学研究院学习。1925年获硕士学位后，转入哥伦比亚大学研究院进修。1926年7月回国，任教于东南大学、复旦大学。1927年在上海与徐志摩等人创办"新月书店"。1949年去台湾，历任台湾省立师范大学编译馆馆长、文学院院长等职务。创作散文集《骂人的艺术》《雅舍小品》《谈徐志摩》《清华八年》《秋室杂议》《雅舍小品续集》《偏见集》《槐园梦忆》等。早期翻译有《药商的妻》（《清华周刊》1920年增刊第6期）、《顽童》（契诃夫著，《小说月报》1920年第11卷第10号）。1936年6月至1937年5月，翻译英国莎士比亚的《马克白》《威尼斯商人》《丹麦王子哈姆雷特之悲剧》《李尔王》《如愿》《奥赛罗》《暴风雨》《第十二夜》等，上海商务印书馆出版。1942年翻译Emily Bronte的《咆哮山庄》，重庆商务印书馆1944年出版。1945年翻译英国哀利奥特的《吉尔菲先生的情史》，重庆黄河书局出版。发表《翻译》（《新月》第1卷第10号）、《论翻译的一封信》（《新月》第4卷第5号）等。

**林柯**（1912—1983），福建福州人。原名陈西禾，笔名隐霞、万岳、怀玖等。电影编剧、导演。1938年参加上海剧艺社，创作话剧《深渊》（上海文化生活出版社 1940 年版）、《春》（上海文化生活出版社 1947 年版）。导演话剧《这不过是春天》。1943 年后导演的话剧有《林冲》《重庆二十四小时》等。1948 年后转入电影界，创作电影剧本《火井》《姊姊妹妹站起来》等。译作有《翻译问题》（上海珠林书店 1939 年版）、《史坦尼斯拉夫斯基体系解说》（戴维·马加尔沙克著，上海平明出版社 1954 年版）、《鼠笼》（罗曼·罗兰著）及论文《写作经验谈》（萧伯纳著，署名隐霞，载《剧场艺术》1939 年 6 月 20 日第 1 卷第 8 期）、《我如何研究脚色》（爱作·特蕊著，署名隐霞，《小剧场》1940 年 11 月 16 日第 2 期），戏剧《玛婷》（拜尔纳著，署名林柯，上海文化生活出版社 1945 年版），小说《祷钟》（巴罗哈著，署名林柯）。

**刘盛亚**（1915—1960），四川重庆人。笔名寺将、寺怀、轼俞、成敏亚、纡胤、S.Y 等。20 世纪 30 年代初在南京和北平的中学读书时，即开始写作短篇小说。1935 年赴德国法兰克福大学历史系求学。1938 年回国参加抗日救亡活动，同年 7 月与周文、王白野创办《文艺后方》杂志。1941 年被选为文艺界抗敌协会成都分会理事和全国文艺界抗敌协会理事。1942 年与于立群等人集资创办重庆群益出版社，任总编辑。曾任《星期文艺》主编，在四川省立戏剧学校、武汉大学、四川大学任教。1949 年后历任作协重庆分会主席团委员兼创作委员会副主任、西南师范学院教授等。著有长篇小说《夜雾》《彩虹曲》及中篇小说《水浒外传》等。主要译有《幼年》（俄国托尔斯泰著，重庆大时代书局 1942 年版）、《浮士德》（德国歌德著，重庆文风书店 1942 年版）、《萝茜娜》（苏联高尔基等著，重庆群益出版社 1944 年版）、《少年游》（德国歌德等著，重庆群益出版社 1944 年版）等。

**刘小蕙**（1916—?），江苏江阴人。曾创作诗歌《题女儿小惠周岁日造像》（《新青年》1918 年第 4 卷第 1 期）。1920 年随父亲刘半农到英国，翌年到法国，入巴黎第五区小学读书。1925 年随父回国，入北京孔德学校读书。1936 年赴法国留学，

1947年回国，继续从事翻译工作。1949年后在上海外语学院任教。主要译有《朝鲜民间故事》（上海女子出版社1932年版）、《苏来曼东游记》（与刘半农合译，中华书局1937年版）、诗歌《秋天的歌》（T. Gautier著，《每周文艺》1933年第4期）等。1949年后还翻译了但丁的《神曲》和雨果的《安琪罗》（上海外语教育出版社1983年版）。著有《我的父亲刘半农》（上海人民出版社2000年版）。

**卢前**（1905—1951），江苏南京人。原名卢正绅，字冀野，自号饮虹、小疏。戏曲史研究专家、散曲作家、剧作家、诗人。词曲大师吴梅的高足。曾任南京通志馆馆长。译作有《孔雀女》（伽梨陀沙著，重庆正中书局1945年版）、《五叶书》（昆什罗萨摩著，上海正中书局1947年版）。

**罗稷南**（1898—1971），云南凤庆人。原名陈强华，号小航，笔名罗稷南、尊闻、贺飞等。翻译家。1914年考入省立大理第二中学读书。1918年考入北京大学哲学系，1923年毕业后到云南东陆大学任教。1925年经香港转广州到厦门，在厦门大学任教。大革命时期参加北伐，历任国民革命军第四军第十师政治部宣传科科长、第三军第二十八师师部秘书、国民党政府第十九路军总指挥部秘书。1933年任闽西善后委员会办公厅主任。1934年任读书生活出版社经理。抗战胜利后与马叙伦、郑振铎等人创办《民主》周刊。主要译有《法朗士传》（与沈雁冰合译，商务印书馆1925年版）、《幼年时代》（苏联高尔基著，商务印书馆1932年版）、《怒吼吧，中国》（苏联铁捷克著，读书生活出版社1935年版）、《铁甲列车》（苏联伊凡诺夫著，读书生活出版社1936年版）、《燎原》（《四十年间》第三部，苏联高尔基著，生活书店1936年版）、《高尔基论》（苏联乌尔金著，读书生活出版社1936年版）、《日本在中国的赌博》（英国阿特丽著，上海美商远东画报社1938年版）、《马克思传》（德国梅林著，生活书店1945年版）、《魔影》（《四十年间》第四部，苏联高尔基著，大时代书局1945年版）、《双城记》（英国狄更斯著，上海骆驼书店1947

年版）、《磁力》（苏联高尔基著，生活书店1947年版）、《安娜·卡列尼娜》（俄国托尔斯泰著，生活书店1947年版）、《有产者》（英国高尔斯华绥著，上海骆驼书店1948年版）、《旁观者》(《四十年间》第一部，苏联高尔基著，生活书店1948年版）、《没落》（苏联高尔基著，神州国光社1949年版）、《漂亮女人》（英国派克等著，晨光出版公司1949年版）、《克里姆·萨木金的一生》（苏联高尔基著，北京新生·读书·新知三联书店1950年版）、《和列宁相处的日子》（苏联高尔基著，北京生活·读书·新知三联书店1950年版）、《暴风雨》（苏联爱伦堡著，时代出版社1952年版）等。

**罗家伦**（1897—1969），浙江绍兴柯桥镇人。字志希，笔名毅。1914年入上海复旦公学学习。1917年考入北京大学文科。1919年在陈独秀、胡适的支持下，与傅斯年等人创办"新潮社"，出版《新潮》月刊。"五四运动"中起草白话宣言《北京学界全体宣言》（文言文宣言由许德珩起草），同年5月26日在《每周评论》上发表文章，第一次提出"五四运动"的名词。1920年秋赴美国普林斯顿大学、哥伦比亚大学学习。1922年起先后赴英国伦敦大学、德国柏林大学、法国巴黎大学等校学习。1926年回国参加北伐战争。1928年8月任清华大学校长。1930年5月任武汉大学历史系教授、南京中央政治学院教育长等职。1932年任中央大学校长，后主持大学西迁重庆工作。1941年辞职后赴西南、西北等地考察。抗战胜利后任国民党中央党史编撰委员会副主任委员。1947年任国民政府驻印度大使。1949年去台湾。主要译有《娜拉》（挪威易卜生著，第三幕为胡适译，《新青年》1918年第4卷第6期）、《乞丐》（美国巴克斯特著，《世界名剧精选》第一集）、《潮流》（美国梅德敦著，《世界名剧精选》第二集）、《阳光》（美国高尔斯华绥著）、《月起》（今译为《月亮上升》，美国格雷戈尔夫人著）、《平民政治的基本原理》（美国保罗·S.芮恩施著，上海商务印书馆1922年版）、《哲学改造》（美国杜威著，《新潮》第3卷第2期）等。

**罗念生**（1904—1990），四川威远县人。原名罗懋德。1922 年入北京清华学校学习。1927 年编辑《朝报》文艺副刊。1929 年赴美留学，先后入俄亥俄大学、哥伦比亚大学研究院、康奈尔大学研究院学习，后入雅典美国古典学院学习，1934 年回国。1935 年与梁宗岱合编天津《大公报》副刊《诗刊》。先后为北京大学讲师及四川大学、武汉大学、湖南大学、山东大学、清华大学等高校外语系教授。1938 年与何其芳、朱光潜等创办《工作》文艺半月刊。同年参加中华全国文艺界抗敌协会成都分会。主要译有古希腊戏剧家埃斯库罗斯的《乞援人》《波斯人》《七将攻忒拜》《普罗米修斯》《阿伽门农》《奠酒人》《报仇神》，索福克勒斯的《埃阿斯》《安提戈涅》《俄狄浦斯王》《厄特克特拉》《特拉喀斯少女》《菲罗克忒斯》《俄狄浦斯在科罗诺斯》，欧里庇得斯的《伊菲革涅亚在陶洛人里》《美狄亚》《特洛亚妇女》《阿尔刻提斯》《酒神的伴侣》，阿里斯多芬的《阿卡奈人》《骑士》《云》《马蜂》《地母节妇女》《蛙》等。还有英国哈代的短篇小说集《儿子的抗议》及德国施笃谟的中篇小说《傀儡师保尔》等。

**罗吟圃**（生卒年不详），曾任香港《星报》的经理。曾为国民党十九路军翁照垣将军的秘书，撰写了《淞沪浴血抗日记》。曾赴德国留学，抗战时为国民党财阀大官僚孔祥熙儿子孔令侃的秘书。主要译有《日内瓦》（爱尔兰萧伯纳著，重庆大时代书局 1940 年版）、《法兰西罪人》（西蒙著，重庆大时代书局 1941 年版）、《美国外交政策》（美国沃尔特·李普曼著，人文出版社 1944 年版）等。

**马耳**（1914—1999），湖北红安人。原名叶守功、叶君健，笔名马耳。1928 年到上海求学并自学世界语。1931 年考入武汉大学外文系。1932 年以"马耳"为笔名发表第一篇小说《岁暮》。1936 年毕业后赴日本学习。1938 年 2 月到武汉政治部第三厅任职，后赴香港做《世界知识》期刊编辑。1940 年至 1944 年先后为重庆大学、中央大学、复旦大学外文系教授。1944 年受邀赴英国巡回演讲。1945 年至1949年在英国剑桥大学英王学院研究欧洲文学。1949年8月转道香港回国，历任文化部外联局编译处处长、《中国文学》副主编等职。著有长篇小说《土地三部曲》《火花》《自由》《曙光》）及中篇小说《在草原上》等。主要译有《流荡》（朝鲜张赫宙著，文学新潮社1941年版）、《故国》（匈牙利森诃等著，重庆建国书店1942年版）、《总建筑师》（挪威易卜生著，重庆建国书店1943年版）、《人质》（海姆著，重庆古今出版社1943年版）、《加尔曼》（德国梅里美著，重庆建国书店1943年版）、《巴黎之旅》（意大利西隆涅著，开明书店1944年版）、《农奴的故事》（俄国托尔斯泰著，重庆美学出版社1944年版）、《结婚的幸福》（俄国托尔斯泰著，重庆大时代书局1944年版）、《乔婉娜》（比利时麦特林克著，重庆建国书店1944年版）等。

**满涛**（1916—1978），生于北京。原名张万杰，曾用名张逸侯，笔名方晓白等。1935年秋入复旦大学英文系学习，期末赴日本专修大学学习语言。1936年赴美国利若大学化学系学习。1938年1月到法国法文协会学习法语，当年回国。1944年与人合编《戏剧与文学》《翻译》《奔流》月刊、《联合日报》副刊《朝花》和《奔流新辑》《文坛》等。主要译有苏联高尔基的《约会》（《文艺半月刊》1938年第1卷第5期）、《盐场》（《文艺半月刊》1938年第2卷第1期）、《一枚铜币》（《新中国文艺丛刊》1939年第2期）、《鹰》（《新中国文艺丛刊》1940年第4期）、《基利尔加》（《西洋文学》1940年第1—4期），俄国果戈里的《狄康卡近乡夜话》《彼得堡故事》《密尔格拉得》《果戈里书信集》《果戈里戏剧集》，俄国契诃夫的《樱桃园》（文化生活出版社1940年版）、《契诃夫与艺术剧院》及《别林斯基选集》1—6部，M.谢儒儿的《罗曼罗兰：在法兰西剧院》（《文艺新闻》1939年第1—2期）等。

**穆俊**（生卒年不详），浙江鄞县人。原名戴何勿，又名戴行恩，笔名肖岱、何芜、萧岱、何勿、穆逊等。曾为《译文丛刊》的译者之一，记者。主要译有《生路》(美国奥达茨著,青年文化出版社1940年版)、《诡辩家》(丹麦L.贺尔伯著,与严钰合译,世界书局1940年版)、《初恋》(苏联弗拉易尔曼著,海燕书店1942年版)、《自由万岁》(美国奥达茨著,青年文化出版社1940年版)、《被束缚的土地》(波兰华西列夫丝嘉著,香港海燕书店1941年版)、《孩子们底智慧》(托尔斯泰著,少年出版社1941年版)、《再见吧,孩子!》(新地书店1947年版)、《史太哈诺夫者的故事》(穆俊、孙其倬主编《苏联小丛书之五》)等。

**瞿白音**(1910—1979),江苏嘉定人。原名瞿金驹,笔名颜可风、暮云、白音、朱诚、胡幕云等。少时就读于嘉定企云小学、县立第一高等小学和上海民立中学。曾任中国左翼作家联盟南京分盟负责人,领导大众剧社和磨风剧社。1937年先后担任上海救亡演剧第三、四队领导。1938年任西北影业公司编导。1941年任新中国剧社理事长。1946年任大光明影业公司编剧。1949年后历任长江电影制片厂厂长、上海电影制片公司副经理、上海电影局副局长等职。主要译有《苏伏罗夫元帅》(苏联I.巴克梯利夫、A.拉左莫夫斯基著,桂林立体出版社1942年版)、《我的艺术生活》(俄国斯坦尼斯拉夫斯基著,上海平明出版社1952年版)等。

**瞿秋白**(1899—1935),江苏常州人。原名懋淼,号熊伯,笔名有何凝、易嘉、永阳、屈章等约100余个。1920年以记者身份访问苏俄,回国后编辑《新青年》和《向导》周报。1923年参加中共三大,主持起草党纲。同年筹办上海大学。1935年2月在福建被捕,6月就义。著有《海上述林》《秋白文集》。主要译有《劳动的汗》(苏联高尔基著,《文学周报》1921年第92期)、《萧伯纳断片》(苏联M.列维他夫著,《文学丛报》1936年第6期)、《解放了的唐·吉诃德》(苏联卢纳察尔斯基著,文学编译社1943年版)、《茨冈》(俄国普式庚著,《文艺月报》1949年第4期)。

**沙蒙**（1907—1964），河北玉田人。原名刘尚文。1919年入北师大附属小学学习。1922年考入法文高等学校，其间受"五四运动"影响投身学生运动。1925年因参加"五卅运动"受到留级处分，愤然退学。1926年考入中法大学福尔德学院预科，一年后辍学。1928年返回家乡。1929年考入哈尔滨满绥长途电话局做话务员。1932年投身吉林自卫军左路总指挥张振邦的指挥部，任上尉通讯参谋。结识塞克，萌发从事文艺的志向，后经塞克介绍于1933年3月进入上海美术专科学校学习，结识赵丹、王为一、徐韬等人，参加左翼戏剧活动，先后加入新地剧社、晨曦剧社、狮吼剧社、大地剧社、上海业余剧人协会等进步团体，参加过《罗密欧与朱丽叶》《大雷雨》等演出。1942年辗转至重庆，加入中国艺术剧社。1944年赴延安，任鲁迅艺术学院戏剧系教员兼实验剧团团长。抗战胜利后，与舒群、田方等率东北文工团一团赴东北，1948年随团加入东北电影制片厂，任导演，执导《赵一曼》《上饶集中营》《上甘岭》《丰收》《汾水长流》等影片。主要译有《莫扎特》(匈牙利B.拔拉希著，集美书店1942年版)、《角色的选择》《天资》《演员与角色》(萨拉·贝娜著，《戏剧春秋》1940年创刊号)、《演员研究》(苏联B.高林－高列伊诺夫著，《文艺阵地》1942年第2卷第2期)及小说《不是想象的老故事》(威列莎耶夫著，《人世间》1943年第1卷第3期)等。

**施瑛**（1912—1986），浙江德清新市镇人。1933年南京金陵大学肄业，到嘉兴秀洲中学任教。1934年任南田县教育局长。翌年春，在上海世界书局编辑所英文系做助理编辑，参与《英汉字典》的编校工作，同时为启明书局撰稿，并翻译世界文学名著原稿。1936年回秀洲中学任教。1945年任《新闻报》文书课副课长。1949年12月考入华东新闻学院。1950年为通联书店、启明书店特约编辑。1956年11月入上海文化出版社做编辑。与钱公侠合编《小说》系列（启明书局1936年版）。著有《国难的故事》(美成印刷公司1936年版)、《奋斗史》(启明书局)、《中华民族的故事》(世界书局1946年版)、短篇小说集《抗战夫人》(日新出版社1947

年版）等。主要译有《织工马南传》(英国乔治哀利奥特著，启明书局 1939 年版 )、《茵梦湖》(德国施笃姆著，启明书局 1936 版 )、《雷雨》(苏联奥斯托洛夫斯基著，启明书局 1937 年版 )、《爱国者》(美国赛珍珠著，启明书局 1948 年版 ) 等。

**石灵**（1901—1956），江苏滨海人。原名孙大珂，字奇玉，笔名辱谦、夸父、何昧、余之千等。1931 年考入中国公学。次年转入暨南大学，并参加"左联"及中国诗歌会。1935 年毕业于暨南大学外文系。1937 年上海沦陷后，先后参加《鲁迅风》《文学集林》《自学旬刊》等报刊的编辑工作，与金人、白曙等合编《第一年》《第二年》。参加上海诗歌会，与蒋锡金、朱维基、饶孟侃等人创办诗歌书店，出版、翻译诗歌及古典诗歌丛书。1940 年后赴苏北抗日根据地、苏皖边区政府工作。著有三幕喜剧《文凭》(《东方杂志》1937 年第 34 卷第 13 期 )、独幕剧《在天堂外》(《奔流》1941 年第 3 期 )、《一杯牛奶》(《创作》1935 年第 1 卷第 3 期 )、《风雪之夜》(《戏剧与文学》1940 年第 1 卷第 4 期 )、多幕剧《无缝的篱笆》、《捕蝗者及其他》。主要译有《鲍志远》(挪威易卜生著，文艺新潮社 1940 年版 )、《鹰草尔夫人》(挪威易卜生著，上海金星书店 1941 年版 )、《形象派诗集（文坛掌故）》(Richard Addington 著，《世界文化》1940 年第 5 辑 )、戏剧《一个成功的社交家》(Max Beerbohm 著，与华父合译，《世界文化》1940 年第 4 辑 )、《鲸鱼油》(美国 Eugene G. O'Neill 著，与石华父合译，《学生月刊》1941 年第 2 卷第 2 期 )，《柴霍普未发表的书信》(《世界文化》1940 年第 6 辑 )。出版有《石灵选集》。

**石璞**（1907—?），四川成都人。曾用名蕴如，笔名小石，侬、秋侬。学者、翻译家。1933 年毕业于清华大学外国语言文学系，同年入杭州浙江省立第一中学做英语教员。1936 年任教于四川大学，先后为中文、外文系教授，外国文学教研室主任。主要译有《拳斗》(英国海斯利特著，《新月月刊》第 4 卷第 7 期 )、《安体格尼》(沙福克勒斯著，商务印书馆 1935 年版 )、《美狄亚》(尤里比底斯著，商务印书馆

1935年版）、《人谱（三则）》(《世界文学》1935年第1卷第6号)、《狒拉西》（英国伍尔夫著，商务印书馆1935年版）、《希腊三大悲剧》（两册，商务印书馆1937年版）等。

**侍桁**（1908—1987），天津人。原名韩云浦，又名韩侍桁，笔名侍桁、东声、索夫。作家、翻译家。1930年参加"左联"。1931年至1932年为广东中山大学教授。1934年后为中山文化教育馆特约编辑。1937年后为中央通讯社特约战地记者及编审。1942年任重庆文风书局总编辑。1944年创办"国际文化服务社"。20世纪50年代初为山东齐鲁大学教授，后调入上海编译所、上海译文出版社，从事翻译及编辑工作。主要著有《文学评论集》《杂文集》《小文章》《参差集》《浅见集》等。主要译有《十九世纪欧洲文学主潮》（四卷，英国勃兰兑斯著，人民文学出版社1958年版）、《两个伊凡的故事》（俄国郭歌尔著，商务印书馆1934年版）、《定评》（日本久米正雄等著，上海三通书局1941年版）、《红字》（美国霍桑著）、《妇女乐园》（法国左拉著）、《英雄国》（芬兰伦洛特著）、《幸福的家庭》（俄国托尔斯泰著）、《哈吉·慕拉》（俄国托尔斯泰著）、《虎皮骑士》（格鲁吉亚卢斯达雅里著）、《卡斯特桥市长》（哈代著，上海出版公司1955年版）等。

**适夷**（1905—2001），浙江余姚人。原名楼锡春，笔名剑南、思一、小楼等。早年到上海钱庄做学徒。1928年考入上海艺术大学。1929年赴日本留学。1931年回国后从事左联工作，编辑《文艺新闻》等刊物。1933年被捕，在狱中翻译了高尔基的《在人间》。1937年出狱后在武汉《新华日报》副刊做编辑，参加了《抗战文艺》的初期编辑工作。1947年赴香港与周而复创办《小说》月刊。1949年后历任中国作协理事、出版总署副处长、人民文学出版社副社长兼副总编等职。著有《她的彷徨》《适夷文存》《话雨录》等。主要译有《恶党》（俄国柯洛涟科著，上海湖风书局1931年版）、《苏联童话集》（上海良友图书印刷公司1932年版，惠民书店 1949 年版）、《林房雄集》(日本林房雄著，上海开明书店 1933 年版）、《老板》(苏联高尔基著，文艺新潮社 1940 年版，万叶书店 1946 年版，上海杂志公司 1948 年版）、《人间》(苏联高尔基著，上海开明书店 1941 年版）、《彼得大帝》(俄国托尔斯泰著，远方书店 1941 年版，新中国书局 1949 年香港版）、《海上儿女》(艾克脱·马洛著，燎原书屋 1946 年版）、《谁之罪》(俄国赫尔詹著，上海大用图书公司 1947 年版）、《奥莱叔华》(苏联高尔基著，生活书店 1948 年版）、《天平之甍》(日本井上靖著，作家出版社 1963 年版）等。

**孙师毅**（1904—1966），生于江西南昌。笔名施谊。1924 年考入上海国立政治大学。1926 年起在长城画片公司、商务印书馆活动影戏部做剪辑、演员，后入神州影片公司主编《神州特镌》。1934 年后为联华影业公司、电通影片公司编剧。1936 年任江苏省教育学院电影广播教育专修科主任。1938 年后任职于国民政府军委会政治部第三厅。1949 年赴香港，任《文汇报》总编辑。1957 年回国后参与筹建中国电影资料馆。主要译有《未完成的杰作》(英国史蒂·菲利浦斯著）、《苏联剧场的前哨》(苏联 M. 戈列立克著，《电影戏剧》1936 年第 1 卷第 1 期）、《为国争光》(苏联西蒙诺夫著，重庆美学出版社 1944 年版）等。

**孙伟佛**（生卒年不详），主要译有《圣路易之桥》(英国韦尔德著，上海启明书局 1937 年版）、《文艺复兴时期之文艺批评》[美国斯宾冈（J. E. Spingarn）著，正中书局 1937 年版]、《该撒大将》(英国莎士比亚著，上海启明书局 1938 年版）。

**孙煦**（1904—1965），新津县永兴场人。笔名雪芦。成都教会学校及工科学院肄业。1929 年赴上海求学。在上海新华印刷厂负责《无产者社》的编著工作。1930 年 6 月加入"左联"。1933 年任法南区书记。1934 年被捕入狱。1937 年出狱后到云南下关等地教书。主要译有《社会栋梁》(挪威易卜生著，商务印书馆 1938 年版)、《野鸭》(挪威易卜生著,商务印书馆 1938 年版)。

**苔藓**(1922—?),福建闽侯人。原名黄大铣,笔名苔藓。20 世纪 40 年代开始从事文学报刊的编辑和文艺创作。1949 年后在《福建日报》《闽北报》工作。著有短篇小说集《红豆生南国》(1948)、中篇历史小说《铲平王》(1959)、长篇小说《拔剑起篙莱》《狼笼》《白衣卿相》等。主要译有《风雨满城》(美国史坦贝克著,福建南平天行总社 1943 年版)。

**田汉**(1898—1968),湖南长沙人。原名田寿昌,笔名陈瑜、伯鸿、明高、汉仙等。6 岁起入私塾求学,10 岁因家贫失学。1909 年入家乡清源庵洋学堂学习。1910 年考取长沙选升学校。1911 年改名投考长沙修业中学。1921 年考入长沙师范学校。1916 年赴日本留学,结识宗白华、郭沫若。1921 年与郭沫若组织"创造社"。次年回国,创办"南国社"。1930 年,南国社被查封后,毅然加入中国左翼作家联盟和左翼戏剧家联盟。1949 年后历任文化部艺术局局长、戏曲改进局局长,中国戏剧家协会主席、党组书记,中国文联副主席等职务。创作、改编、翻译的戏剧作品达 120 余部。主要译有《哈孟雷特》(莎士比亚著,上海中华书局 1922 年版)、《沙乐美》(王尔德著,上海中华书局 1922 年版)、《罗蜜欧与朱丽叶》(莎士比亚著,上海中华书局 1924 年版)、《日本现代剧选(第 1 集,菊池宽剧选)》(上海中华书局 1924 年版)、《围着棺的人们》(日本秋田雨雀著)、《理发师》(日本金子洋文著,上海金屋书店 1929 年版)、《檀泰琪儿之死》(比利时梅特林等著,上海现代书局 1929 年版)、《戏剧概论》(日本岸田国士著,上海生活书店 1933 年版)、《敌兵阵中日记》(与夏衍合译,广州离骚出版社 1938 年版)等。

**涂序瑄**(1900—1970),江西南昌人。早年赴日本九州帝国大学留学,获文学学士学位。后赴英国剑桥大学留学。回国后为北平师范大学、北京大学外国文学系讲师，四川大学、中山大学、东北大学、西北大学、兰州大学、台湾大学、厦门大学教授。主要译有《爱尔兰名剧选》（莘谷等著，中华书局1937年版）、《月湾村之鬼》（密狄·霍尔克纳著，中华书局1940年版）、《权力论》（罗素著，台北正中书局1958年版）等。

**汪宏声**（1910—1965），浙江南浔人。笔名沈佩秋。国文老师、翻译家。1930年毕业于上海光华大学教育系。1936年9月任上海圣玛利亚女校国文部主任。主要译有美国小说家奥尔珂德的长篇三部曲《好妻子》（1936）、《小妇人》（1936）（成都建华书局1944年版）和《小男儿》（启明书局1937年版），收入钱公侠主编的《世界文学名著》。另以沈佩秋为笔名译有《莎乐美》（英国王尔德著，启明书局1937年版）、《娜拉》（原名为《傀儡家庭》，挪威易卜生著，上海启明书局1937年版）、《邓肯自传》（美国邓肯著，启明书局1938年版）、《巡按》（俄国郭戈里著，启明书局1937年版）等。

**王鹤仪**（生卒年不详），商务印书馆总经理王云五之独生女。主要译有《造谣的社会》（西班牙厄奇伽里著，商务印书馆1943年版，1944年赣版）、《自东京归来》（约翰·摩里斯基著，商务印书馆1944年版）。

**王了一**（1900—1986），广西博白人。原名王力。语言学家、翻译家、散文家。1925年入上海国民大学。1926年入清华大学国学研究院。1927年赴法国留学，1932年获博士学位后回国。先后任教于清华大学、燕京大学、西南联大，北京大学教授。著有《汉语诗律学》、《古代汉语》、《伦理学》和散文集《龙虫并雕斋锁语》（上海观察社1949年版）、《少女的梦》（与琦德合著，开明书店1931年版）等。主要译有《莫里哀全集》（法国莫里哀著，商务印书馆1926年版）、《半上流社会》（法国小仲马著，商务印书馆1933年版）、《伯辽赉侯爵》（法国Henri Lavedan著，商务印书馆1934年版)、《沙弗》(法国杜德、贝洛合著,商务印书馆1934年版)、《婚礼进行曲》(法国巴塔耶著,商务印书馆1934年版)、《生意经》(法国米尔波著,商务印书馆1934年版)、《屠槌》(法国左拉著,商务印书馆1934年版)、《酒窖》(法国左拉著,商务印书馆1935年版)、《娜娜》(法国左拉著,商务印书馆1935年版)、《社会分工论》(法国涂尔干著,商务印书馆1935年版)等。

**王石城**(1909—1992),江苏江都人。别名石夫。擅长中国画及美术史的研究。杭州国立艺专肄业。曾为国立艺专讲师,中央艺专副教授,正则艺专、安徽师范学院、安徽艺术学院教授。1936年11月与江上青、于在春、顾民元、江树峰等人创办《写作与阅读》杂志。编译《水落石出》(梅特林著,重庆商务印书馆1945年版)。

**王思曾**(生卒年不详),著有小说《静静的白河》(《中国青年》1939年第4期)。编著《从军乐》(余上沅著,正中书局1940年版)。主要译有《炸药》(英国克莱门斯·戴恩著,国立戏剧学校1937年版)、《欧洲七迷》(法国Jules Romains著,与刘君石、高德超合译,时兴潮社1942年版)、《挪威之血》(挪威哈穆布罗著,与张素合译,时与潮社1943年版)、《红粉飘零》(第1部,奥尼尔著,上海独立出版社1945年版)、《罪人》(英国伽图著,与吴奚真、刘圣斌、鞠成宽合译,时与潮社1948年版)。

**危之**(1906—1992),河南永城人。原名屠庆祺,又名杜沧白、杜畏之。1919年入开封留美预备学校读书。1925年被派往苏联莫斯科中山大学学习,1927年毕业后留校任教。1928年秋回国,任上海共青团中央宣传部秘书。以杜畏之为笔名从事翻译、创作及教学工作,先后任教于上海艺术大学、安庆安徽大学、北京中国大学、师范大学、民国大学等。1940年赴新加坡,创办南洋大学,1942年回国。主要译有《男子之悲剧》(瑞典施特林堡著,中华正气出版社1943年版)、《我的大学》(高尔基著,复兴书店1936年版)、《飘》(密西尔著,重庆陪都书店1947年版)、《俄国资本主义发展》(上下苏联乌里雅诺夫著,与彭苇秋合译,春秋书店1930年版)、《自然辩证法》(恩格斯著,上海神州国光社1932年版)、《哲学的唯物论》(苏联普列汉诺夫著,上海神州国光社1929年版)、《战争的唯物论》(苏联布列哈诺夫著,神州国光社1930年版,吉行出版社1940年版)等。

**吴达元**(1905—1976),祖籍香山县南溪乡,生于上海。幼年入读广肇义学,后考入南洋大学附中(后改交通大学南洋模范中学)。1925年升入交通大学工科。一年后考入清华大学外国语言文学系二年级,1929年毕业,留校攻读研究生学历。1930年赴法国留学。1934年回国,任教于清华大学。1936年晋升为教授。1937年随校迁往西南联大,1946年冬回到清华。1952年院系调整,转入北京大学西方语言文学系任教,先后兼任法语教研室主任和系副主任。著有《法国文学史》(上下册,商务印书馆1946年版)、《法语语法》。主要译有《费嘉乐的婚姻》(法国包马晒著,文化生活出版社1941年版)、《博马舍戏剧二种》(人民文学出版社1962年版)。

**吴天**(1912—1989),江苏扬州人。原名洪为济,别名一舟、违忌。1927年考入上海美术专科学校,1930年9月入西画系学习。1933年在南京民众教育馆从事业余戏剧辅助工作。1935年赴日本留学,参加"东流社",后到马来西亚从事抗日救亡与戏剧工作。1946年任上海戏剧学校教务主任。1949年后历任北京、长春及珠江电影制片厂编剧、导演。主要译有《马汉姆教授》(德国夫力特里西·乌尔夫著,与陈非璜合译,上海新路出版社1936年版,1939年版由潮锋出版社再版,译名为《希特勒的"杰作"》)、《演剧论》(苏联泰洛夫著,上海潮锋出版社1937年版)、《演员艺术论》(法国哥格兰著,上海剧场艺术社1940年版)、《新演剧论》(苏联泰洛夫著,上海剧场艺术社 1940 年版)、《女英雄》(苏联 A. 克莱诺瓦著,《文艺新潮》第 1 卷第 10 期)。

**夏莱蒂**(1901—1973),江苏松江人。原名夏莱骃,笔名莱蒂,别名夏洛蒂。文学家、翻译家。毕业于中国公学。1922 年在上海中法国立通惠工商学院读书,后因参加反帝斗争而遭学校开除。1923 年至 1926 年在宜兴私立彭城中学教书,同时期开始以"夏莱蒂"为笔名在上海各文艺刊物上投稿。后到山东省立济南高中教书。1928 年 9 月与郁达夫共同编辑《大众文艺》第一卷。1928 年与芳信创办《火山》月刊。1933 年与林徽音、朱维基、芳信等人在上海成立"绿社",同年 11 月创办《诗篇》月刊。著有《一个现代人的忏悔》、《血的洗练》(《现代中国》1939 年第 1 卷第 9—25 期连载)、《基督与猪》(《大众文艺 1929 年第 1—6 期》),诗歌《装饰集》(光华书局 1927 年版)。主要译有《爱与死之角逐》(法国罗曼·罗兰著,与徐培仁合译,创造社出版部 1928 年版,启明书局 1937 年版)、《潘彼得》(原名为《彼得与文黛》,英国巴利著,启明书局 1938 年版)、《七个绞死的人》(俄国安特列夫著,启明书局 1939 年版)、《英美名家小说集》(文艺书局 1929 年版)等。

**夏衍**(1900—1995),浙江杭州人。原名沈乃熙,字端先。文学、电影、戏剧作家,文艺评论家,翻译家。1915 年入杭州公立甲种工业学校学习,1920 年赴日本入明治专门学校学习。1927 年回国,在上海从事革命文艺活动。1929 年参加筹备左翼作家联盟,同年与郑伯奇等人组织"上海艺术剧社"。主要著有剧本《上海屋檐下》、《秋瑾传》、《赛金花》、《风云儿女》(报告文学)。译有《母亲》(长篇小说)、《未死的兵》(日本石川达三著,南方出版社 1938 年版)、《三兄弟》(日本鹿地亘译,桂林南方出版社 1940 年版)、《两个伊凡的吵架》(剧本,俄国果戈里著,旦社 1940 年版)、《奸细》(苏联高尔基著,生活书店 1946 年抗战胜利后第 1 版)、《复活》(俄国托尔斯泰著,文化生活出版社 1949 年版)等。另有署名"沈瑞先"的译作《恋爱之路》(苏联柯伦泰著，上海作新书社1928年版)、《北美印象记》(日本厨川白村著，上海金屋书店1929年版)、《初春的风》(日本中野重治等著，上海大江书社1929年版)等。

**夏懿**（生卒年不详），主要译有《清算——十月革命时的农民故事》(苏联葛列鲍夫著，艺文书店1940年版)、《文件》(苏联班台莱耶夫著，生活书店1937年版、1947年2版，韬奋书店1945年版，民众报社1946年翻印)等。

**向培良**（1905—1961），湖南黔阳人，笔名培、漱美、漱年、培良、姜良等。1923年考入北京私立中国大学。1926年与吕蕴儒、高歌等在郑州创办《豫报》副刊。后为武汉机关报《革命军日报》副刊编辑、《衡阳日报》编辑。1929年到上海南华书店任总编辑，创办《青春月刊》，组织青春文艺社。1936年主办上海大戏院，兼任上海美术专科学校教授。抗战时期任国立戏剧学校研究试验部主任、民国政府第一戏院巡回教育队队长，率团在湖南、广西等地巡回演出。1947年任中国万岁剧团团长。1949年后在黔阳等地中学任教。创作有多幕剧《离婚》(《小说月报》1927年第18卷第3—5期)、《不忠实的爱情》(《京报副刊》1925年第34期至第41期连载)、《围攻》(独幕剧，《经理月刊》1935年第1卷第1期)、《行夫征》(《抗敌戏剧》1935年第2卷第5期)、《同仇》(《中华评论》1939年第2卷第3—4期)、《继母》，小说《英雄与美人》《寂寞》《浣衣母》，以及《中国戏剧概评》(泰东书局1928年版)、《导演概论》、《舞台色彩学》、《舞台服装学》等。主要译有《临谷》(俄国皮涅克著，《小说月报》1927年第18卷第2号)、《死城》(意大利丹农雪乌著，泰东图书局1929年版)、《逃亡》(英国高斯华绥著，上海商务印书馆1937年版)、《在小说车站》(俄国安特莱夫著，《莽原》周刊第27期)等。

**萧三**（1896—1983），湖南湘乡人。原名萧植蕃，号子暲，笔名天光、埃弥·萧、爱梅、萧山、肖三、E. S.、小山、小三等。语言学家、翻译家。1900年入私塾学习。1910年入湘乡县立东山高等小学堂读书。1914年入长沙省立第一师范学校学习,任学生会文娱部部长。1915年毕业后,先后任教于湘潭县乡村学校和省立第一师范学校附属小学。1918年,与毛泽东、蔡和森等人组织"新民学会"。同年秋到北京,在保定留法预备班、北京法文高等专修馆学习。1919年参加"五四运动"。1920年赴法留学。1923年赴苏联莫斯科东方大学学习。1924年回国,任中共湖南省委委员兼共青团省委书记。1926年调任上海共青团中央组织部部长及代理团中央书记。1928年赴苏联入中国革命大学特别班学习,后到莫斯科大学做中文教员。1939年回国到延安,任鲁迅艺术学院编译部主任、文学系主任。主要著作收入《萧三文集》。主要译有《马门教授》(德国华尔夫著,重庆文林出版社1942年版)、《光荣》(苏联古舍夫著,重庆文林出版社1942年版)、《列宁论文化与艺术》(重庆读书出版社1943年版)、《前线》(苏联高涅楚克著,苏中出版社1944年版)等。

**谢炳文**(1913—2009),浙江余姚人。原名焕章,字炳文,笔名林华等。1932年改名谢然之。1949年去台湾,后任《台湾新生报》总社长。主要译有《深渊》(苏联高尔基著,启明书局1929年版)、《沉钟》(德国霍普特曼著,启明书局1937年版)、《圣经的故事》(汉特立克·维廉·房龙著,世界书局1937年版)。

**邢云飞**(1908—1950),江苏江阴人。原名邢鹏举,字云飞。1925年毕业于江苏省立第五中学,考入光华大学英文系,师从徐志摩,并加入新月派。1929年毕业后留校任讲师。暨南大学教授,后任光华大学附属中学教务长、师承中学校长等。著有《勃莱克》(中华书局版)、《中国近百年史》(世界书局1933年版)、《历史学习法》(中华书局版)等。主要译有《何侃生与倪珂兰》(新月书店1930年版)、《波多莱尔散文诗》(中华书局1930年版)、《勃莱克》(中华书局1930年版)、《铸情》(英国莎士比亚著,启明书局1938年版)等。

**熊式式**（1902—1991），江西南昌人。原名熊适逸，号适斋居士，笔名熊式一、熊式式。作家、翻译家。毕业于北京高等师范英文科，后任北京真光电影剧场英文主任。1924年任教于南昌农业专门学校。1932年赴英国留学，后为剑桥大学教授。1954年赴新加坡，任南洋大学文学院院长。1955年赴香港创办"清华书院"。20世纪80年代后往返于香港、英国、美国、中国等地。被徐志摩称为"中国研究英国戏剧的第一人"。将《西厢记》翻译成英文，该剧后在伦敦上演。创作英文剧本《王宝川》（1934）、《大学教授》（1939）及长篇小说《天桥》（1936）等。主要译有英国作家巴蕾的《可敬的克莱登》（《小说月报》第20卷第3—6期，商务印书馆1930年版）、《十二磅的尊容》（《小说月报》第22卷第7—12期）、《半个钟头》、《七位女客》（《小说月报》第21卷第10期）、《我们上太太们那儿去吗》（《小说月报》第22卷第1期，北平星云堂书店1932年版）、《给那五位先生》（《小说月报》第22卷第2期）、《潘彼得》（《小说月报》第22卷第2—6期）、《遗嘱》（《小说月报》第22卷第12期），爱尔兰剧作家萧伯纳的《"人与超人"中的梦境》（《新月》第3卷第11—12期）、《安娜珍丝加》（《现代》第2卷第5期）。

**徐坚**（1920—?），北京市人。曾用名徐合群。早年在哈尔滨求学，先后就读于第十七小学、美国青年会中学，主学俄语，兼修英语。1937年入北京汇文中学学习。1942年考入辅仁大学生物系，三年级肄业。1945年投奔晋察冀解放区，先后为联合大学（张家口）、华北大学（正定）俄语教员。1949年受中央宣传部委托筹办"华北大学译文馆"。后为中国人民大学俄语教员。1962年调入中央编译局。主要译有《苏伏洛夫元帅》（苏联巴根吉列夫、拉佐莫夫斯基著，第七战区司令长官部编纂委员会1942年版）、《论马克思的〈资本论〉》（苏联列昂节夫著，北平新中国书局1949年版）等。

**徐培仁**（生卒年不详），又名徐慰慈。翻译家。著有小说《一个漂泊者》（上海独流社 1929 年版）、《一个菲律宾妓女的日记》（短篇小说集，厦门世界文艺社 1929 年版）、《朱葆三的故事》（上海儿童书局 1946 年版）、《生之欲》等。主要译有《莎乐美》（爱尔兰王尔德著，光华书局 1927 年版）、《决斗》（俄国塞门诺夫著，世界文艺社股份有限公司 1929 年版）、《沛生斯的海盗》（英国基葡特著，又名《义务之仆》，厦门国际学术书社 1928 年版）、《爱与死之角逐》（法国罗曼·罗兰著，与夏莱蒂合译，创造社出版部 1928 年版，启明书局 1937 年版）、《一个理想的丈夫》（英国王尔德著，金屋书店 1928 年版）、《安徒生童话全集》（三卷，丹麦安徒生著，儿童书局 1930 年版）、《厌倦的故事：录自一老者的日记》（俄国契诃夫著，红叶书店 1930 年版）、《蓝天使》（德国赫因里希·曼著，正午书局 1931 年版）、《野鸭》（挪威易卜生著，现代书局 1932 年版）、《新中国》（美国葛蕾皮尔著，光明书局 1936 年版）、《古史钩奇录》（美国霍桑，启明书局 1937 年版）、《万里寻母记》（美国霍桑著，美中出版社 1937 年版）、《事业成功之路》（美国雪尔门著，青年出版社 1944 年版）、《大人国与小人国》（英国斯威夫特著，原名为《格列佛游记》，重庆经纬书局 1947 年版）。编辑《中国近代短篇小说杰作集》（上海三民公司 1928 年版版）。

**徐霞村**（1907—1986），生于上海。原名徐元度，字霞村，笔名方原、保尔、元度等。先后在天津河北省立第一中学、北平汇文中学、中国大学学习。1926 年开始在《晨报副刊》、《世界日报》副刊、《语丝》等发表作品。1927 年赴法国留学，兼《小说月报》驻欧通讯员。回国后在上海加入"文学研究会"和"水沫社"，复旦书店编辑，主编《熔炉》杂志。1930 年后，先后为北京大学、北平师范大学、北平女子师范大学中文系讲师，济南齐鲁大学副教授。1937 年后辗转于武汉、重庆、成都等地。1945 年后任《新湖北日报》主笔及联合国驻沪办事处译员。1947 年为厦门大学教授。著有散文集《巴黎游记》（1930），短篇小说集《古国的人们》（1929），论著《法国文学史》（1928）、《南欧文学概观》（1930）、《文艺杂论》（1930）等。主要译有《菊子夫人》（法国洛谛著，上海商务印书馆 1928 年版）、《洗澡》（左拉著，上海开明书店 1929 年版)、《法国现代小说选》(中华书局 1931 年版)、《六个寻找作家的戏中人》(意大利皮蓝德娄著, 水沫书店 1929 年)、《西万提斯的未婚妻》(西班牙阿左林著, 与戴望舒合译, 神州国光社 1931 年版)、《意大利小说选》(人文书店 1934 年版)、《鲁滨逊漂流记》(笛福著, 商务印书馆 1934 年版)、《皮蓝德娄戏曲集》(商务印书馆 1935 年版)等。

**许德佑**(1908—1944), 江苏丹阳人。1927 年考入复旦大学外文系, 并加入田汉、洪深所办的"南国剧社"。1930 年毕业后赴法国留学, 入蒙伯里大学地质学系学习。1935 年获硕士学位, 加入法国地质学会。同年回国, 在中央地质调查所任无脊椎动物研究组主任。1944 年 4 月在贵州西部野外考察时被土匪杀害。1945 年, 中国地质学会设立"许德佑纪念奖", 授予有成就的地质学者。主要译有戏剧《红袍》(法国布雷热著, 商务印书馆 1939 年版)、《夜店》(苏联高尔基著, 大东书局 1947 年版), 小说《爱国志士》(法国 Stalova 著,《进化》1936 年第 1 卷第 3 期)、《彼得堡之梦》(俄国杜思退益夫斯基著,《小说月报》1931 年第 22 卷第 4 号)。

**许子**(生卒年不详), 主要译有《闺怨》(英国鲁道夫·培斯亚著, 上海剧场艺术出版社 1939 年版)、《幻灭》(H. Bordeax 著, 又译为《约翰曼利》, 上海剧场艺术出版社 1940 年版)、《放弃》(P. Johnson 著, 与蓝洋合译, 上海剧场艺术出版社 1939 年版)等。

**叶炽强**(生卒年不详), 主要译有《青鸟》(比利时梅脱林克著, 启明书局 1937 年版)、《玫瑰与指环》(英国塔克雷著, 启明书局 1937 年版)、《印度故事集》(日本丰岛次郎著, 启明书局 1937 年版)、《八头蛇》(日本松村武雄著, 启明书局 1939 年版)。

**尤兢**（1907—1997），江苏宜兴人。原名任锡圭，字禹成，又名任尚之，笔名尤兢、于伶、任伽、沙驼、于人、西沈、叶富根、任用梁等。1927年入苏州中学师范科学习，毕业后进北平大学旁听俄文及法文。1931年加入"左联"。1933年回到上海任剧联组织部长、文总组织秘书，并从事戏剧翻译与创作。1937年后任上海戏剧界救亡协会秘书长兼组织部长等职。1948年赴香港，主编《华商报》副刊《舞台与银幕》（双周刊）、《文汇报》副刊《影剧周刊》、《大公报》副刊、《影剧》周报等。1949年5月返回上海，历任上海电影制片厂厂长、上海市文化局副局长等。主要戏剧作品有《夜光杯》（上海一般书店1937年版）、《苏皎皎》（上海杂志公司1940年版）、《大明英烈传》（上海杂志公司1941年版）、《女子公寓》（国民书店1941年版）、《长夜行》（上海新知书店1946年版）等。主要译有《银包》[法国美尔博著，1934年。收入《世界名剧精选》（第一集），光明书局1939年版]、《西班牙万岁》（苏联亚菲诺干诺夫著，上海生活书店1937年版）、《上海一律师》（美国Elmar Rice著，与包可华编译，上海国民书店1939年版）、《满城风雨》（高尔斯华绥著"Show"，现代戏剧出版社1939年版）、《俄罗斯问题》（苏联西蒙诺夫著，星火文艺出版社1947年版）等。

**俞荻**（1904—?），浙江金华人。原名俞念远。1920年考入浙江省立第七中学，毕业后进青岛大学学习。1926年入厦门大学学习。1927年秋入武昌大学中文系。在厦门大学期间结识鲁迅，并与崔真吾、谢玉生等人在鲁迅辅导下成立"泱泱社"，出版《波艇》文艺月刊。1929年在上海和朋友组织"昭昭社"。1934年春赴日入日本大学社会科学习。1935年冬转日本福冈九州帝国大学文学部学习日本文学。1937年回国从事编译工作。抗战胜利后任教于上海市立洋泾中学高中部。创作短篇小说《邂逅》及中篇小说《同心曲》（上海昭昭社1930年版）。主要译有《少年伴侣》（弗拉易尔曼著，原名为《初恋》，山城书店1930年版）、《簿记员的妻子》（美国凯塞尔等著，上海昭昭社1930年版）、《我的新生》（苏联小说，上海海燕出版社 1938 年版）、《苏联文学新论》(上海海燕出版社 1939 年版)、《樱桃园》(俄国契诃夫著，上海海燕出版社 1939 年版)、《面包》(俄国托尔斯泰著，与叶菡合译，上海神州国光社 1941 年版)、《小阿兰》(上海文化图书公司 1941 年版)、《乞丐皇帝》(美国马克·吐温著，上海神州国光社 1943 年版)、《美人》、《儿子》、《西伐斯托波尔的故事》(俄国托尔斯泰著)、《卓娅》(苏联柯斯莫捷绵斯卡娅著，大东书局 1952 年版)等。

**袁俊**（1910—1996），江苏镇江人。原名张骏祥，笔名弓马示。主要译有《吾土吾民》(美国达德赖·尼柯尔斯著，文化生活出版社 1947 年版)、《审判日》(美国埃尔茂·拉西著，成都联友出版社 1943 年版)、《好望角》(荷兰海哲曼斯著，重庆国讯书店 1944 年版)、《林肯在伊利诺州》(美国夏尔乌特著，上海晨光出版公司 1949 年版)、《珠珠》(美国拉西著，《青年戏剧通讯》1942 年第 18、19 期)等。

**岳煐**（生卒年不详），主要译有《奴隶的女性》(法国 Rene Changhi 著，《新女性》1926 年第 1 卷第 11 期)、《工女马得兰》(米尔波，《新女性》1927 年第 2 卷第 7 期至第 3 卷第 1 期，开明书店 1928 年版)、《米尔波短剧集》(出版合作社 1929 年版)、《交际花》(戏剧出版社 1938 年版)。

**张白山**（1911—1999），福建福安人。笔名弢庵、如晦、圣予、白灵等。1928 年入省立理工中学读书。不久进入北平基督教青年学校学习英语。翌年升入汇文中学。1932 年高中毕业，因参加反帝大同盟受到追捕。考入上海复旦大学，随后转入杭州之江大学国文系学习文学。1937 年毕业后在上海参加救亡运动。次年赴武汉参加郭沫若领导的抗战工作，宣传抗日。1939 年为《全民抗战》周刊（邹韬奋、柳湜主编）特约记者。1940 年在重庆参加中华全国文艺界抗敌协会。1941 年为广西桂林师范学院教授。1942 年参加桂林文协并编辑《自由中国》。1943 年先后在四川省立教育学院、南开中学任教。后历任《商务日报》《新民报》编辑主任。1945 年后参加重庆民主运动，后回上海任军管会文艺处文学室主任、上海文化局科长，兼上海音乐学院文学教授。1955 年调入中国社会科学院文学研究所。主要著有短篇小说《疯人日记》《火线之夜》《一个士兵》《麦麦老师》及散文《夜颂》《照相》《渔夫的泪》等。译有俄国托尔斯泰的《主与仆》（上海现代文学出版社 1946 年版）、《袭击》（《文学杂志》1943 年第 1 卷第 2 期），苏联彼得格拉道夫的《卐字旗下》（五十年代出版社 1941 年版）、《苏联历史教程》等。

**张道藩**（1897—1968），贵州盘县人，字卫之。1916 年考入天津南开中学。1919 年年底赴英国。两年后就读于伦敦大学美术部，成为该院第一位中国留学生。历任中国国民党中央组织部秘书、副部长，教育部常务次长，中央社会部副部长，中央政治学校校务主任、教育长，中央宣传部长等职。1932 年与叶楚伧等成立"中国文艺社"。1934 年组织公余联欢社话剧团。翌年创办国立戏剧学校，兼任中央文化事业计划委员会副主委。1938 年在武汉发起成立"中华全国文艺界抗敌协会"。后兼任教育部教科书编辑委员会主任委员，中央文化运动委员会主任委员，中央电影企业公司董事长，南京市文化信用合作社理事主席，中央训练团民间艺术训练班指导委员会主任委员。1947 年组织成立"国际文化合作协会"。主要翻译作品有论文《美学》（R. Fry 著）及戏剧《狄四娘》（雨果著，重庆正中书局 1943 年出版）、《自救》（国立戏剧学校 1937 年版）、《蜜月旅行》（约瑟·叶尔曼著，重庆正中书局 1945 年版）等。

**张若谷**（1905—1960），江苏南汇人。原名张天松，字若谷，笔名摩炬、百合、马尔谷、南方张、欧阳忠正、刘舞心女士等。1926 年考入震旦大学法律及文学科。毕业后任职法国律师事务所，曾在上海艺术大学、震旦大学等校任教。此后长期在《大晚报》《中美日报》等报社做记者和编辑。著有《文学生活》《异国情调》《都会交响曲》《游欧猎奇印象》等 10 余部小说、评论、随笔等。自 1926 年开始在《小说月报》等刊物发表译文，如拉风丹纳的寓言《茑与黄莺》《牧童与羊群》《二鸽》《大言不惭的游历家》等。主要译有《中国孤儿》（法国福禄特尔著，上海商务印书馆 1942 年版）、《苔丝》（英国哈代著，文化生活出版社 1953 年版；后译名为《德伯家的苔丝》，人民文学出版社 1957 年版）、《大卫·科波菲尔》（狄更斯著，上海译文出版社 1989 年版）。

**张尚之**（1918—?），浙江海宁人。原名张望，笔名张同、罗天德、安萍、阿五等。1944 年毕业于上海复旦大学新闻系。历任香港美国新闻处新闻部总编辑、香港树仁学院新闻系主任、香港商会学院传播系讲师、香港中文大学校外部兼任讲师等。主要译有《良辰》（美国奥尼尔等著，重庆大时代书局 1944 年版）、《索斯福总统传》（英国麦肯齐·C 著，上海峨眉出版社 1947 年版）、《英国的间谍》（英国柯尔斯著，永安改进出版社 1943 年版）、《希特勒如是说》（德国劳士宁著，重庆文摘出版社 1941 年版）。

**张宛青**（生卒年不详），江苏武进人。1945 年为《中国妇女》编辑。主要著有长篇小说《鸿鸾禧》、《刺激女郎》（中央书店 1947 年版）及中篇小说《卖花女》（上海人人出版社 1949 年版）。主要译有《浮云流水》（法国米尔波原著，改编剧本，海天书店 1940 年版）等。

**周庄萍**（1906—1991），湖南人。又名周印乔，笔名冈林，世界语名 C. Ganglin。南京第三中学教员。1929 年学习世界语。1933 年与叶籁士、程正等人发起成立"上海世界语协会"（SEL）。曾为上海世界书局、光明书店特约编辑。主要著有《汉译世界语小辞典》（上海开明书店 1934 年版）、《世界语五十年》（上海世界语协会 1937 年版）、《日华假名汉字两用辞典》（启明书局 1937 年版）等。与徐文、郑竹逸合著《现代中文世界语词典》(上海曙光出版社 1935 年版,重庆世界语函授学社 1943 年再版)。主要译有《哈梦雷特》(今译为《哈姆雷特》,英国莎士比亚著,上海启明书局 1938 年版)、《马克白》(今译为《麦克白》,英国莎士比亚著,上海启明书局 1938 年版)。

**朱文振**(1914—1993),浙江嘉兴人。1937 年毕业于中央大学文学院外国语言学系。先后为中学教师、中央大学文学院讲师、广西大学文学院外文系副教授、重庆大学文学院外文系副教授。1952 年到哈尔滨外国语专科学校学习俄语。四川大学副教授、教授、系主任。主要译有《窦维士自传》(美国 W. H. Davis 著)、《康第达》(爱尔兰萧伯纳著,重庆青年书店 1944 年版)、《查理三世》(英国莎士比亚著)等。